新质生产力：
创新型企业的实践启示

主　　　编：王　挺
副 主 编：王奋宇　付文婷　邹　贞
参　　　编：杨　洋　鲁雨洲　詹　媛　邵华胜
　　　　　　李稳稳　陈晋雯　郝思洋

机械工业出版社
CHINA MACHINE PRESS

本书深入剖析了新质生产力在推动高质量发展中的关键作用，通过丰富的理论阐述和实际案例呈现了新质生产力的发展现状、面临的挑战及应对策略。书中通过大量企业实践案例详细介绍了创新如何驱动传统产业转型升级，探讨了新兴产业如何将科技创新转化为现实生产力，展望了未来产业的发展前景。同时，本书以深圳、宁波等地为例，阐述了因地制宜发展新质生产力的成功经验。本书能够帮助领导干部、企业家和科技工作者等提升对新质生产力的认知，把握科技创新和产业革命趋势，提高科学决策能力，为推动经济高质量发展提供有益参考，是一本兼具理论深度与实践指导价值的书籍。

图书在版编目（CIP）数据

新质生产力：创新型企业的实践启示 / 王挺主编.
北京：机械工业出版社，2025. 3. -- ISBN 978-7-111
-78125-7

Ⅰ．F120.2
中国国家版本馆CIP数据核字第2025KL1988号

机械工业出版社（北京市百万庄大街22号　邮政编码100037）
策划编辑：赵　屹　　　　　　责任编辑：赵　屹　马新娟
责任校对：韩佳欣　陈　越　　责任印制：常天培
北京联兴盛业印刷股份有限公司印刷
2025年5月第1版第1次印刷
169mm×239mm · 14.25印张 · 1插页 · 200千字
标准书号：ISBN 978-7-111-78125-7
定价：69.00元

电话服务　　　　　　　　　网络服务
客服电话：010-88361066　　机　工　官　网：www.cmpbook.com
　　　　　010-88379833　　机　工　官　博：weibo.com/cmp1952
　　　　　010-68326294　　金　书　网：www.golden-book.com
封底无防伪标均为盗版　　机工教育服务网：www.cmpedu.com

序 一

在历史长河中，生产力的演进始终是推动社会进步、重塑经济格局的关键力量。当前，"新质生产力"仿若一颗释放无穷能量、光芒万丈的寰宇新星，照亮高质量发展的前行之路，其光辉所及之处，新的发展机遇与无限可能正加速孕育、喷薄欲出。中国科普研究所秉承科普智库对前沿趋势敏锐洞察、为国家发展建言献策的使命担当，精心组织专家力量，编撰此部聚焦新质生产力案例的科普图书，旨在为各地因地制宜擘画新质生产力发展蓝图，提供一份易用翔实的科普指南。本书的案例分析，不仅努力揭示了新质生产力的内在逻辑和运作机制，更试图为读者提供一种全新的视角，去理解和把握未来经济社会的发展趋势。

新质生产力：时代发展的强劲引擎

当今世界，科技革命与产业变革的浪潮汹涌澎湃，数字化、智能化、绿色化技术浪潮相互交织、奔涌不息，正以前所未有的深度和广度颠覆着传统生产范式。新质生产力绝非传统生产力的简单修补或线性延展，而是创新要素深度融合、新兴技术跨界赋能、产业生态系统重构所形成的全新质态。人工智能开启了生产流程自动化和精准决策的新纪元，量子计算以超越经典计算能力的速度加速科研创新，生物技术在医药健康、农业育种等领域改写生命和产出的规则，新能源革新重塑能源供应架构、驱动绿色制造前行，种种前沿突破汇聚成新质生产力的硬核根基，促战略性新兴产业蓬勃发展，推传统产业转型升级，育未来产业萌发成长，于变局中开新局，处激流里闯坦途，为经济腾飞、社会跃迁筑牢根基。

以案例为基：解锁实践"密码"

理论唯有扎根于实践沃土，方能绽放出指引现实的繁花。本书倾力搜集、筛选来自全国各地、各行各业的典型案例，如同串起颗颗珍珠，编织成展现新质生产力多元风貌的"实景长卷"。人工智能技术与机器人结合，给工业机器人装上"眼睛"和"大脑"，推动制造业转型升级；电力、电子技术及信息技术的飞速发展，让人类社会迎来了第三次交通变革，商业航天得到了进一步发展；在乡村大地，生物育种技术改良了主要粮油作物的品种，保障国家粮食安全；可控核聚变技术有望让人类摆脱能源危机；AI for Science（人工智能驱动的科学研究）为科学家带来了新的科研范式，用上了新的"生产工具"；基因编辑技术为遗传病、复杂疾病及肿瘤治疗开辟了治愈新径，给患者带来生命希望；脑机接口、量子技术、新型储能等新兴技术正重塑科技发展格局，展现科技创新赋能新兴产业崛起的鲜活样本。这些案例是新质生产力落地生根、开花结果的生动注脚，蕴含着因地制宜破题发展的通用"密码"与独特"妙方"。

以科普赋能：架起普及"桥梁"

培育发展新质生产力的理念与思路的价值释放绝不仅限于领导干部、企业家，普及广大民众、深入地方发展肌理才是释放其最大效能的途径。因此，本书以科普为己任，摒弃晦涩的学术语言，采用朴实无华、生动活泼的笔触来解析复杂概念。本书通过案例分析，涵盖了从新质生产力"新"在何处、对核心构成要素的解读，到不同地域资源禀赋如何与新质生产力适配对接、政策"杠杆"如何撬动其发展，再到对产业链重塑、创新驱动发展的内在逻辑分析，力求浅显易懂、步步深入，搭建起一座坚固且"接地气"的"知识桥梁"，跨越专家与大众、理论与实践之间的"鸿沟"，助力政府决策者明确施政方向、产业从业者掌握转型要领、普通民众把握时代机遇，凝聚全民共建新质生产力生态的磅礴力量。

中国大地广袤、幅员辽阔，东西南北资源禀赋各异、产业基础有别，发展新质生产力并无统一"模板"可遵循。本书努力提供一个"百宝工具集"，满载案例精华与科普智慧，衷心期望各位读者在翻开书页之时，能汲取灵感、觅得良策，立足本土、创新开拓，将新质生产力的"种子"播撒在每一寸充满希望的土地上，精心育成高质量、可持续发展的参天大树，携手共赴中国式现代化的辉煌新征程。

序 二

    2023 年 9 月，习近平总书记在哈尔滨主持召开新时代推动东北全面振兴座谈会时首次明确提出"新质生产力"的概念。2023 年 12 月，中央经济工作会议强调"以科技创新推动产业创新，发展新质生产力"。2024 年《政府工作报告》指出，"大力推进现代化产业体系建设，加快发展新质生产力"。2024 年 12 月，中央经济工作会议强调"五个必须统筹"，要求"必须统筹好培育新动能和更新旧动能的关系，因地制宜发展新质生产力"，系统部署了 2025 年的重点任务，要求"以科技创新引领新质生产力发展，建设现代化产业体系"。

    新质生产力是创新起主导作用，摆脱传统经济增长方式、生产力发展路径，具有高科技、高效能、高质量特征，符合新发展理念的先进生产力质态。它由技术革命性突破、生产要素创新性配置、产业深度转型升级而催生，以劳动者、劳动资料、劳动对象及其优化组合的跃升为基本内涵，以全要素生产率大幅提升为核心标志，特点是创新，关键在质优，本质是先进生产力。

    新质生产力的崛起，正引领着一场广泛而深刻的经济社会变革。在生产领域，它促使制造业向智能制造、绿色制造深度转型，重塑全球产业链与价值链；在生活领域，它带来前所未有的便捷、高效与环保，重塑人类生活方式；在思想领域，它激发创新思维，推动社会观念与文化革新，为时代进步注入不竭的精神动力。尤为重要的是，新质生产力引领的要素变革，是全方位、深层次的，它推动全要素生产率实现质的飞跃，涵盖资源高效利用、技术创新突破、管理模式优化等多个维度，全面提升经济发展的质量与效益。发展新质生产力对促进经济高质量发展具有积极意义，有利于加快提升国家竞争能力，能够更好地满足人民日益增长的美好生活需要。

企业作为科技创新的核心参与者，特别是处于快速增长期和已经实现重大市场突破的独角兽企业，具备强大创新能力和巨大成长潜力，是衡量一个国家和地区创新能力与创新生态的重要风向标，是提升国际竞争力和区域竞争力的重要市场主体。2024 年 7 月，中共中央政治局会议提出"要有力有效支持发展瞪羚企业、独角兽企业"，引发社会各界对独角兽企业的新一轮关注。根据长城战略咨询发布的《中国独角兽企业研究报告 2024》，2023 年全国独角兽企业总数为 375 家，总估值约为 1.2 万亿美元。以独角兽企业为代表的"新物种企业"具有创新能力强、成长性好、市场认可度高等特征，它们是发展新经济、培育新动能的重要引擎，是新质生产力的典型代表。

当前，发展新质生产力存在生产要素融合、制度环境、创新支持、人才支撑等方面的问题，如何有效应对国际竞争、发展新型生产关系以适配新质生产力、避免无序竞争和一哄而上，是新时代需要思索与解决的问题。在生产力发展与科技创新的过程中，我国科普事业的深度和广度正不断拓展，推动科学普及与科技创新协同发展，有利于提升公民的科学素质，为实现高水平科技自立自强培厚土壤、夯实根基。

本书由中国科普研究所和长城战略咨询共同完成。本书以领导干部、企业家、科技工作者为主要读者对象，旨在以科普赋能科技创新，围绕新质生产力进行理论阐述和案例展示，重点聚焦以独角兽企业、瞪羚企业等为代表的高成长型企业，通过对传统产业转型升级、发展战略性新兴产业和未来产业中所涌现出的创新型、成长型企业进行实地调研与研究分析，总结相关企业在发展新质生产力方面的实践经验，助力提升促进新质生产力发展的重点人群，特别是领导干部、企业家和科技工作者的科学素养，加快推进国家治理体系和治理能力现代化。希望本书的相关内容能帮助领导干部、企业家和科技工作者提升对新技术、新动能、新模式的认知，更好地理解新质生产力的内涵、特点和发展规律，把握科技创新和产业革命大趋势，提升在新质生产力发展过程中对科技创新引领发展的认知水平与科学决策能力。

目 录

第一章

发展新质生产力是推动高质量发展的内在要求和重要着力点

新质生产力是创新起主导作用，摆脱传统经济增长方式、生产力发展路径，具有高科技、高效能、高质量特征，符合新发展理念的先进生产力质态。它由技术革命性突破、生产要素创新性配置、产业深度转型升级而催生，以劳动者、劳动资料、劳动对象及其优化组合的跃升为基本内涵，以全要素生产率大幅提升为核心标志，特点是创新，关键在质优，本质是先进生产力。

本章主要从推动高质量发展的内在要求和重要着力点的角度论述新质生产力的重要作用，具体从新质生产力对高质量发展的推动和支撑作用、新质生产力作为创新起主导作用的先进生产力的特质、与新质生产力相适应的新型生产关系的构建三个方面展开说明。

一、新质生产力为高质量发展提供持续动力

新质生产力是指在新一轮科技革命和产业变革背景下，由技术革命性突破、生产要素创新性配置、产业深度转型升级催生的先进生产力质态。它具有高科技、高效能、高质量特征，能够贯穿不同产业的发展阶段，从改造传统产业到推动新兴产业、从深化数字经济到开拓未来产业，全方位促进各产业的发展与变革。具体而言，新质生产力能够推动传统产业转型升级、提升竞争力和优化资源整合；拓展数字经济应用场景、创新商业模式、提升数据挖掘能力；加速新兴产业成长、引导产业方向、促进产业生态形成；为未来产业进行技术孵化、开拓新市场空间、推动未来产业资源整合。总之，新质生产力能够对传统产业、数字经济、新兴产业和未来产业发挥全方位驱动和变革作用，从而成为推动高质量发展的强劲推动力和支撑力。

（一）传统产业高端化、数字化、绿色化趋势显著

在新质生产力的推动下，传统产业正迎来转型升级的新机遇。传统产业通过引入新技术、新管理方法与新模式，在生产效率提升、成本降低以及产品质量改进等方面取得显著成效，进而增强其市场竞争力，并呈现出高端化、数字化、绿色化的显著发展态势。其中，高端化是传统产业通过引入新的高端技术创造新的市场前景；数字化趋势是传统产业升级改造大势所趋，通过提升传统产业的生产效率，助力其高端化升级；绿色化改造则是部分高污染、高能耗传统产业升级改造的核心命题。通过推动传统产业高端化、数字化和绿色化转型发展，新质生产力不仅提升了传统产业的竞争力，还为经济的高质量发展注入了新动力。

高端化转型是传统产业迈向价值链中高端的关键。首先，新质生产力能够通过促进传统产业的技术革新、模式创新和产品质量提升，直接推动高端制造和先进制造的发展。新质生产力带来的先进技术，如高端装备制造技术、新材料技术等，促使传统产业在生产设备和原材料等方面进行升级，有效降低了传统产业的生产成本并提高了生产效率。从总体上看，高技术制造业占规模以上工业增加值的比重呈现出不断上升的趋势，从 2012 年的 9.4% 增长至 2023 年的 15.7%。这表明新质生产力在推动工业高端化、智能化方面取得了显著成效，高技术制造业对工业经济的贡献不断增加。从典型企业和机构的数量上看，截至 2025 年 1 月，有效期内的高新技术企业总数达 46.3 万家，企业实力不断增强，为传统产业引入先进技术、创新管理模式等提供了有力的支撑。此外，全国已布局建设了 30 个国家级制造业创新中心，覆盖动力电池、人形机器人、高性能医疗器械等领域。在新质生产力作用下，这些创新中心为传统产业的高端化发展提供了技术研发和创新的平台支持。从具体行业来看，装备制造业作为制造业的核心，其良好的发展态势为工业产业结构优化和高端化发展提供了有力支撑。整体上装备制造业生产保持良好态势，增加值呈现稳定增长。2023 年，装备制造业增加值对全部规模以上工业增长贡献率接近五成。在一些高端装备制造的细分行业，如半导体器件专用设备制造、航天器及运载火箭制造、飞机制造等行业增加值均实现两位数增长。这些高端装备制造领域的快速发展，是新质生产力推动产业高端化的重要体现。其次，新质生产力能够推动传统产业的资源重新配置，引导企业实现人才、科创要素的高端跃升以及装备、平台的提级赋能，促使要素高端化成为传统产业高端化的强大保障。从人才要素来看，企业中拥有本科及以上学历的员工比例不断提高，拥有高级技师、工程师等职称的技术人员数量也在增加。一些传统机械制造企业在向高端化转型过程中，重视多学科、跨学科、跨领域的融合，大力引进机械设计、自动化控制等专业的高学历人才，高学历人才占比逐年提升，为企业的技术创新和高端化发展提供了智力支持。从科创要素来看，新质生产力强调生产要素的创新性配置，特别是对数据、知识、管理等新型生产要素的优化配置。这种配置方式不仅提高了生产要素的使用效率，还促进了科创要素的深度融合和协同发展。从装备、平台来看，新质生产力通过大数据、云计算、物联网等先进技术的应用，装备和平台能够实现更加精准、高效的监测、控制和管理，从而提高其运行效能和可靠性。

数字化转型是推动传统产业转型升级的重要途径，新质生产力对数字化转型的作用具体体现在：其一，数字化技术与实体经济融合。新质生产力为传统产业提供了数字化转型的工具和技术，包括工业互联网、物联网设备等，有效推动了生产过程的数字化改造，促进数字化技术与实体经济深度融合，赋能传统产业转型升级，催生新产业、新业态、新模式。越来越多的传统产业企业在积极采用数字化、智能化技术，提升生产设计环节的效率和精度，推动传统产业的高端化发展。截至 2023 年，重点工业企业数字化研发设计工具普及率达到 80.1%，关键工序数控化率达 62.9%。其二，企业生产效率的提升。新质生产力促进传统产业供应链的数字化整合，智能制造、自动化生产线、工业互联网等数字化技术使得生产更加灵活、高效。通过数字化管理工具，企业可以实现更加精准的决策与管理。在钢铁、建材、民爆等传统产业领域，通过智能化改造，工厂的生产效率提升约 30%，研制周期平均缩短近 30%。其三，商业模式的创新。新质生产力推动传统产业开发数字化产品和服务。例如，通过融入智能家居技术，传统家具可以变成智能家居用品，智能床能够监测睡眠质量、智能门锁可以通过手机远程控制等。同时，传统产业还可以借助数字化技术提供增值服务，如传统机械设备制造商通过提供远程设备运维服务，利用数字平台为客户提供故障诊断、维修指导等服务，拓宽了传统产业的业务范围。

绿色化转型是传统产业立足于节能减排、降碳增效的转型方式，新质生产力对绿色化的作用具体体现在：其一，助力绿色园区、绿色工厂与绿色数据中心建设。通过促使传统产业采用清洁生产技术，新质生产力能够有效降低生产过程中的能耗和污染物排放。在新质生产力作用的驱动下，我国产业绿色低碳转型升级步伐持续加快，重点行业主要污染物和二氧化碳排放强度持续下降，截至 2023 年，我国累计创建绿色工厂 5095 家、绿色工业园区 371 家、绿色供应链管理企业 605 家、绿色产品近 3.5 万个，各行业、各地区绿色制造水平不断提升。根据 2024 年 6 月我国工业和信息化部等部门发布的 2023 年度国家绿色数据中心名单，全国已累计建设 246 家国家绿色数据中心，涵盖通信、互联网、公共机构、能源、金融、智算中心等领域。其二，推动能耗型产业转型。新质生产力在推动传统能耗型产业向绿色能源转型的过程中发挥了重要作用。在新质生产力的推动下，"十四五"前两年全国规模以上工业单位增加值的能耗累计下降 6.8%，高载能行业向清洁能源优势地区实现有序转移。这一过程中，钢铁、有色、建材、石化化工等重点行业实现绿色化改造，单位产值的能耗不断下降。例如，截至 2024 年 6 月底，山东省规模以上工业单位增加值能耗下降 6.7%。能耗的降低不仅符合环保要求，还有助于企业降低生产成本，提高经济效益。其三，绿色材料推广。通过推动传统产业使用绿色环保材料，新质生产力能够提高企业对原材料的回收利用程度，使资源回收利用率的数据上升。例如，一些铸造企业通过引进新的砂回收、砂再生系统，使砂的回收利用率达到 98% 以上。资源回收利用率的提高，减少了资源浪费，降低了企业对原材料的依赖，增强了企业的可持续发展能力。

（二）数字经济发展势头迅猛

数字经济是新质生产力的重要表现形式，它以数据为核心生产要素，依托互联网、云计算、大数据等技术，推动产业数字化转型，催生新的产业和商业模式，为传统产业提供了新的增长点。新质生产力推动的数字化转型使企业能够更好地响应市场变化，提高决策效率，创新产品和服务，从而推动经济向高质量发展迈进。新质生产力对数字经济发展的作用主要体现在四个方面：数字经济总体规模持续扩大、数字产业化与产业数字化并进、数字基础设施领先以及数字经济相关企业和市场快速发展。

第一，数字经济总体规模持续扩大。据中国政府网信息，2012—2023 年，数字经济规模从 11.2 万亿元增长至 53.9 万亿元，增长了 3.8 倍。这一经济业态在国民经济中的地位不断提升，2023年占GDP（国内生产总值）比重达到42.8%，较2022年提升1.3个百分点，对GDP增长的贡献率达66.45%。这一增长趋势不仅彰显了数字经济自身的活力与潜力，更表明它已成为宏观经济格局中不可或缺的重要组成部分。其高速增长是信息技术、互联网、大数据、人工智能、云计算等核心技术带来的新质生产力不断突破与应用进而实现技术支撑的结果。

第二，数字产业化与产业数字化并进。一方面，新质生产力有助于提升对数据这一核心生产要素的价值挖掘能力，推动数字产业化，为数字经济发展提供技术、产品、服务、基础设施和解决方案。这不仅促进了数字经济核心产业销售收入的稳定增长，还进一步激发了众多企业在数字化技术研发、产品创新与市场拓展方面积极投入，带来了丰硕的成果。在新质生产力的驱动下，数字产业企业如雨后春笋般不断涌现，新兴创业公司和传统企业数字化转型分支不断涌入这一充满机遇的领域，形成了一个日益庞大且富有竞争力的产业集群。此外，我国近年来加快培育壮大人工智能、大数据、云计算等新兴产业，提升了通信设备、集成电路、电子元器件、关键软件等领域的核心竞争力。专利授权量的大幅增加更是数字产业化创新能力的有力证明，大量的发明专利不仅体现了企业和科研机构在数字化技术前沿的探索精神，也为数字经济的持续发展储备了丰富的技术资源，推动数字产品和服务不断升级换代。另一方面，新质生产力为数字经济提供了更多实体产业应用场景，加速产业数字化深入发展，使工业互联网、智能制造等新业态、新模式不断涌现。产业数字化转型是数字经济发展的核心内涵之一，其成效在各个行业中逐渐显现。工业互联网的蓬勃发展实现了工业领域的全面覆盖，而众多国家级智能制造示范工厂的涌现，标志着传统制造业在数字化浪潮中的深刻变革。截至2023年，我国已培育421家国家级智能制造示范工厂、万余家省级数字化车间和智能工厂。通过引入数字化技术，企业在生产流程优化、产品质量提升、供应链协同管理等方面取得了显著的效益。例如，关键工序数控化率和数字化研发设计工具普及率的不断提高，使得生产效率大幅提升，产品研发周期显著缩短，生产成本有效降低。在农业、服务业等其他领域，数字化技术同样发挥着重要作用，推动产业升级与创新，促进了各产业之间的融合发展，形成了全新的产业生态系统。

第三，数字基础设施领先。新质生产力以科技创新为驱动力，直接促进数字基础设施的技术进步。据中国政府网发布的数据，截至 2024 年 6 月底，我国 5G（第五代移动通信技术）基站总数达 391.7 万个，5G 用户普及率超60%。5G 应用已经融入 97 个国民经济大类中的 74 个，全国"5G+ 工业互联网"在建项目超 1 万个。广泛分布的 5G 网络为高速率、低延迟的数据传输提供了可能，从而催生了诸如高清视频传输、智能物联网、远程工业控制等一系列创新应用场景，极大地拓展了数字经济的边界。与此同时，算力规模的提升，尤其是智能算力的快速增长，为处理海量数据、运行复杂算法提供了强大的计算能力，满足了人工智能、大数据分析等领域日益增长的需求，进一步加速了数字经济各个领域的创新与发展。这些基础设施的不断完善，如同构建起数字经济的高速公路网络，使得各类数字经济活动能够高效、顺畅地开展。目前，我国在 IPv4 和 IPv6 地址数量、域名数量以及 CN 域名数量等方面也呈现出稳步增长的趋势。这些基础设施的完善为数字经济的发展提供了坚实的物质基础。

第四，数字经济相关企业和市场快速发展。新质生产力激发数字经济领域的创新商业模式，催生了共享经济、平台经济等新形态。我国的网络零售额连续多年居世界首位，且呈现出稳步增长的趋势，这表明消费者越来越倾向于通过网络平台进行购物消费，数字消费已经成为主流消费方式之一。移动支付规模的爆发式增长，则彻底改变了人们的支付习惯，使得交易更加便捷、高效、安全，同时也为金融科技的创新发展提供了广阔空间。数字消费市场的繁荣不仅满足了消费者日益多样化的需求，也为企业创造了巨大的商业机会，促进了消费升级和经济内循环。2023 年，全国数据领域相关企业超19 万家，并且数据产业有望保持 20% 以上的年均增速。数字消费市场方面，2023 年我国网络零售额达 15.42 万亿元，连续 11 年居世界首位，网络零售额的移动支付规模相比 2012 年增长了 239 倍。

（三）新兴产业不断壮大

新兴产业如新能源、新材料、高端装备制造等，是新质生产力培育和发展的重点领域。这些产业通常具有高技术含量、高附加值和高成长性，能够有效带动经济增长和结构优化。通过给予新兴产业关键支撑，新质生产力能够加速其成长壮大进程，引导产业沿着符合科技趋势与市场需求的方向发展，促进产业生态完善，使其能快速崛起成为经济发展新亮点。具体而言，新质生产力驱动新兴产业不断壮大的作用主要体现在发展势头强劲、技术创新突破涌现、产业链不断完善以及产业集群效应凸显四个方面。

其一，新兴产业发展势头强劲。新质生产力有助于引导新兴产业的发展方向，使其更加符合市场需求和科技发展趋势。例如，新一代信息技术、新能源、新材料等行业近年来发展势头强劲，成为经济增长的重要引擎。中国上市公司协会披露的数据显示，2024 年前三季度，汽车零部件、半导体行业净利润分别同比增长 20.5%、41.9%，电子行业净利润增幅达 35%。这些产业不仅在国内市场上展现出巨大的潜力，还在国际市场上获得了广泛的认可。中国新能源汽车累计销量从 2012 年底的 2 万辆攀升至 2022 年 5 月底的 1108 万辆，并在 2023 年继续保持快速增长态势。2024 年 7 月，国内乘用车市场中，新能源汽车零售销量为 87.8 万辆，同比增长 36.9%，新能源乘用车国内零售渗透率达 51.1%，月度零售销量首次超过传统燃油乘用车。同时，中国新能源汽车出口量不断增加，在全球十大新能源汽车畅销车型中，中国品牌占据六款。同时，光伏产业仍然发展迅速，我国光伏组件产量连续 16 年稳居世界首位，占据了全球市场的核心地位，为全球清洁能源供应贡献了 70% 的光伏组件和 60% 的风电装备，成为推动全球绿色能源革命的重要力量。生物医药产业同样发展迅猛，创新药研发投入不断增加，一批具有自主知识产权的新药成功上市，满足了国内患者日益增长的医疗需求，也在国际市场上崭露头角。在新质生产力驱动下，新兴产业快速发展，有力地带动了相关上下游产业的协同发展，为国民经济注入了新的活力与动力，在经济结构调整中发挥着越来越重要的作用。

其二，技术创新突破涌现。新质生产力为新兴产业提供了关键的技术支撑和发展动力，加速其从萌芽期向成长期和成熟期的转变。在新能源领域，电池相关技术不断发展。2022年我国新能源汽车的动力电池单体能量密度相比2012年提高了1.3倍，主流车型的续航里程从150千米大幅提升至500千米以上。同时，我国在氢燃料电池上也取得了标志性技术进展，如上海捷氢的车规级燃料电池一级零部件全部实现国产化，亿华通研发的燃料电池系统额定质量功率密度达到国际领先水平。在5G方面，我国率先实现了大规模商用，5G网络的高速率、低延迟特性为工业互联网、远程医疗、智能物联网等新兴应用提供了强有力的支撑。例如，在工业领域，基于5G的智能工厂能够实现设备之间的实时互联互通，极大地提高了生产效率和质量控制水平；在远程医疗中，医生可以通过5G网络高清、实时地进行远程会诊和手术指导，打破了地域限制，提升了医疗资源的可及性。此外，在量子计算、基因编辑等前沿科技领域，新质生产力推动企业持续加大研发投入并取得了阶段性的创新成果，为新兴产业的长远发展奠定了坚实的技术基础。

其三，产业链不断完善。新质生产力通过当代科学技术和先进产业组织方式来推动产业链的完善，促进了产业链的持续优化和升级。在上游环节，新能源汽车产业中电池原材料的生产和供应能力不断提升是新质生产力的体现，保障了新能源汽车的生产需求；新质生产力的发展加快了半导体产业中光刻胶、电子气体等关键原材料的国产化进程。中游的制造环节技术水平提高，生产效率提升。在新能源汽车制造中，智能制造等新质生产力技术的应用使得生产过程更加自动化、智能化，产品质量得到提高；在光伏产业，高效太阳能电池的生产技术不断进步，转换效率不断提升。下游的应用场景不断拓展，售后服务等相关服务体系逐步完善，新能源汽车的充换电基础设施等新质生产力的生产要素不断推进，提高了消费者的使用便利性；在人工智能领域，智能安防、智能医疗、智能交通等应用场景不断涌现。

其四，产业集群效应凸显。新质生产力能够促进新兴产业生态的形成，促进产业链上下游企业的协同发展和产学研用的紧密结合。在新质生产力作用下，我国新兴产业的发展还呈现出显著的产业集群效应，多个地区形成了各具特色的新兴产业集群。在长三角地区，以上海为核心，周边城市如苏州、无锡、杭州等在集成电路、生物医药、人工智能等领域形成了高度协同的产业集群。上海凭借其雄厚的科研实力、金融资源和国际化平台，在高端芯片设计、创新药物研发等方面占据领先地位；苏州和无锡则在半导体制造、医疗器械生产等环节具有强大的产业基础；杭州在人工智能算法研究、互联网应用创新等方面表现突出，区域内企业之间通过技术合作、产业链上下游配套等方式，实现了资源共享、优势互补，共同推动了新兴产业的快速发展。珠三角地区则在新能源、智能家电、电子信息等领域形成了产业集群优势，以深圳为龙头，聚集了大量的高新技术企业和创新型人才，在新能源汽车制造、消费电子研发生产、智能家居系统集成等方面引领全国乃至全球潮流，周边城市如东莞、佛山等在电子零部件制造、智能装备生产等环节紧密配合，形成了高效的产业分工协作体系，有效提升了整个区域的新兴产业竞争力。此外，京津冀地区在航空航天、高端装备制造等领域，中西部地区如武汉在光电子、成都在电子信息等领域也都形成具有一定规模和影响力的新兴产业集群，为我国新兴产业的全面布局和均衡发展奠定了坚实基础。新质生产力作用下的产业集群效应凸显，不仅促进了新兴产业的创新发展和规模扩张，还带动了区域经济的协同发展和整体竞争力的提升。

（四）未来产业初露端倪

未来产业是指那些处于孕育萌发阶段或产业化初期，具有显著战略性、引领性、颠覆性的前瞻性新兴产业。未来产业的发展将为经济高质量发展提供新的动力和广阔的发展空间。同时，这些产业的发展需要强大的科技创新能力和长远的战略规划，它们代表着未来经济发展的方向，是新质生产力发展的重要突破口。

从产业特点看，由新质生产力开拓的未来产业具有依托新科技、引领新需求、创造新动力和拓展新空间等特点。一是依托新科技。未来产业的发展主要是基于颠覆性技术的突破和产业化，并依托技术与技术之间、技术与产业之间的深度融合。当前，信息网络、生物科技、清洁能源、新材料与先进制造等领域正孕育一批具有重大产业变革前景的颠覆性技术，成为社会生产力新飞跃的突破口。例如，量子信息利用量子力学原理进行信息传输和处理，具有高度的安全性和高效性；脑机接口技术能够实现人脑与计算机之间的直接交互，为医疗、康复、教育等领域带来革命性的变革。二是引领新需求。未来产业不仅可以更好地满足人们的现有需求，还将创造新的应用场景和新消费需求。元宇宙作为虚拟与现实交融的新世界，将深刻改变人们的生活方式和社交模式；人形机器人集成人工智能、高端制造、新材料等先进技术，有望成为继计算机、智能手机、新能源汽车后的颠覆性产品，将深刻改变人类生产生活方式。三是创造新动力。未来产业将引导市场主体向更先进的生产力聚集，催生新技术、新产业、新业态、新模式。随着未来产业的发展，将不断涌现出如智能网联汽车、量子计算、生物制造等新兴产业，推动经济社会的快速发展。四是拓展新空间。未来产业将帮助我们不断突破认知极限和物理极限，提升社会生产力水平，拓展新的发展和生存空间。例如，深海空天开发将拓展人类的活动领域，为资源开发、科学研究等提供新的机遇。

从具体领域看，新质生产力对未来产业的作用涵盖众多领域。我国正在全球加速布局以硬科技领域为代表的未来信息、未来能源、未来材料、未来制造、未来健康、未来空间六大类未来产业。具体而言，未来产业大致包括脑机接口、量子信息、人形机器人、生成式人工智能、生物制造、未来显示、未来网络、新型储能、星际旅行等。新质生产力对这些未来产业的作用体现在推动未来产业的技术孵化和突破、引领和培育未来产业的市场方向、助力未来产业的资源整合与产业链构建三个方面。

首先，新质生产力所涵盖的前沿技术为未来产业提供了从无到有的可能。在量子计算领域，新的超导材料技术和量子比特操控技术推动了量子计算机从理论概念向实验样机的转变，为量子计算产业的出现提供了技术前提。在基因编辑方面，新型基因编辑工具的研发让基因治疗和生物合成产业有了技术根基，从而催生了未来可能改变医疗和农业格局的新兴产业。智能客服大量应用于平台企业，许多企业采用智能聊天机器人来回答客户的常见问题，提高客户服务效率。例如，淘宝、京东等电商平台的智能客服，能够快速理解用户咨询的问题并给出准确的回答。全球人工智能市场规模预计将从2020年的约1500亿美元增长到2025年的超过5000亿美元，年复合增长率超过25%。这充分显示了人工智能在未来巨大的市场潜力。

其次，新质生产力通过创新产品和服务，引领市场需求，培育未来产业的市场空间。在量子通信方面，我国已经建成了全球规模最大、用户最多、应用最全的合肥量子城域网，为政务、金融、能源等领域的信息安全提供了强有力的保障。在量子计算领域，科研团队不断取得突破，研发出性能更优异的量子计算调控系统。例如，我国的本源量子公司推出了多款量子计算产品，为相关科研和产业应用提供了支持。据预测，2030年全球量子计算市场规模有望达到1000亿美元以上。虽然目前量子技术仍处于早期发展阶段，但已经展现出巨大的应用前景和商业价值。在未来空间产业，新的航天推进技术和太空资源探测技术激发了太空旅游和小行星采矿等市场概念。企业在新质生产力的驱动下开发出太空旅游产品和服务，逐步培育市场，使太空产业从远景规划走向实际的市场开拓阶段，为未来产业的市场成长提供了动力。

最后，新质生产力有助于整合未来产业发展所需的各种资源，构建完整产业链。在物联网与工业互联网领域，工业互联网平台可以实现设备的远程监控、故障预警、智能运维等，提高工业生产的效率和质量。例如，海尔的COSMOPlat工业互联网平台，为众多企业提供了智能化的解决方案。在智能家居领域，各种智能家电设备通过物联网连接，实现了远程控制、智能联动等功能。比如，小米的智能家居生态系统，用户可以通过手机APP控制家中的灯光、空调、电视等设备。此外，全球物联网连接设备数量将从2023年

的 160 亿台增长到 2033 年的 400 亿台，年复合增长率为 9.6%⊖ 在虚拟现实
（VR）、增强现实（AR）产业领域，新质生产力带动了从硬件设备制造（如
高性能头戴式显示器、动作捕捉设备）到软件内容创作（如沉浸式游戏、虚
拟培训课程开发），再到平台运营和分发的全产业链整合。通过对芯片制造、
显示技术、软件开发等多领域资源的协同调配，使得 VR/AR 产业能够逐步从
碎片化的技术演示走向大规模的商业应用，形成一个涵盖娱乐、教育、工业
设计等多应用场景的新兴产业集群，为未来人们的生活和工作方式带来全方
位的变革。

综上，无论是传统产业的转型升级，还是数字经济、新兴产业和未来产
业的发展，新质生产力都在其中发挥着关键作用。新质生产力作为推动高质
量发展的强劲推动力和支撑力，其核心在于创新。通过科技创新、产业创新
和制度创新，新质生产力将不断推动经济结构优化升级，提高全要素生产率，
为实现高质量发展提供持续动力。

二、新质生产力是创新起主导作用的先进生产力

习近平总书记强调，新质生产力是创新起主导作用，摆脱传统经济增长
方式、生产力发展路径，具有高科技、高效能、高质量特征，符合新发展理
念的先进生产力质态。这意味着新质生产力是以创新为主导的生产力，是符
合创新发展、协调发展、绿色发展、开放发展和共享发展理念，推动高质量
发展的先进生产力。

（一）新质生产力的发展源头

习近平总书记关于新质生产力的重要论述，是新时代实践和理论创新的
集成，是马克思主义生产力理论在中国丰富实践基础上的创新和发展。生产
力理论是马克思主义科学理论体系的重要组成部分，是历史唯物主义的理论

⊖　资料来源：Transforma Insights。

基石，而高度重视科学技术对生产力的推动作用正是马克思主义生产力理论的一个基本观点。纵观人类社会发展史，每一轮科技革命的兴起都会推动社会生产力实现质的飞跃。在第一次工业革命方兴未艾、第二次工业革命如日方升时，马克思已敏锐察觉到科学技术对生产方式的重要影响，指出"生产力中也包括科学""劳动生产力是随着科学和技术的不断进步而不断发展的"，而在第四次科技革命与产业变革兴起的今天，科技创新成为发展新质生产力的主导力量和核心要素。科技创新之所以能够成为新质生产力的核心要素，在于生产力的历史性、科技创新的引领性、高质量发展的时代性。

首先，生产力具有历史性。生产力的基本内涵不断演进，成为推动人类社会发展的决定性力量和生产方式中最活跃、最革命的因素，这为生产力发生质变提供了可能性。同时，随着人与自然关系的不断深化，人们对生产力的认识也在逐步加深。在第一次工业革命之前，人类社会广泛存在的是传统生产力，即人类在改造自然过程中形成的物质生产能力，以解决温饱问题为目的，以体力劳动为支撑，以自给自足的自然经济为基础。这一阶段中，劳动者的素质和技能总体较低，劳动对象和劳动资料相对简单，人类的生产力水平比较低下。在前两次工业革命中，人类运用机械化、电气化等科学技术进行物质资料生产，这时出现了新兴生产力，如马克思所说，18世纪的个人是"16世纪以来新兴生产力的产物"。从特征上看，新兴生产力是资本主义生产方式的特有产物。在第三次工业革命后，到第四次科技革命与产业变革兴起的当下，生产力发展进入第三个阶段，即以信息化、网络化、数智化、绿色化、集约化为主要特征，与以往生产力相比具有质的飞跃的新质生产力。在新一轮科技革命和产业变革的深入推进中，全球科技创新空前密集活跃，原创性、颠覆性科技创新成果竞相涌现，带来生产力要素结构中实体性要素与非实体性要素结合的广度、深度、频度深入拓展，推动生产力加速迭代跃升，体现出与传统生产力发展不同的质态。

其次，科技创新具有引领性。作为最高意义上的革命力量，科技创新在人类生产方式的演进过程中始终起到引领作用。《共产党宣言》指出，"资产阶级在它的不到一百年的阶级统治中所创造的生产力，比过去一切世代创造的全部生产力还要多，还要大"。这种生产力的飞跃离不开科技创新的推动。传统的生产力三要素，即劳动者、劳动资料、劳动对象，也随着科学技术的进步而不断发展。其一，科技创新能够提升劳动者对自然规律的认识水平，使其有可能掌握先进的劳动技术和劳动工具，实现人力资本积累，从而为生产力的突变奠定基础。其二，科技创新使得劳动资料获得了更多的主体地位，释放了劳动资料发展的巨大空间，并且激发了劳动者适应劳动资料的创造性，加速了劳动者与劳动资料之间的互动进化过程。其三，为了适应科学技术在各行业的发展和应用的需要，一些新的或者用于某种特定用途的劳动对象相继产生，使科学技术与社会生产更加紧密地联系在一起。科技创新对劳动者、劳动资料、劳动对象及其优化组合的重要作用，引领经济社会不断向前发展，为生产力发生质变提供了可能性。

最后，高质量发展具有时代性。高质量发展是新时代中国经济社会发展的鲜明主题，是全面建设社会主义现代化国家的首要任务。高质量发展尤其强调创新的重要作用，而科技创新是创新的一个重要方面。以人工智能、量子信息、移动通信、物联网、区块链为代表的新一代信息技术，以合成生物学、基因编辑、脑科学、再生医学等为代表的生命科学技术，以清洁、高效、可持续为目标的新能源技术，融合机器人、数字化、新材料的先进制造技术，正在加速推进制造业向智能化、服务化、绿色化转型发展。这些前沿技术的大规模应用以及高新技术的不断突破，能够实现在生产实践中减少自然资源和能源的投入，生产出更多科技含量高、产出效益好、满足人们美好生活需要的产品，为高质量发展提供源源不断的动力。习近平总书记指出，"新质生产力已经在实践中形成并展示出对高质量发展的强劲推动力、支撑力"，而符合新质生产力特征的高新技术赋能是实现高质量发展的必然要求。这要求我们"加强科技创新，特别是原创性、颠覆性科技创新""有组织地推进战略导向的原创性、基础性研究"。其中，加强基础研究是实现高水平科技自立自强的迫切要求，是培育发展新质生产力的动力源泉，而原创性、颠覆性科学发现和技术创新是培育和发展新质生产力、新动能的基础。以科技创新为主导的新质生产力能够蓄积发展的新动能、新优势，是高质量发展的内在要求。

（二）科技创新催生新产业、新模式、新动能

创新是发展的第一动力。习近平总书记深刻指出："科技创新能够催生新产业、新模式、新动能，是发展新质生产力的核心要素。"这一重要论述指明了发展新质生产力的主攻方向。2023年中央经济工作会议部署2024年经济工作时提出"以科技创新引领现代化产业体系建设"，鲜明体现了科技创新和产业变革的内在逻辑关系。科学技术是生产力系统中的决定性因素，当关键科学技术实现突破并发生质的变化时，必然会引发生产力核心要素的变化，推动生产力从传统走向现代，形成新质生产力，即新质生产力的形成就是从科学发现、技术发明到新产业、新模式、新动能的生成。

首先，产业是生产力变革的具体表现形式，由技术革命性突破催生的新产业，能够摆脱传统经济增长方式和生产力发展路径，是新质生产力的重要载体。当前，互联网、大数据、云计算、人工智能、区块链等技术加速创新，新一代信息技术、生物技术、新能源、新材料、高端装备、新能源汽车、绿色环保以及航空航天、海洋装备等战略性新兴产业正在快速发展壮大。同时，类脑智能、量子信息、基因技术、未来网络、深海空天开发、氢能与储能等未来产业也在孕育发展。《中华人民共和国国民经济和社会发展第十四个五年规划和2035年远景目标纲要》（简称"十四五"规划）提出："在类脑智能、量子信息、基因技术、未来网络、深海空天开发、氢能与储能等前沿科技和产业变革领域，组织实施未来产业孵化与加速计划，谋划布局一批未来产业。"我国已进入创新型国家行列，一些前沿领域已实现并跑，甚至进入领跑阶段，科技实力正在从量的积累迈向质的飞跃，从点的突破迈向系统能力提升，完全有能力抓住新产业培育的重大历史机遇。科技创新在催生新产业的同时，也会带动传统产业更新升级，从而为新兴产业带来市场空间扩大以及为其提供原材料、零部件等支撑，不断提高发展质量和效益，拓展新的发

展空间。

其次，由技术革命性突破、生产要素创新性配置、产业深度转型升级催生的新模式，是新质生产力的重要构成。科技创新催生新模式，主要体现在为生产力发展指明方向，为经济发展开辟新增长区与新增长点，从而塑造经济增长新模式。当前，依托具有高创新性、强渗透性、广覆盖性特征的数字经济发展，线上与线下加速融合，服务与制造深度融合，网络购物、移动支付、无人零售、无接触配送、直播带货、在线诊疗、远程办公、跨境电子商务以及个性化定制、共享制造、全生命周期管理、总集成总承包等新业态、新模式蓬勃兴起。数字经济作为新一轮科技革命和产业变革的重要驱动力量，赋予了生产资料数字化属性，催生了"数据（新型生产要素）+算法（新型劳动工具）+算力（新型劳动主体）"驱动的新模式，已经成为推动新质生产力发展的重要引擎。这些新模式能够提供更为便捷、经济、个性化的产品和服务，有利于推动新技术的迭代创新发展，高效匹配供给和需求，促进能源资源集约化利用，提升全要素生产率，引领企业生产方式和经营模式的变革，为个体提供多样化的就业创业渠道和机会。在一定程度上，模式创新对经济社会发展的全方位影响丝毫不亚于技术创新和产品创新。

最后，科技创新、产业创新、企业创新、市场创新、产品创新、业态创新、管理创新等各领域的创新，以及这些创新成果在更大范围内的扩散应用，共同构成了支撑高质量发展的新动能，是新质生产力的整体呈现。根据国家统计局数据，2022 年，我国以新产业、新业态、新商业模式为核心内容的经济活动的集合（即"三新"经济）的增加值为 210084 亿元，相当于国内生产总值（GDP）的比重为 17.36%。2023 年全年，规模以上工业中装备制造业增加值比上年增长 6.8%，占规模以上工业增加值的比重为 33.6%；高技术制造业增加值增长 2.7%，占规模以上工业增加值的比重为 15.7%。新能源汽车产量为 944.3 万辆，比上年增长 30.3%；太阳能电池（光伏电池）产量为 5.4 亿千瓦，增长 54.0%；服务机器人产量为 783.3 万套，增长 23.3%；3D 打印设备产量为 278.9 万台，增长 36.2%。规模以上服务业中，战略性新兴服务业企业营业收入比上年增长 7.7%。新型生产要素及其新组合催生了大量新产业和新模式，推动未来产业、新兴产业的发展以及传统产业的深度转型，整体推进了产业体系从传统走向现代，推动现代化产业体系形成，为经济高质量发展带来新动能。

（三）新质生产力与绿色生产力具有内在统一性

"绿色发展是高质量发展的底色，新质生产力本身就是绿色生产力"，习近平总书记这一重要论述揭示了新质生产力与绿色生产力之间的内在联系。绿色生产力是马克思主义生态经济理论的衍生和拓展，通过增强自然生态系统与经济社会发展系统的耦合协调形成新质生产力，重视提高自然资源的利用效率及利用资源的模式改进，重视自然资源的循环使用。新质生产力与绿色生产力在基本内涵上相通，在重要特征上相符，在发展路径上一致，具有内在统一性。

首先，新质生产力与绿色生产力都要求实现对生产力要素的生态化重塑，在基本内涵上相通。绿色生产力，主要指人类在利用和改造自然的生产实践中形成的以适应经济、生态和社会可持续发展的物质力量，是在传统生产力的基础上，通过融入生态化的理念和技术，实现对生产力基本要素的绿色改造和优化。作为生产力的新质态，新质生产力重塑了劳动者、劳动资料和劳动对象等生产力要素，使其在功能、组织方式、使用效率上都发生了深刻变革，与绿色生产力的内涵高度契合。其一，绿色产业的兴起与发展带动就业向技术偏向型、环境友好型岗位转型，促使劳动者日益成为具备更多环保意识和绿色技能的高质量智能型劳动者。其二，新一轮科技革命进一步推动了劳动资料在形态、效能、性质上的根本性变革，劳动资料向节能减排、智能化、循环利用方向发展。其三，科学技术的进步推动了劳动对象的范围进一步扩大、种类更趋多元，作为劳动对象的自然界与人的交往日益普遍，劳动对象的选择和处理方式更加注重生态友好。

其次，新质生产力与绿色生产力都具有资源消耗低、污染排放少、经济效益好的特点，在重要特征上相符。传统经济增长方式和生产力发展路径主要依靠资本的高积累和生产要素的高投入来实现生产效率提升与经济快速增长，这种粗放型的发展模式和生产组织形式在促进经济社会快速发展、创造巨大物质财富之外，还带来如资源浪费、环境污染与社会不公等问题。绿色生产力是在深刻反思传统经济增长方式和生产力发展路径的生态弊端中兴起的，具有资源消耗低、污染排放少和经济效益好的特点，开辟了更加可持续和高效的经济增长道路。新质生产力以创新为经济发展的核心驱动力，摆脱了对传统资源和环境的过度依赖，推动经济体系从资源驱动、投资驱动向创新驱动的转变，实现了生产要素的优化组合和高效利用。新质生产力的创新驱动既包括以科技进步、知识更迭为典型代表的技术创新，如人工智能、量子计算、生物技术等前沿科技，又涵盖了生产关系层面的调整，如管理创新、制度创新和模式创新等，这种创新驱动发展使新质生产力同样具备了资源消耗低和污染排放少的特征。

最后，新质生产力与绿色生产力都以绿色发展为重要支撑和方向引领，在发展路径上一致。其一，大力发展新质生产力、绿色生产力都需要牢固树立"保护生态环境就是保护生产力，改善生态环境就是发展生产力，绿水青山就是金山银山"的绿色发展理念。习近平总书记指出，新质生产力是"符合新发展理念的先进生产力质态"。作为新发展理念的主要内容之一，"绿色发展"既是新质生产力形成的必要条件，又是引领新质生产力发展的重要理念。绿色发展要求在新能源、新材料、节能环保技术等领域实现重大突破，推动产业技术革新，这为新质生产力的成长壮大创造了有利条件。其二，大力发展新质生产力、绿色生产力都需要加大绿色科技创新力度，加快先进绿色技术的推广应用。着力培育战略科学家、战略企业家、工程师、设计师以及大国工匠，持续加大对基础研究和应用基础研究的投入，鼓励企业从源头设计、生产过程到产品生命周期管理的全链条创新，推动从"末端治理"向"源头预防"的根本性转变，这些都为新质生产力的培育和壮大提供了动力供给。其三，大力发展新质生产力、绿色生产力都需要形成"绿色化"的新型生产关系，推动绿色生产力发展的综合政策体系，如加快建设绿色科技创新转化为现实生产力的机制，完善全国和区域性的绿色科技创新市场；鼓励和规范天使基金、风险投资、私募基金等支持绿色科技成果孵化和转化；优化政府绿色采购政策，完善绿色税制。

三、发展新质生产力需要形成与之相适应的新型生产关系

生产关系是社会存在和发展的基础。塑造与新质生产力相适应的新型生产关系，是加快形成新质生产力的客观要求，对于促进和提高生产力质量与水平具有重要意义。现阶段，以数字化技术、大数据、人工智能为代表的新技术正在加速催生新质生产力，带来一种全新的生产方式与组织形式，深刻改变着劳动资料、劳动者与劳动对象之间的关系，进而需要重塑新型生产关系。畅通教育、人才、科技的良性循环，为构建新型生产关系提供源源不断的活力与动力；推动科技创新和产业创新的深度融合，为构建新型生产关系提供科技支撑和产业基础；健全发展新质生产力体制机制，为构建新型生产关系提供制度保障和发展动能；引导金融资本投早、投小、投长期、投硬科技，为构建新型生产关系提供资本支撑和创新引擎。

（一）要畅通教育、科技、人才的良性循环

习近平总书记指出："建设教育强国、科技强国、人才强国具有内在一致性和相互支撑性，要把三者有机结合起来、一体统筹推进，形成推动高质量发展的倍增效应"。科技是第一生产力、人才是第一资源、创新是第一动力。科技创新靠人才，人才培养靠教育，以教育之强成就人才之强，才能够为科技创新提供源源不断的人才支撑。教育、科技、人才内在一致、相互支撑，只有增强系统观念，畅通教育、科技、人才的良性循环，把教育、科技、人才三者有机结合起来、一体统筹推进，才能走出一条从教育强、人才强、科技强到产业强、经济强、国家强的发展道路，形成推动高质量发展的倍增

效应。

首先，建设立足科技发展和国家战略需求的现代化创新人才教育体系。一方面，着力建设专注于原始创新的育人主体，发挥高校和科研院所在基础研究、重大原始创新中的重要引领作用；通过加快建设大型科学装置、设立基础研究中心和合作实验室，完善高校科技创新机制，提高创新成果转化效能，为更多优秀人才提供合作研发、高水平成果培育及转化的平台，为新质生产力体系建设提供科学技术支撑和服务。另一方面，建立新兴产业布局和关键核心技术需求牵引的学科设置调整机制和人才培养模式，鼓励育人主体面向国家重大战略需求，加快基础学科、新兴学科、交叉学科建设；探索构建高校与企业、科研院所、行业机构联合选聘导师、联合培养人才、共认拔尖人才的合作机制，通过组建联合实验室、产业人才创新基地、现代产业学院，将顶尖科技资源转化为顶尖育才资源。

其次，畅通教育、科技、人才要素的跨区域、跨部门、跨行业的循环通道。一方面，加快打造教育、科技、人才资源从高地区域向周边区域的辐射机制，以"东数西算"等区域协调工程为重要契机，鼓励地区间共享教育资源、推动人才"异地筑巢"、设立创新联络小组，构建高端人才资历互认、人才社保资料便捷快转、技术畅通传播的跨区域循环通道。另一方面，鼓励龙头企业与高校、科研院所共建联合研究中心、院士专家工作站等"双跨"平台，在产学研之间建立多向流动的"旋转门"机制，畅通高校院所和企业间的跨部门人才流动渠道。此外，打通人才到技术再到科技公司的转化通道，通过发挥企业服务平台或科技服务平台作用，构建现代科技服务平台体系，全面梳理对接产学研用各生态环节，提高产学研用各生态环节的有效衔接，赋能科技成果转化。

最后，用好教育、科技、人才良性循环的科技人才评价激励指挥棒。科技人才评价决定着教育、科技、人才事业的发展方向，是三者良性循环的重要牵引力。建立教育、科技、人才评价相互支撑、有机衔接的新机制，一方面，加强教育评价改革中的科技创新导向，在教育评价中逐步增加科技创新导向指标，突出以创新价值、能力、贡献为导向的人才评价体系，健全增值评价和综合评价；另一方面，加强科技项目评审、人才评价、机构评估改革的协同，在科技计划项目管理、基地建设、科研机构评估、"双一流"大学建设、学科评估、国家科学技术奖励评审、院士增选等工作中，加强政策衔接，形成系统化、一致性的评价导向。科技人才激励是驱动教育、科技、人才良性循环的关键动力源。健全要素参与收入分配机制，一方面，建立与高质量教育体系和高质量科研体系相匹配的薪酬制度，以及与经济发展水平和科技人才劳动价值相匹配的工资增长机制，打破简单以学术头衔、人才称号等确定薪酬待遇或学术资源配置的模式；另一方面，坚持物质激励与精神激励相结合、岗位薪酬与绩效奖励相结合、长期激励与短期激励相结合、个人激励和团队激励相结合，完善一揽子政策体系，强化评价政策的协同，加强评价政策的落实监督和反馈机制建设，从而更好地激发人才动力、释放人才活力，发挥人才作为发展新质生产力的重要推动者的作用。

（二）扎实推动科技创新和产业创新深度融合

习近平总书记指出，"以科技创新为引领，统筹推进传统产业升级、新兴产业壮大、未来产业培育，加强科技创新和产业创新深度融合"。科技创新是激活新质生产力的核心要素，产业创新是形成新质生产力的关键载体，科技创新与产业创新是发展新质生产力的一体之两翼、驱动之双轮。

第一，畅通政策链条，强化科技创新和产业创新顶层设计的一体布局和统筹优化。发挥政府作用，打造将科技政策和产业政策整合起来的"政策链条"或"政策组合"，构建"顶层规划＋科技专项＋中央政府政策＋地方政策＋政府投资基金"多层次的政策支持体系，实现创新链与产业链的精准对接。通过战略规划引导战略性技术和产业的发展方向，布局谋划好产业发展路线图；围绕科技创新与应用的外围基础设施，加强硬件设施和软件环境建设，推动创新要素集聚；通过制定财政、金融、税收、产业、城市建设与规划、人才等多方面的政策措施，形成从科技创新到成果转化的"成本洼地"。

第二，聚焦市场链接，构建活力迸发、要素完备的科技创新生态。一是鼓励行业领军机构牵头组建创新共同体，充分发挥领军者的技术、信息和人才等优势，引领带动各类机构全面融入产业链协作体系，提升科研机构与市场机构的对接精准度，促进科技创新与产业创新互相促进。二是健全创新中介服务体系，围绕技术端、产业端、金融端、人才端做好对接，为全流程创新活动提供规范、专业的配套服务，确保科研创新成果更高效地转化为实际生产力。三是营造鼓励创新、宽容失败的创新环境，在监管上要探索审慎的分类监管制度，做到既鼓励创新，又能对新技术、新产业、新业态等实现有效、精准监管。

第三，推动主体融合，强化企业科技创新主体的地位，推动产学研用一体布局。一方面，着眼重点产业链各环节科技攻关目标，优化国家实验室、国家科研机构、高水平研究型大学、科技领军企业的科技资源布局，推进科技创新央地协同，统筹各类科创平台建设。另一方面，围绕基础研究、应用基础研究、应用技术开发、工程化验证或中试、技术成果商业化等链式环节，完善高校、科研院所与企业的协作机制，优化不同主体内部和不同主体之间知识产权共享、收益分配机制，全面提升产学研用的协同创新效率。

第四，激发资金、人才、数据等多元要素活力，促进科技产业良性循环。面向产业发展需求，强化人才、资金、数据、科研基础设施等要素的融合赋能和开放共享，形成以需求定任务、以任务定经费的资源配置机制。建立"科技—产业—金融"良性循环机制，通过科技创新和资本市场改革、风险管理和投资引导、设立国家科技成果转化引导基金等，促进资本资源高效配置到关键领域，为科技创新和实体经济发展提供融资平台及资金支持。完善人才培养、引进、使用的合理流动机制，通过政策引导和市场机制，鼓励人才流动和跨区域合作，优化人力资源配置，构建一个全方位、多层次的科技创新人才发展体系，为全要素资源的高效利用提供坚实基础。健全知识、技术、信息与科技创新的融合机制，通过建设大数据中心、云计算平台等开放的数据平台，加强信息基础设施建设，促进知识传播、科学技术扩散和全要素资源融合，推动信息资源的整合和共享，为产业升级和科技创新提供有力的数据支持。

第五，推动成果转化应用，赋能传统产业改造升级、新兴产业技术攻关和未来产业前瞻布局。突出以科技创新赋能传统产业改造升级，利用新一代信息技术对传统产业进行全方位、全链条改造，提升其自动化、智能化水平；以科技创新支持新兴产业关键核心技术攻关，培育新技术、新业态、新模式，赋能新兴产业培育壮大；以科技创新赋能未来产业前瞻布局，充分发挥原创性和颠覆性科技创新对未来产业的引领带动作用，抢占科技制高点，培育具有国际竞争力的未来产业集群。

（三）健全因地制宜发展新质生产力的体制机制

党的二十届三中全会要求"健全因地制宜发展新质生产力体制机制"，并做出全面部署。健全发展新质生产力体制机制是发挥社会主义制度优越性、推动生产力水平加快提升的必然要求，也是全面贯彻新发展理念、扎实推动高质量发展的现实需要，更是适应新一轮科技革命和产业变革趋势、赢得发展主动权的时代要求。围绕加快形成同发展新质生产力更相适应的生产关系，要重点在以下方面着力。

第一，健全传统产业优化升级体制机制。传统产业优化升级是形成新质生产力的重要支撑和途径，要通过深化改革，使传统产业所蕴含的新质生产力有效释放。一是加快数字化与智能化改造传统产业，利用数字智能技术对传统产业进行改造，建立有效的机制来引导企业进行技术革新，鼓励对传统制造业的关键领域进行共性技术研究，并加速数字智能技术在这些产业中的应用和示范。二是加快绿色科技创新和先进绿色技术在传统产业的推广应用，持续优化绿色低碳经济政策工具，全面推进绿色生产力的发展，覆盖从生产到消费的全过程。三是以国家标准引领传统产业优化升级，通过更新技术、安全、能耗、排放等关键国家标准，加强制度约束和标准引导，促进技术改造，提升消费品质和循环经济的畅通。

第二，强化推动高水平科技自立自强体制机制。科技创新对生产力的质态和产业变革具有决定性影响，要瞄准世界科技前沿，发挥集中力量办大事的制度优势，推进新质生产力发展。一是加强基础研究和前沿技术供给，提高科技预算中基础研究的投入比例，对基础学科和交叉学科给予长期稳定的支持。强调原创性研究，启动一系列具有前瞻性和战略意义的重大科技项目，以实现在前沿技术领域的创新突破。二是推进科技创新、规模化应用和产业化发展，利用我国庞大的市场规模和完善的产业配套体系，系统地推进科技创新、规模化应用和产业化。通过加速技术规模的扩大和升级迭代，增强整体的创新能力。三是攻克关键核心技术，全面推进关键核心技术的攻关，实现从技术攻关到成果应用的全链条突破。确保通过自主可控的创新链，维护产业链和供应链的安全与稳定。

第三，完善推动战略性产业发展政策和治理体系。战略性新兴产业知识技术密集、成长潜力大、综合效益好，对经济社会全局和长远发展具有引领带动作用，是形成新质生产力的主阵地。一是加强产业基础能力，坚持强化优势领域并补齐短板，特别是在核心基础零部件和元器件、关键基础材料、先进基础工艺、产业技术基础等方面实现重点突破。二是构建战略性新兴产业集群，深化国家战略性新兴产业集群的发展，构建一个多层次、有梯度的产业集群发展体系。在重点领域培育具有特色、优势互补、结构合理的战略性新兴产业集群。三是引导新兴产业健康有序发展，优化产业的区域布局，打破地方保护和市场分割，规范地方招商引资的法规制度，扩大市场空间，推动新兴产业成长为支柱产业。

第四，完善未来产业投资增长机制。未来产业由前沿科技创新驱动，当下处于萌芽时期或产业化初期，未来具有巨大发展潜力，是全球创新版图和经济格局变迁中最活跃的力量。一是加强前瞻性布局与政策引导，把握未来产业孵化具有高不确定性、发展具有高成长性、技术具有多路线迭代性等特点，加强前瞻谋划和政策引导，构建创新策源、转化孵化、应用牵引、生态营造的产业培育链条。二是增加技术供给与创新主体地位，加强前沿引领技术、颠覆性技术创新，从制度上落实企业在创新决策、研发投入、科研组织、成果转化中的主体地位。三是加强新领域、新赛道的制度供给，探索建立包容审慎的新产业、新业态、新模式适应性监管体系，支持企业特别是广大中小企业大胆探索试错，支持地方开展未来产业相关改革和政策先行先试。

（四）引导金融资本投早、投小、投长期、投硬科技

习近平总书记在全国科技大会、国家科学技术奖励大会、两院院士大会上的讲话中指出，"要做好科技金融这篇文章，引导金融资本投早、投小、投长期、投硬科技"。理论与实践表明，科技与金融的相互融合推动了生产力的变革与跃迁。创业投资对科技企业融资与发展具有独特的优势，是培育新质生产力的先导性力量。

首先，以国有资本为主导壮大耐心资本，引导社会资本协同发力支持新质生产力发展。一方面，国有资本要充当耐心资本的主力军，培育壮大保险资金等耐心资本，打通影响保险资金长期投资的制度障碍，鼓励社保金、保险资金以创业投资和股权投资形式支持新质生产力发展，丰富商业保险资金长期投资模式，完善权益投资监管制度，督促指导国有保险公司优化长周期考核机制，促进保险机构做坚定的价值投资者，为资本市场提供稳定的长期投资；完善全国社保基金、基本养老保险资金投资政策制度，支持具备条件的用人单位放开企业年金个人投资选择，鼓励企业年金基金管理人探索开展差异化投资；鼓励银行理财和信托资金积极参与资本市场，优化激励考核机制，畅通入市渠道，提升权益投资规模。另一方面，多元化培育产业资本、捐赠基金、家族办公室、高净值个人资金，充当耐心资本的生力军。国有资本和社会资本共同形成支持新质生产力发展的协同生态，设立国家级产业基金或政府引导基金，发挥国有资本的引导示范效应，以国有资本撬动社会资本充分参与，鼓励投早、投小、投长期、投硬科技，以弥补市场失灵，适应高风险、长周期新质生产力发展的需要，加快科技资本供给侧结构性改革。

其次，尊重科技创新发展规律，完善相关配套制度。一是落实财税优惠

政策，明确新质生产力企业的认定标准，对于初创期的企业适当减免所得税，适当提高加计扣除比例，对于投资新质生产力的资本鼓励长期投资，结合其投资期限相应抵扣应纳税所得额，享受税收返还或阶梯绩效奖补。二是实施差异化考核制度。考核制度的设计应综合考虑新质生产力应用产生的经济价值和社会价值等，充分考虑技术研发从样品到产品再到商品转化应用的过程，结合企业成长周期、技术迭代周期、产业发展周期，考核长期投资回报。尤其对于国有资本支持科技发展的情况，尽快出台相关政策，改革和完善资金使用考核机制，建立健全容错免责机制，优化绩效评价制度。同时，应完善符合科技创新领域投资特点和发展规律的管理体制以及尽职合规责任豁免机制，明确和厘清可以免责或减轻责任的具体情形，进一步释放金融支持科技创新的活力。三是建设培育鼓励长期投资的资本市场生态。多措并举提高上市公司质量，鼓励具备条件的上市公司回购增持，有效提升上市公司投资价值。严厉打击资本市场各类违法行为，持续塑造健康的市场生态。完善适配长期投资的资本市场基础制度，健全中长期资金交易监管机制，优化机构投资者参与上市公司治理的配套机制，推动建立与上市公司之间的长期良性互动关系。

再次，畅通"募投管退"各环节，尤其是拓宽多元化退出渠道。上市方面，支持具有关键核心技术、市场潜力大、科创属性突出的优质未盈利科技型企业上市，鼓励科创板、北交所对含"科"量高的企业、专精特新企业设置更加包容的上市标准。并购重组方面，优化新质生产力项目并购重组的审核流程，实施分类监管，提高重组估值的包容性，取消部分行政许可事项，探索"小额快速"审核机制或绿色通道。股权转让方面，建立股权转让平台，注重提升股权估值定价的透明性、公允性，建立完善股权转让的标准化、规范化程序，集聚更多市场参与者，活跃股权转让交易。此外，推广实物分配股票试点，鼓励社会资本设立私募股权投资二级市场基金，促进私募股权行业良性循环。

最后，培养复合型专业人才，促进跨界交流对话。要完善人才培育机制，积极推动金融界加强与高校的合作，加强技术经理人队伍和能力水平建设，培养更多符合耐心资本发展需要的复合型专业人才；打造跨界交流培训平台，统筹监管部门、行业协会、高等院校和第三方服务机构等，提供财务、法律、风控、上市、技术等专业培训服务，提高管理人才在投资退出、合规运作、企业培育等方面的专业能力；发挥社会团体功能作用，推动中国证券投资基金业协会、上市公司协会、新质生产力行业相关的专业协会、创业投资行业协会等加强业界交流，支持其开展高级别行业峰会、新质生产力技术发布论坛等活动，营造更好的生态。

第二章

创新驱动传统产业深度转型升级

　　凭借深厚的历史底蕴和成熟的工艺体系，我国传统产业在制造业中占比超过80％，主要集中在机械制造、轻工纺织、食品加工等领域，成为我国产业结构的基石。这些行业因其强大的带动效应、高度产业关联以及在国际市场上的高占有率，成为支撑我国经济发展的主导力量，并在国际竞争中发挥着重要作用。

　　在转型为战略性新兴产业及未来产业的过程中，传统产业发挥着至关重要的作用。通过持续的技术创新与升级，传统产业不仅能够实现自身的转型升级，为战略性新兴产业和未来产业的发展奠定坚实的基础，还能在与新兴产业的互动中，共同推动整个经济体系的持续繁荣与进步。本章选取生物育种、工业互联网、光伏发电、智能制造、新材料领域的典型企业，分析其如何通过技术革新带动产业转型升级，为传统产业注入新活力、带来新机遇。

一、生物育种领域是农业新质生产力发展的重要方向

仓廪实，天下安。粮食安全是关乎民生福祉、社会稳定和国家安全的基石，是农业强国的本质要求和重要特征。粮食安全是国家安全的重要基础。习近平总书记强调，"要始终把保障国家粮食安全摆在首位"。只有确保粮食安全，才能为国家的经济社会发展提供坚实支撑，维护国家安全和稳定。党的十八大以来，以习近平同志为核心的党中央始终把解决好十几亿人口的吃饭问题作为治国理政的头等大事。这体现了党中央对粮食安全问题的高度重视和深刻认识，也凸显了粮食安全在国家战略中的核心地位。2024年《政府工作报告》专门强调，要"全方位夯实粮食安全根基""加强粮食和重要农产品稳产保供""始终把饭碗牢牢端在自己手上"。

然而，在全球经济疲软、极端气候频繁、逆全球化趋势及地缘政治冲突等不确定因素的影响下，全球粮食供应链的脆弱性显著增加。受国内耕地农转非、资源约束趋紧以及粮食需求的刚性增长等因素影响，我国粮食安全面临一系列挑战。生物育种技术作为现代种业的重要组成部分，对于提升粮食等重要农产品的供给保障水平、解决粮食安全问题具有至关重要的作用。发展农业新质生产力，探索保障粮食和重要农产品的安全稳定供应路径，从而牢牢把握粮食安全主动权具有重要的现实意义。

（一）一粒农业"芯片"背后的大国粮食安全

1.农业新质生产力推动农业领域实现高质量发展

发展新质生产力是推动高质量发展的内在要求和重要着力点。农业是立国之本、强国之基，决定着中国高质量发展的成色。没有农业现代化，全面

现代化是不完整、不全面、不牢固的。推动高质量发展最艰巨、最繁重的任务在农业，最广泛、最深厚的基础也在农业，迫切需要以新质生产力为动力，加快推进中国农业现代化进程。[⊖] 2024 年中央一号文件提出，要"强化农业科技支撑""持续实施数字乡村发展行动""缩小城乡'数字鸿沟'""强化农业科技人才和农村高技能人才培养使用"等。2025 年中央一号文件提出，要"推进农业科技力量协同攻关""以科技创新引领先进生产要素集聚，因地制宜发展农业新质生产力""实施数字乡村强农惠农富农专项行动"。因此，深入把握以新质生产力推进农业农村现代化的内在逻辑与现实路径，具有重要的理论价值和现实意义。

农业新质生产力是指在农业生产中，融合先进科技与创新管理理念，以提升生产效率、优化产品质量及增强生产可持续性为核心的新型生产力。其本质在于借助科技创新与制度创新，促进农业生产方式转型升级，进而提升整体效益与竞争力。农业新质生产力的发展遵循内在逻辑与规律，依赖生产方式与工具的革新，以及生产结构与产业模式的根本转变。其标志为农业全要素生产率的大幅提升，涉及资源配置、技术创新及市场需求等层面。农业新质生产力是推动传统种养农业向现代新产业、新业态、新模式转变的关键力量，引领农业领域的深刻变革。

农业新质生产力发展的核心要素与战略支撑由科技创新、产业链整合、人才培养与制度变革共同构成。科技创新是农业新质生产力发展的核心，通过颠覆性技术提升生产效率，引领农业技术革命，并拓展非传统耕地空间，保障食物安全。产业链整合是提升综合效益的关键，通过农业边界突破与链条延伸，促进资源有效配置，使农产品加工、销售、物流环节更现代化。人才培养是根本保障，需要培养高素质劳动力，完善农业人才培养和知识体系，适应农业现代化需求。制度变革是内在要求，农业新质生产力推动制度创新，同时制度创新需要满足生产力变革需求，优化资源配置，发挥政府政策供给主导作用。

⊖ 资料来源《农业新质生产力是什么？怎么发展？》，陈文胜，湖南师范大学中国乡村振兴研究院院长、博士生导师，《中国乡村发现》2024 年第 2 期首发。

2. 种业关系国家粮食安全，世界生物育种已进入育种 4.0 时代

生物育种是一种利用现代生物技术手段来培育优良生物品种的生物学技术。从生物遗传育种的科学发展过程和世界农业育种史来看，包括传统育种（杂交育种）、诱变育种、倍性育种（单倍体育种、多倍体育种）、细胞工程和染色体工程育种、分子标记辅助育种、转基因育种和基因编辑育种等方法。

中国工程院院士、水稻分子遗传与育种专家万建民，根据世界范围内生物育种的技术发展沿革，将其分为四个阶段。

原始的农家育种即人工驯化，可视为育种 1.0 时代。人类根据经验积累和肉眼观察，选择发生基因自然变异的农业生物，再对其长期人工驯化获得具有优良性状的品种。

杂交育种属于育种 2.0 时代，始于 19 世纪中叶到 20 世纪初，主要是指利用杂交技术进行新品种的选育。它以孟德尔和摩尔根提出的遗传学三大基本定律——分离定律、自由组合定律、连锁和交换定律为理论基础，通过人工杂交来实现株高、产量、品质、抗性等优良性状改良，培育生物新品种。

分子标记辅助选择和转基因育种属于育种 3.0 时代，是指利用分子标记技术和重组 DNA 技术将抗病、抗虫、抗逆、提高产量、提高营养品质等功能基因转入受体生物中，获得稳定遗传的优异性状，结合常规育种培育新品种。它的优势在于可以实现已知功能基因跨物种的定向高效转移，能够解决传统杂交育种不能解决的重大问题。转基因育种已成为世界上应用速度最快的育种技术。

当前，世界种业已进入"生物技术＋人工智能＋大数据信息技术"的育种 4.0 时代，这对于用种量居世界第一的我国而言，既是挑战，又是难得的发展机遇，目前我国仍处于杂交选育为主，生物育种技术未投入大量实际应用的阶段。要把握机遇，就要鼓励原始创新，有序推进生物育种产业化，构建现代生物育种创新体系，强化种质资源深度挖掘，突破前沿育种关键技术，培育战略性新品种，尽早实现种业科技的自立自强。

种子"卡脖子"，并非"卡"在种子的量，而是"卡"在种子的质；卡在

缺乏高产优质的品牌品种，杂交品种高产不优质，地方品种优质不高产；卡在缺乏培育品牌品种的生物育种技术，将既高产又优质的性状协调统一起来、聚合在品牌品种里。如果对决定优良性状的功能基因挖掘不足，就很难将种子更加精准地按照生产和消费所需去设计和培育。

研发培育品牌品种的生物育种基因芯片既是农业生产的难题，又是农业科技的难题，还是培育现代品牌农业的难题，更是未来我国农业能否更具国际竞争力的难题。

3. 强化种业科技创新是打破制约我国农业发展的重要路径

我国粮食总产量增长，但品种结构存在矛盾⊖。从整体来看，我国粮食连年丰收增产，但是每年还有大量粮食需要进口。国家统计局数据显示，2010—2023 年，粮食总产量从 10928 亿斤（1 斤 =500 克）增长至 13908 亿斤，增长了 27.2%，但我国的人均粮食产量仅略微增加了 20 公斤（1 公斤 =1000 克）左右，增长不足 10%。我国人口基数庞大，粮食对外依存度较高，目前是世界上最大的稻谷进口国、最大的玉米进口国、最大的大豆进口国。

种业是现代农业的源头，没有种子，就没有粮食。种子被誉为农业的"芯片"，在国家农业领域处于上游位置，是国家战略性、基础性的核心产业，是促进农业长期稳定发展、保障国家粮食安全的根本。早在 2011 年，《国务院关于加快推进现代农作物种业发展的意见》（国发〔2011〕8 号）就明确指出了农作物种业的这一地位。因此，发展种业不仅是提升农业综合生产能力的关键举措，也是实现农业现代化、保障国家粮食战略安全的必由之路。

当前，我国种业科技发展还存在一系列问题，成为制约农业高质量发展的重要因素。这主要体现为种业科技的原始创新、集成创新能力不够，研究内容重复较多、研究力量相对分散，行业条块分割、科研布局分散，从而形成了育种手段相对落后、育种周期长、育种目标存在盲目性、重大突破性种

⊖ 陈锡文，曾任第十三届全国人大常委会委员、农业与农村委员会主任委员。

质资源缺乏、品种遗传多样性狭窄的现状。要想打破这种现状，必须从源头抓起，而生物育种技术的合理推进，是强化种业科技创新的关键一环，也是实现种业自立自强的必要抓手。

（二）服务国家战略发展，利用基因芯片技术促进生物种业进步

1. 自主研发，赋能我国种业的发展

隆平生物技术（海南）有限公司（简称隆平生物）成立于 2019 年，深耕生物育种科技前沿，聚焦于主要粮油作物（玉米、大豆）的性状研发和品种改良，利用转基因、基因编辑等现代生物技术研发抗虫耐除草剂、雄性不育制种、抗旱及品质改良等性状产品。利用这些技术实现对粮油作物玉米、大豆的精准育种，以期从根本上提升国内玉米与大豆的生产能力，减少对外部市场的依赖，解决我国种业的"卡脖子"环节，增强国家粮食安全的自主保障能力。

抗虫耐除草剂玉米 LP026 是隆平生物的重要成果。据介绍，传统的生物育种的主流技术是将 1 个基因或 2 个基因放到一个载体上进行转化。LP026含有 3 个抗虫基因和 1 个抗除草剂基因，改良品种能够有效抵抗近 10 种害虫，玉米产量提高 15% 以上。LP026 商业化载体的设计处于国际领先水平，实现了多抗虫机制，极大地延缓了抗性害虫的产生，有效解决了国内在研转基因玉米普遍采用单抗虫基因而产生的害虫抗性产生快的潜在问题，同时大大加快了回交转育的速度，对标的是其他先发种企的二、三代产品。LP026现已获得农业农村部颁发的转基因生物（应用）安全证书。

除此之外，团队加速探索在海南实现一年种植四代玉米。长久以来，我国南繁育种只是每年冬季在海南增加一代种植，如果在一年四季都很温暖的热带地区固定进行作物育种并配合胚拯救技术进一步缩短代时，则一年可以种植四代玉米。目前，已开发出一套标准化多季种植管理方案，可极大地提高作物育种及生物技术产品研发的效率，填补国内一年四代种子繁育成功案例的空缺。

创始团队紧跟国家种业战略目标，瞄准国家粮食安全"卡脖子"问题，在短短 5 年时间内，从最初的不足 10 人，发展到现在近 150 人。团队在进行科研活动之余，十分重视产业链布局，积极利用技术创新推动种业的产业进步与升级。

2. 顶尖学者"下海"创业，推动科研成果产业化发展

在生物育种领域，创始人吕玉平的名字非常响亮。隆平生物的团队成员在各自的细分领域都是顶尖人才，或拥有中组部"重点人才计划"专家、省市杰出青年科学家等荣誉称号，或曾任职世界 500 强企业的核心技术创新和产品研制的重要岗位、隆平生物于 2020 年获得海南省人才团队基地称号。全员持股的管理模式极大地调动了团队的技术创新积极性。

隆平生物创始团队深刻理解生物育种在国家科技战略的重要地位，意识到发展生物育种技术和推动产业化发展是解决种业"卡脖子"问题的关键，积极推动生物育种从科研到应用产业化的全链条发展。首先，种业发展关系着国家粮食安全战略与农业可持续发展，创始团队希望通过技术创新全面提升我国生物育种领域的研发水平；其次，海南省以及三亚市政府、崖州湾科技城给予了很大的政策支持，隆平生物在创立初期获得了各级政府在人才政策、科研设备、办公条件等方面极大的支持，为隆平生物的飞速发展提供了有利条件。此外，三亚所处北纬 18 度有得天独厚的热带气候条件，利用这里的自然光热资源，有助于探索出一套标准化多季种植管理方案，开展一年 3～4 代的生物育种材料评估、筛选，从而加快技术创新的速率，同时降低产品研发的成本。

随着近年来国家关于生物育种的利好政策不断推出，生物育种成为一条热门的赛道。2021 年引入首笔融资后，隆平生物发挥海南自由贸易港政策、区位等优势，用好自己金融知识和人脉储备，先后开展 5 轮融资，所在园区——三亚崖州湾科技城下属崖州湾创投也在企业 C 轮融资时果断直投，成为股东。

3."懂科研＋懂产业"的复合型人才成为重要资源

近年来，随着农业现代化的推进和乡村振兴战略的实施，种业振兴成为中央一号文件的重要内容之一，近三年的中央一号文件聚焦于种业技术和产业化发展。2023年的中央一号文件《中共中央　国务院关于做好2023年全面推进乡村振兴重点工作的意见》提出深入实施种业振兴行动，全面实施生物育种重大项目，扎实推进国家育种联合攻关计划，加快培育高产高油大豆、短生育期油菜、耐盐碱作物等新品种。2024年中央一号文件《中共中央　国务院关于学习运用"千村示范、万村整治"工程经验有力有效推进乡村全面振兴的意见》继续强调加快推进种业振兴行动，完善联合研发和应用协作机制，加大种源关键核心技术攻关，加快选育推广生产急需的自主优良品种。

2025年中央一号文件《中共中央　国务院关于进一步深化农村改革　扎实推进乡村全面振兴的意见》继续强调深入实施种业振兴行动，发挥"南繁硅谷"等重大农业科研平台作用，加快攻克一批突破性品种。继续推进生物育种产业化。

没有产业化应用的育种技术是一种研发上的浪费，没有育种技术提高的农业发展充满着不可测的风险。加快生物育种技术在农业领域的推广，是推动我国农业科技创新和实现产业转化的重要途径，对保障我国粮食安全具有重要的现实意义。生物育种技术，特别是对转基因育种和基因编辑育种，能够显著提高农作物的抗逆性（如抗旱、抗盐碱、抗病虫害等）和产量。通过广泛应用这些先进的生物育种技术，能够培育出更多适应不同生态环境、具备卓越抗病虫害能力及高产特性的作物新品种。这些新品种的推广与应用，将极大地加速农业产业化的进程，不仅提高了农业生产的稳定性和效率，还减少了对外部市场的依赖，特别是对粮食进口的依赖，从而显著增强了我国粮食安全的自主可控能力。例如，转基因玉米和大豆在抗虫和耐除草剂方面表现卓越，亩均增产可达10%，提升了农业生产的稳定性和效率，有助于减少进口依赖，增强我国粮食安全的自主可控能力。

隆平生物创立之初，便确立了发展种业必须并行不悖地推进研发、产业化与市场化的目标愿景。未来种业的发展不仅需要在田间地头深耕细作、在实验室里埋头苦干的科学家,还需要具备将科研成果高效转化为市场产品、深刻理解市场需求与趋势的产业化人才。这样的复合型人才,才是推动隆平生物乃至整个种业行业转型升级、实现高质量发展的关键力量。

当前,在发展新质生产力的背景下,对农业、工业等传统产业进行升级改造,需要既懂科技创新又懂产业应用的复合型人才。新质生产力的发展要求一线技术技能人才应实现理论与实践的融合、前沿知识与技能的更新以及创新创造能力的发展,以满足产业基础高级化和产业链现代化的发展需求。党的二十大报告对"战略人才力量"进行了丰富扩展,以往属于专业技术人才队伍体系的"科技人才",不仅被提到"重中之重"的首要位置,更被进一步细分为科学家、工程师两类人才。在具体工作实践中,"科学家"主攻基础研究、科技创新,"工程师"更侧重于将科研成果转化为可应用、可兑现价值的技术、产品或服务。这些都反映出科技创新和产业应用在传统产业转型升级过程中的重要性。

随着传统产业改造升级和创新的加快,身兼"科学家"和"工程师"双重身份的复合型人才将逐渐成为核心资源。这类人才是推动产业升级的关键力量,他们不仅能够洞察科技前沿,将最新的科技成果转化为实际应用,还能深入理解传统产业的运营机制与市场需求,从而精准施策,促进传统产业与新兴技术深度融合,引领传统产业向智能化、绿色化、服务化方向转型升级,实现经济的高质量发展。因此,培育和引进这类复合型人才,已成为当前社会经济发展的重要战略任务,对于高质量发展具有深远意义。

(三)加快发展农业新质生产力的基本路径

农业新质生产力的发展离不开人才培养、产业链整合与因地制宜的创新策略。这三者相辅相成,共同推动农业现代化与持续创新,为农业的持续繁荣与国家的粮食安全提供坚实保障。

其一,人才培养是根本保障。农业发展新质生产力要求生产者提升科技与管理能力。需要构建涵盖多类农业人才的培训体系，以实际需求为导向，培养具有现代农业理念、创新精神及产业意识的复合型人才。同时，紧跟科技前沿，培养原创性高素质领军人才，塑造农业新质生产力的核心要素，为农业现代化提供坚实人才保障，推动农业持续创新发展。

其二，产业链整合是关键环节。产业链整合旨在提升农业生产综合效益，特征为农业边界突破与链条延伸，催生新产业、新业态等，核心在于全要素生产率提升。整合产业链将促进资源有效配置，推动农产品加工、销售、物流现代化；加强上下游协同，拓展农业至第二、三产业，提升整个产业链价值，以实现农业现代化与持续发展。

其三，因地制宜是内在要求。需要精准定位科技与产业创新，结合国家战略与地方优势，前瞻性布局创新赛道，避免盲目跟风。应依托现有产业基础、资源禀赋，聚焦生物科技、数字智能、绿色发展等新领域，打造增长引擎与安全装备。抢占产业高地，服务国家重大需求，增强国际竞争力，构建主动求新、实体优先、安全可靠的农业科创生态体系。

二、加快发展工业互联网，深化数实融合

近年来，数字经济发展速度之快、辐射范围之广、影响程度之深前所未有，正在成为重组全球要素资源、重塑全球经济结构、改变全球竞争格局的关键力量。数字经济与实体经济的深度融合，为我国传统产业的转型升级开辟了新的路径，产业数字化作为融合的关键环节，不仅提升了产业链的灵活性和韧性，还进一步保障了产业链的安全水平。因此，数字经济与实体经济的深度融合是推动我国传统产业升级、增强产业链自生能力、确保产业链安全与稳定的重要途径。

当前，发展新质生产力已经成为推动高质量发展的内在要求和重要着力点，需要深刻认识数字经济对于培育和发展新质生产力的促进作用，促进数字经济和实体经济深度融合，有利于拓展经济发展新空间，助力新质生产力加快形成和发展。

（一）工业互联网：以工业操作系统为"大脑"推进工业化转型升级

1. 工业互联网发展历程

20 世纪 60 年代至 20 世纪 80 年代，全球工业互联网处于早期探索阶段。在这一时期，网络技术开始兴起，工业控制系统开始出现，如继电器等设备被广泛应用，为工业互联网奠定了初步基础。此时，计算机监控系统也开始在工业领域萌芽，一些工厂尝试使用简单的网络通信技术来连接生产设备，实现设备之间的数据传输和监控，但缺乏统一标准，各厂商设备兼容性较差。

进入 20 世纪 90 年代，全球工业互联网迎来了发展阶段。工业网络协议以及操作系统开始发布，物联网的概念被提出且工业设备逐渐联网。企业开始更加注重工业网络的标准化和规范化，以便更好地实现设备之间的通信和数据交换。

2000 年年初，全球工业互联网进入初步形成阶段。云计算以及通信独立架构协议形成，工业操作系统向网络化、智能化发展，工业 PC [⊖] 广泛应用，其操作系统功能更强大，具备完善的人机交互界面、通信和数据处理能力，工业互联网支撑体系逐步形成。企业开始将云计算技术应用到工业领域，以降低成本、提高效率。同时，一些工业软件公司也开始推出基于云计算的工业软件服务，为企业提供更加便捷的软件应用方式。这一阶段，工业互联网的发展开始呈现出多元化的趋势，不同的技术和应用不断涌现。

2010 年以后，全球工业互联网进入快速发展期。2012 年，美国通用电气（GE）公司正式提出"工业互联网"的概念，工业互联网雏形开始形成并快速发展。新兴技术如人工智能、大数据等推动工业操作系统与企业信息化系统、云平台深度融合，实现工业生产智能化、数字化。众多企业投入研发工业操作系统，实现控制、计算和云服务融合统一，与工业互联网共同发展，打造全新的工业生态。各国纷纷成立相关的产业联盟和研究机构，推动工业

⊖　工业 PC 即工业控制计算机，是在原来个人计算机的基础上进行改造，使其在系统结构及功能模块的划分上更适合工业过程控制的需要。

互联网技术的研发和应用推广。美国的 GE、微软、亚马逊等巨头积极布局，欧洲的西门子、博世等工业巨头凭借自身在制造业的基础优势也进展迅速。

2. 工业互联网推动我国加速迈向工业 4.0 时代

工业互联网是新型工业化的战略性基础设施和发展新质生产力的重要驱动力量。不仅对于促进传统产业的转型升级、推动其迈向高质量发展具有至关重要的意义，更在推动先进制造业与工业互联网深度融合方面发挥了重要作用。党的十八大以来，我国工业互联网快速发展，形成了以网络为基础、平台为中枢、安全为保障、标识为纽带、数据为要素的五大支撑体系，走出了一条中国特色的工业互联网发展道路。党的二十届三中全会审议通过的《中共中央关于进一步全面深化改革、推进中国式现代化的决定》提出，"健全促进实体经济和数字经济深度融合制度""加快构建促进数字经济发展体制机制，完善促进数字产业化和产业数字化政策体系""发展工业互联网"。全会的这一系列决策部署，为工业互联网的发展指明了前进方向、提供了根本遵循。

回看工业互联网的发展历程：2012 年美国提出"工业互联网"的概念后，全球工业互联网的发展随之兴起；2014 年起，我国尝试开展工业互联网的理论研究和顶层设计部署工作；2015 年，国务院出台推进"互联网＋"行动的指导意见，第一次提出"研究工业互联网网络架构体系"，这是我国工业互联网发展的重要开端；2017 年，国务院出台《国务院关于深化"互联网＋先进制造业"发展工业互联网的指导意见》，标志着发展工业互联网的首个纲领性文件正式印发，工业互联网被推向了国家战略高度；2018 年，我国工业互联网进入探索期，工业和信息化部首次提出开展工业互联网发展"323"行动，与工业互联网相关的政策文件越来越密集，并先后发布了《工业互联网发展行动计划（2018—2020 年）》和《工业互联网创新发展行动计划（2021—2023 年）》，分阶段对我国工业互联网的发展做出了顶层设计和统筹规划。

工业互联网作为新一代信息技术与制造业深度融合的产物，是新型工业化的战略性基础设施和重要驱动力量，对于促进实体经济和数字经济深度融合主要发挥三方面作用：一是发展工业互联网能加速新型基础设施建设，实现人、机、物全面互联，为实体经济与数字经济融合提供基础。它推动数据基础设施演进，提升各类生产要素的协同集成能力。二是工业互联网结合数智技术与传统产业知识，提升企业数字化水平，催生新模式、新业态，加速制造业变革。三是工业互联网促进数字产业集群化，推动数字化技术突破创新，增强产业链竞争力，并加快数字产业生态化发展，助力龙头企业向中小企业开放创新资源，形成协同高效的大中小企业融通创新生态，为打造具有国际竞争力的数字产业集群提供支撑。

工业互联网在我国从点到面、从上到下快速发展。初步构建起网络、标识、平台、数据和安全五大功能体系，体系化发展位居全球前列。工业互联网应用已融入 49 个国民经济大类，实现 41 个工业大类全覆盖，促进产业转型升级，融合新模式不断涌现。国内涌现出一批优秀的工业互联网平台企业，同时互联网、软件与云服务企业等也纷纷入局，推动了工业互联网的应用创新和产业发展。工业操作系统在国内为工业企业、园区及政府提供统一的数据"底座"，将数字科技全面融入企业生产、管理与服务，推动产业变革，助力全国制造业企业加速迈向工业 4.0 时代。

3. 工业操作系统是支撑工业数字基础设施的"底座"

工业互联网的本质和核心是通过工业互联网平台把设备、生产线、工厂、供应商、产品和客户紧密地连接融合起来，帮助制造业拉长产业链，形成跨设备、跨系统、跨厂区、跨地区的互联互通，从而提高效率，推动整个制造服务体系智能化。工业互联网有利于推动制造业融通发展，实现制造业和服务业之间的跨越发展，使工业经济各种要素资源能够高效共享。

工业软件是工业互联网价值的输出口，通过提供一个统一的数据平台和管理环境，实现工厂内各种设备和系统的互联互通，支持定制化工业应用的开发与实施，并利用数据分析和人工智能技术提升生产效率和产品质量，让各专业人才围绕安全生产、节能降耗、提高产品质量、降本增效等需求开发各种应用，也就是工业软件或者工业 APP，实现快速、低成本、大规模的智能工厂构建。

工业操作系统作为工业互联网基础软件的重要组成部分，是智能制造的"大脑"，也是支撑工业数字基础设施的重要"底座"。在人工智能技术的推动下，工业操作系统加速发展，不断迭代升级。这不仅促进了工业知识的复用，还极大地提升了全流程的效率，推动了制造业向数字化、网络化和智能化方向迈进。

（二）抓住工业互联网"牛鼻子"，助力新产业、新业态的形成

1. 从黑湖科技驶向智能制造的"蔚蓝大海"

在从工业 3.0 向工业 4.0 的演进过程中，制造业的自动化程度日益提升，同时也带来了工业现场的新挑战与需求，如产品质量提升、成本控制增强等，这些问题均可通过工业软件的有效应用来寻求解答。

在数字化转型的浪潮中，上海黑湖网络科技有限公司（简称黑湖科技）于 2016 年应运而生。黑湖科技以连接中国工厂、驱动数据化制造为核心使命，专注于为企业提供生产管理和供应链管理软件，在成立 8 年时间内不断突破，相继推出了"黑湖智造""黑湖小工单"和"黑湖供应链"三大标志性产品，成功赋能超过 3 万家企业，其中约 2.5 万家为中小微企业，展现出强大的市场影响力和技术实力。[一]

黑湖科技的诞生，源自创始人兼 CEO（首席执行官）周宇翔对工业制造领域数字化转型趋势的敏锐洞察。在中国，工业占据 GDP 的 30% 左右，市场空间巨大，但技术渗透率相对不足，随着制造业的转型升级，新技术、新方法和新产品将发挥至关重要的作用。从美国达特茅斯学院毕业后，他曾在海外从事工业技术和制造领域优质资产并购工作，目睹了德国工厂数据驱动的高效管理，与中国工厂的传统"走动式管理"形成了鲜明对比。这让他深刻认识到，工业领域蕴藏着大量沉睡的数据，亟待被挖掘和利用。怀揣着这样的愿景，周宇翔与同样在海外拥有工业数字化、工业数据处理经验的合伙

［一］ 数据来源：黑湖科技。

人携手回国，共同投身到工业制造领域的数字化变革中，通过数据驱动，助力企业实现数字化转型，推动制造业的数据流通和协同。

2. 以需求驱动技术创新及产品研发

在中国制造业的广阔天地中，大型企业如同产业的主动脉，承载着行业发展的核心动力与方向引领。中小企业如同毛细血管，渗透于各个产业环节，它们共同构成了制造业的庞大版图。然而，不同规模的企业在数字化转型上的需求各异，如何精准地满足这些需求，成为推动工业数字化转型的关键。

产品必须与企业的实际需求相结合，方能避免"不接地气"的困境。黑湖科技始终坚持深入工厂一线，洞察企业真实痛点，避免产品功能"跑偏"。通过功能模块的积木式搭建、物联网技术的引入以及数据分析与AI（人工智能）大语言模型的应用，为工厂提供了如"AI读单""AI助手"等创新功能，展现了技术与制造深度融合的无限可能。

以数据驱动制造，实现数据的自由流通与高效协同，助力工厂降本增效、快速响应市场需求，是工业互联网企业的使命。针对不同规模企业的需求，黑湖科技推出了三款产品和解决方案。面对中大型制造业企业提高工厂内部、集团内多工厂间以及供应链上下游的协同效率的需求，"黑湖智造"作为云端智能制造协同平台，提供了计划排产、生产执行等全方位协同管理功能，有效提升了企业内部的协同效率。但对于中小工厂而言，"黑湖智造"过于复杂，中小微制造业企业急需一款轻量级的制造协同小程序，解决交货延迟、物料库存积压、烦琐的时间和计件工资计算以及工人和设备效率低、不良率高、不透明等问题。于是，黑湖科技又推出了"黑湖小工单"这一轻量级数字化工厂小程序，以敏捷管理生产、库存等核心流程，帮助中小微制造业企业迈出了数字化转型的第一步，打破了数据孤岛，推动了整个工业制造体系的全面数字化。为了面对制造业供应链的挑战，黑湖科技还推出了"黑湖供应链"解决方案，实现了跨工厂、跨供应链的实时协作，为行业头部企业化解生产风险提供了有力支持。

3. 拓展应用场景，赋能传统产业数字化转型

黑湖科技在多领域的场景应用成为其赋能传统产业数字化转型的生动实践。例如，在食品饮料领域，新品推出后如何确保供应链高效运作，避免热销产品售罄，成为一大挑战。黑湖科技以其强大的技术支持，为蜜雪冰城带来了解决方案。通过"黑湖智造"，蜜雪冰城成功打通了后端分布于全国的产能与前端所有门店的信息链，实现了热销排行、品类需求及紧俏预警的实时反馈，指导后端产能供给。借助大数据与人工智能算法，其复杂的供应体系得以优化，与市场营销高效匹配。此外，黑湖科技提供的生产标准化、进度可视化、设备监控实时化、物料管理精细化及质量指标量化等整套方案，进一步提升了蜜雪冰城的生产效率与品质稳定性。结果显示，整体生产运营效率提升 30%，仓库库存周转率提高 50%，生产成本下降 15%，跨部门沟通效率增强 80%。[⊖] 这一系列变革，使蜜雪冰城实现了与上下游企业的"柔性协作"，相较于竞争对手，展现了更高的效率与更低的损耗。

"黑湖小工单"主要针对传统工厂数据管理的痛点，实现了生产进度的透明化、作业流程的规范化及生产数据的实时采集，成功助力 25000 多家中小微制造业企业转型为数字化车间。在面临大型供应商无法独自承担起市场的巨大需求时，这些中小企业以其灵活性与高效响应能力，成为供应链的关键力量，推动产品生产多元化。部分企业通过黑湖系统的赋能，更实现了销售额过亿的佳绩。

此外，黑湖科技与大咖国际食品有限公司携手打造的"生产协同数字化项目"，凭借其全面的实施路径与显著的落地效果，入选工业互联网产业联盟编写的平台应用价值案例汇编。作为编委，黑湖科技通过实际案例，提出了降低数字化成本、实现云端在线协作与提升柔性制造能力的有效路径，阐释了"数据聚合""实时协作""分析解读"与"智能决策"在赋能企业日常生产中的应用价值。以黑湖科技为代表的工业服务业企业，展现了数字经济与实体经济的深度融合，成为推进新型工业化与培育新质生产力的关键力量。

⊖　数据来源：黑湖科技。

（三）以工业互联网为抓手促进数实融合深度发展

工业互联网平台的应用为制造业企业生产和运营优化的能力提升提供了探索应用模式和路径，随着工业互联网平台的不断创新和应用突破，将持续推动传统制造业的升级转型，促进数实融合的深度发展。发展工业互联网以加速新质生产力的发展可从以下几方面入手：

一是打造具有中国自主知识产权的工业操作系统。在当前的国内外形势下，尤其是在新一代信息技术和国家转型升级的背景下，依托具有中国自主知识产权的工业操作系统，深入探索工业本质，在工业核心业务模式的基础上开展工业互联网的规模化应用，整体上促进中国工业转型升级。

二是政府开放应用场景，引导支持工业企业进行数字化转型。通过政策引导和支持，开放场景，加强供需联动，鼓励工业企业加速科技创新和数字化转型，提升生产效率和产品质量，进而推动整个产业链的升级和发展。工业互联网企业的成长与工业企业的繁荣发展是相辅相成的，只有两者携手共进，才能实现互利共赢。因此，政府、工业企业和工业互联网企业应形成合力，共同推进数字化转型进程。

三是行业协会加强对工业企业用户进行教育和培训，帮助企业形成对工业互联网平台的正确认知与预期。工业互联网平台并非"万能钥匙"，难以一刀切地适配所有行业与企业。定制化服务已成为常态，这意味着边际成本较高，难以简单压低成本。行业协会应组织专家团队，深入企业调研，了解企业需求与痛点，提供有针对性的培训与指导。同时，通过举办论坛、研讨会等活动，提升企业用户认知，纠偏预期，推动工业互联网的广泛应用，促进企业数字化转型和产业升级。

四是鼓励在工业领域有深厚积淀、具有丰富自动化经验的大型企业，积极孵化工业互联网平台。由此孵化而来的工业互联网平台自带工业基因，对行业能有更深刻的理解和洞见，能够精准地把握行业的痛点与客户需求，从而提供更加具有针对性和实用性的解决方案。这不仅有助于提升整个行业的数字化、智能化水平，同时也能够为大企业自身的转型升级和持续发展注入新的动力。

三、光伏发电的创新与模式融合，注入绿色发展新动能

在人类文明的漫长进程中，能源革命始终是推动社会进步与发展的关键力量。火的发现与利用开启了人类文明的曙光，引领着从原始走向农耕的转型，生物质能成为古代社会繁荣的能源基石。随后，工业文明崛起，化石能源如煤炭、石油、天然气逐渐占据主导，电力普及成为工业文明的命脉。然而，伴随着能源需求激增与化石能源枯竭、环境污染的双重挑战，全球转向探索清洁可再生能源。太阳能，这一古老而清洁的能源，因其无限潜力与环保特性，成为备受瞩目的替代选择。

在积极培育新能源等战略性新兴产业和未来产业的背景下，光伏行业在能源转型中的地位日益凸显。中国，作为全球最大的光伏产品制造和出口国，不仅在国内市场实现了光伏装机容量的快速增长，还通过技术创新与产业升级引领全球光伏行业的发展方向。从政策扶持到市场驱动，从技术创新到成本降低，中国光伏行业的每一步发展都凝聚着国家与企业的共同努力与智慧。

（一）创新太阳能电池技术，实现源头减碳

1. 光伏：构建现代能源体系的源头能源

太阳能，这一源自宇宙深处的无尽能源，自古以来便是地球生命存续的基石。随着科技的进步，人类已能通过光热转换和光电转换两种方式，将太阳能转化为可直接利用的能源。其中，光伏发电，作为太阳能利用的重要形式，通过半导体材料的光电效应，直接将太阳辐射能转化为电能，展现出清洁、经济、可持续的巨大价值。

全球光伏发电正以前所未有的速度蓬勃发展。从家庭屋顶到大型电站，从偏远地区到城市中心，光伏发电已融入我们日常生活的方方面面。根据国际能源署（IEA）发布的 2024 年《可再生能源报告》，未来十年，太阳能光伏将主导全球可再生能源增长，预计到 2030 年，全球装机容量将新增5500GW，这一数字是 2017—2023 年的 3 倍，接近当前中国、美国、欧盟地区和印度的电力总装机容量，而太阳能光伏将占据其中的 80%。光伏发电，

作为清洁能源的重要代表，将在全球能源结构中占据愈发重要的地位，为缓解能源短缺、改善环境质量、推动经济社会可持续发展做出重要贡献。

中国光伏行业自 20 世纪 70 年代起开始萌芽。进入 21 世纪，在全球可再生能源需求激增与政府补贴的双重助力下，中国光伏行业驶入快车道。企业如雨后春笋般涌现，光伏装机容量激增，中国迅速跃居全球光伏生产与应用之巅。自 2019 年起，光伏进入平价时代，成本骤降，成为多地首选电力来源。中国连续十年领跑全球新增光伏装机量，彰显出行业雄厚的实力与无限的潜力。然而，光伏市场的发展并非一帆风顺。国内市场方面，上游光伏制造扩产加速导致产能规模阶段性超出市场需求，价格竞争让企业陷入亏损，对行业中长期技术创新投入构成威胁。下游应用方面，光伏电站非技术成本占比提升，部分区域风电光伏开发背负的产业配套、生态治理等非技术成本越来越高。国外市场方面，国际贸易壁垒影响海外出口，全球光伏行业本土化趋势加速，对我国光伏行业全球竞争带来巨大挑战。

面对困境，行业聚焦于光伏降本增效，技术创新成为核心驱动力。2024年 7 月，工业和信息化部发布光伏制造新规征求意见稿，倡导减少盲目扩产，强化技术创新与成本控制，提升品质。[⊖] 同时，"光伏 +"模式兴起，开辟应用新领域，推动产业多元化发展。未来，光伏发电将更加灵活、高效地融入现代能源体系之中，为实现全球能源可持续发展目标提供有力支撑。

2. 太阳能电池技术突破是光伏技术创新的核心动力

太阳能电池，作为光伏技术的核心，其发展历程是一部充满创新与突破的史诗。近年来，随着光伏平价时代的到来、全球对碳零净排放的迫切追求以及欧洲能源危机的冲击，光伏市场需求实现了从 100GW 到 500GW 以上的飞跃，开启了光伏电池技术发展的新篇章。这一变革标志着光伏行业正式由"硅片技术引领"迈入了"电池技术主导"的新时代。

⊖　资料来源：《光伏制造行业规范条件（2024 年本）》《光伏制造行业规范公告管理办法（2024年本）》。

回溯光伏电池的发展历程，从薄膜电池到晶硅电池，再到前沿的叠层电池技术，每一次技术的演进都旨在追求更高的光电转换效率和更低的成本。薄膜电池以其灵活性、透明性和低成本著称，但受限于稳定性问题，未能成为主流。晶硅电池凭借卓越的稳定性和较长的使用寿命，在地面光伏电站及家庭工商业领域占据了主导地位。特别是近年来，晶硅电池经历了从多晶硅到单晶硅，从 BSF（铝背场）到 PERC（发射极背面钝化电池）、TOPCon（隧穿氧化层钝化接触电池）、HJT（异质结）的多次技术迭代，每一次迭代都带来了效率的显著提升和成本的进一步降低。叠层电池因可与其他光伏电池组成叠层，有望提升理论光电转换效率至 46%，被认为是光伏电池的终极技术，预示着未来光电转换效率的新飞跃，但技术路线选择受工艺及量产成本影响。随着技术的不断进步和成本的进一步降低，太阳能电池技术突破将继续作为光伏技术创新的核心动力，推动着光伏行业向更高效、更经济、更可持续的方向发展。

3. 光伏电池技术路线之争此起彼伏

近年来，光伏电池技术领域正上演着一场技术路线之争，TOPCon 与 HJT 两大技术路线竞相追逐。TOPCon 凭借市场占比的绝对优势领跑，根据《中国光伏产业发展路线图（2023—2024 年）》，其市场份额将从 2023 年的 23% 快速跃升至 2024 年的 60%，尽管到 2030 年略有下降，但仍将保持近 50% 的高位。TOPCon 和 PERC 高度兼容，技术制造工艺和设备改动不超 30%，能显著提升转换效率，成为众多企业的首选升级路线。但是，TOPCon 也面临提效难度增大和能耗较高的挑战。

相比之下，HJT 电池虽然目前市场份额较低，但预测到 2030 年其市场份额将大幅提升至 34.3%。HJT 电池在工艺步骤、制程温度、转换效率、衰减率等方面表现优异，碳足迹更低，市场前景广阔。但是，大规模量产却面临诸多困难，相对于 TOPCon 产业线技改成本低的实际情况，HJT 与 PERC 兼容少，前期产线投资较大、成本高。此外，还存在高银浆需求带来的材料成本上升、技术成熟度不足等问题。尽管 HJT 技术具有诸多优势，但选择该路线仍需要面对较大风险与不确定性。未来 5 年，TOPCon 和 HJT 双技术路线将是齐头并进的态势。

（二）前瞻入局与技术创新，加速光伏形成新质生产力

1. 前瞻入局研发 HJT 电池，开拓新领域、新赛道

在全球光伏行业"内卷"现象日益严重的背景下，众多企业纷纷选择了 TOPCon 技术路线，HJT 技术则显得相对冷门。在科技革命日新月异的今天，探索新领域、开拓新赛道成为企业发展的关键。

在这一背景下，安徽华晟新能源科技股份有限公司（简称华晟）凭借前瞻性的眼光和坚定的决心，毅然选择了 HJT 技术路线，为全球光伏行业带来了新的变革。华晟自 2020 年成立之初便专注于超高效 N 型硅基 HJT 太阳能硅片、电池、组件的技术开发与规模化生产。

创始团队拥有深厚的 HJT 技术研究基础。华晟董事长徐晓华曾多年负责 HJT 技术的研发，2011 年起参与并主导了多项硅基薄膜和 HJT 电池研发和产业化项目，并带领团队刷新了 25.11% 的 HJT 电池转换效率世界纪录，打破了日本对此项技术长达 20 年的冠军效率垄断。[一] 华晟首席科学家王文静从 2003 年便开始从事 HJT 电池的研究工作，具有深厚的学术背景和实践经验。在他们的带领下，华晟组建了一支由 HJT 行业领军人才和 863/973 计划首席专家组成的强大团队，团队成员包括行业科学家、国家级领军人才等，核心成员平均具备 15 年行业头部企业技术开发与管理经验。

2. 全周期研发投入加速光伏产品降本增效

在能源产业的广阔天地里，技术创新犹如一股不竭的动力源泉，驱动着行业不断前行。光伏行业的每一次飞跃都是对降本增效这一核心目标的深刻践行，而这一切的背后离不开企业全周期研发投入的持续加码。

光伏企业的成长之路往往伴随着技术创新的荆棘与坎坷。华晟在 HJT 电

　　[一]　资料来源：《锚定新技术　引领新未来》，安徽新闻网 – 安徽日报，2024-08-08。

池领域的探索便是一个生动的例证。起初，华晟的 HJT 电池样品因光衰减现象而面临夭折风险，这一致命问题让发电效能大打折扣。但华晟的技术团队并未因此退缩，他们深入源头，找到了解决光衰减的紫外线吸收剂。但随之而来的是组件功率下降的新挑战，面对这一难题，技术团队再次攻坚克难，研发出全新的光转换材料，不仅成功破解了光衰减的难题，更实现了电池功率的显著提升。

在降低成本方面，针对 HJT 成本结构中的关键要素进行优化。硅片是成本中占比最大的部分，华晟通过深入研究，成功将硅片减薄至 90～110 微米，不仅大幅节约了原材料硅的使用，降低了材料成本约 23%，还减少了能源消耗，有效降低了碳排放。[⊖] 同时，针对金属化浆料成本高的问题，华晟与合作商携手，采用导电性能接近的铜与银浆配比，实现了成本的大幅缩减。此外，华晟还研发了 0BB 工艺，进一步降低了银耗和遮光影响，为降本增效贡献了重要力量。

在提升电池效率方面，华晟同样取得了显著成果。华晟率先在 HJT 电池量产中使用了微晶工艺，通过优化掺杂浓度、提升透光性能及降低电阻等措施，成功将电池效率提升至 25% 以上。同时，华晟还在电池基片上设置了量子点薄膜和减反射膜，进一步提高了对太阳光的利用率。华晟对设备的要求也随着工艺的进步而不断提高，产线建设之初，公司便根据新工艺要求，与设备供应商一道对设备进行了实验、改进和优化，经过反复调试，最终实现了设备的迭代升级，将设备成本降低了九成左右，真正实现了 HJT 从技术变为产业。

3. 围绕全产业链持续进行技术研发与资源整合

近年来，全球产业链和供应链面临诸多不确定性和不稳定因素，技术自主可控性不足，核心技术和零部件存在大量瓶颈问题，这对新领域的开拓带来了巨大挑战。在此背景下，企业需要坚定创新驱动，围绕全产业链进行技

⊖ 资料来源：《中国经济样本观察·企业样本篇｜追光逐新——光伏独角兽华晟新能源的成长故事》，新华社，2024-09-19。

术研发与资源整合，以实现强链、延链、补短锻长。

面对市场上厂家无法满足高规格产品需求的情况，华晟选择自建生产线，如在超薄硅片生产环节，自建硅片产线，通过改造设备、创新工艺、不断迭代，最终成功研发出薄度达 100 微米的超薄硅片。2024 年 6 月，华晟在宁夏银川投资 45 亿元兴建年产 20GW HJT 材料的单晶硅材料工厂○，是全球首个实现连续拉晶设备 +100% 颗粒硅原材料 + 复合坩埚核心零部件的技术路线，将进一步大幅降低硅材料成本。这一战略布局不仅弥补了产业链一体化的产能短板，还进一步巩固了其在太阳能材料市场的领先地位，并解决了国外关键零部件"卡脖子"难题。

2023 年 7 月，在中国光伏行业协会的指导下，华晟新能源发起成立 HJT 技术产业化协同创新平台，成员单位广泛覆盖光伏产业链上下游企业、高校及科研院所。该平台通过上下游企业的紧密联合，在多个关键环节开展产业链协同创新，实现了研发、制造、应用、标准体系及金融等多领域的深度融合，共创 HJT 技术产融结合的新生态。目前，平台成员已达 150 家。○它如同一个充满活力的实验室，不断验证并应用新技术、新设备与新工艺，全力推动关键设备与材料的国产化进程。目前，华晟已验证的新材料、新技术数量超过 43 项，其中 35 项已在行业推广。○通过与产业链伙伴的紧密协作，华晟成功提升了单线产能，优化了电池效率，降低了生产成本，最终将 HJT 技术成功推向产业化。2024 年 3 月，由华晟在内的十余家 HJT 光伏企业宣传成立 740W+ 高效 HJT 俱乐部，共享市场资源，集中力量进行 740W+ 高效太阳能产业供应链、技术协作以及销售市场等环节的整合，以推动全国光伏行业迅速进入 740W+ 新时代。华晟在 HJT 电池技术上的研发历程展现了光伏行业技术创新的活力，也推动了光伏行业加速形成新质生产力，为全球能源结构的转型升级做出了积极贡献。

○　资料来源：《新能源周报（第 94 期）：特斯拉储能超预期，光伏底部加速优化》。
○　华晟提供数据。
○　资料来源：《中国经济样本观察·企业样本篇 | 追光逐新——光伏独角兽华晟新能源的成长故事》，新华社，2024-09-19。

（三）综合施策促进光伏行业健康发展，实现能源结构优化

在全球碳中和目标的引领下，能源结构转型已成为全球共识，各国正奋力迈向碳达峰与碳中和的宏伟蓝图。中国作为负责任的大国，明确提出 2030 年前实现碳达峰、2060 年前实现碳中和。在这场深刻变革中，新兴产业如雨后春笋般涌现，展现出蓬勃生机。然而，高质量健康发展是这些新兴产业的关键所在。未来，光伏市场无疑将迎来广阔的发展空间与持续增长的需求，尽管前路并非坦途，但多措并举、协同发展的战略定将引领我们跨越障碍，开创绿色发展与技术创新深度融合的新篇章。

1. 改善行业竞争格局，提升企业核心竞争力

面对绿色产业的迅速崛起，改善行业竞争格局，提升企业核心竞争力已成为国家与企业共同面对的重要课题。从国家层面看，加强宏观调控是防止绿色产业领域"内卷"的有效手段。光伏行业作为能源转型的关键一环，其市场波动对整个经济体系具有显著影响。当前，市场价格持续下滑，企业间的低价竞争已对行业健康构成威胁。因此，国家应强化行业自律，通过市场机制优化资源配置，淘汰落后产能，探索适合光伏行业的限价方案，从而保障行业整体利益，确保行业稳健前行。

与此同时，企业在绿色能源技术的发展中也扮演着至关重要的角色。面对蓬勃发展的绿色能源技术，企业应加大研发投入，加速技术迭代，力求在国际市场中实现赶超，进而提升核心竞争力。光伏行业作为新质生产力的代表，更需要通过技术创新来巩固并扩大竞争优势。企业应积极参与全产业链的研发设计与体系建设，推动整个产业的技术革新。特别是科技创业企业，应勇于选择新技术路线，避免盲目跟风，坚持创新引领，致力于打造一个开创性的绿色能源产业，为可持续发展贡献力量。

2. 重视并加强产业发展前期的市场教育

在当今这个日新月异的科技时代，新技术与新产品的不断涌现，正以前所未有的速度改变着我们的生活与工作方式。然而，面对这些新兴事物，市

场往往显得迟疑和保守，尤其是对于那些尚未普及的"小众"创新，如 HJT 新品，其市场接受度尚不及已占有一席之地的 TOPCon 产品。这一现象背后是传统观念的束缚与对新事物认知的滞后，这无疑为新技术、新产品的产业化进程设置了障碍。

因此，国家及行业机构应高度重视产业发展前期的市场教育，通过加强科普教育，提升公众对新技术的认知度与接受度。这不仅有助于打破传统观念的束缚，还能激发市场活力，推动新技术、新产品的快速普及与产业化。同时，面对市场上存在的对光伏等新能源产业的误解与偏见，如金融机构的消极态度，相关行业协会更应主动出击，通过组织专业培训与交流活动，纠正错误认知，重塑行业形象，为企业的融资与发展创造更为有利的环境。

3. 鼓励探索"光伏 +"储能技术发展及模式创新

在能源结构转型的背景下，探索"光伏 +"模式显得尤为重要。光伏作为清洁能源的代表，其发展潜力巨大，但受限于太阳光的不连续性和不稳定性，其应用面临一定挑战。储能技术的引入为光伏发电的稳定性和可靠性提供了有力保障。通过储能设备，可以将光伏发电在日照充足时产生的过剩电力存储起来，在夜间或阴雨天气时释放，从而实现电力的连续供应，提高能源利用效率。此外，储能设备作为电力系统的调节器，平衡供需关系，为电力系统的稳定运行提供了有力支撑，为清洁能源的大规模应用提供了有力保障。

"光伏 +"模式也是促进经济与生态和谐共生的有效途径。光伏与农业、渔业、牧业等领域的结合，不仅提高了土地资源的利用效率，还带动了相关产业的发展。例如，农光互补模式，通过在农田上方安装光伏板，既实现了光伏发电，又促进了农作物的生长，实现了经济效益与生态效益的双赢。同样，渔光互补、牧光互补等模式，也在推动清洁能源与农业生产的深度融合，为能源结构转型注入了新的活力。

在能源结构转型的壮阔征程中，国家、行业、企业的协同发力，无疑是破解行业难题、加速转型的关键。光伏，作为新质生产力的典型代表，正以其无与伦比的绿色魅力与持续创新的技术实力，引领全球能源转型的新风向。展望未来，光伏产业必将迎来前所未有的发展机遇，开启更加辉煌的篇章。中国光伏企业也将秉持开放合作的精神，深化国际交流，携手全球伙伴，共绘绿色低碳发展的美好蓝图。

四、给工业机器人装上"眼睛"和"大脑"，助力制造业升级

机器人被誉为制造业领域皇冠之巅的璀璨明珠，其研发、制造与应用之成就，深刻地映射出一个国家在科技创新与高端制造业领域的综合实力与卓越水平。在当今信息化与工业化深度融合的全新时代背景下，加速推进机器人科技的研发进程与产业化步伐，已成为一项至关重要的战略任务。

（一）我国工业机器人实现了由大到强的历史性跨越

我国制造业作为全球范围内最为完备且极具竞争力的制造业体系之一，不仅是支撑我国经济发展的坚固基石，也是驱动世界工业经济增长的强劲引擎。近年来，我国制造业在规模上持续扩展，在品质上不断精进，正坚定不移地踏上由制造大国向制造强国蜕变的征途。

随着信息技术与制造业深度融合，物联网、大数据、人工智能、云计算等新技术不断更新，并广泛应用于生产的各个环节，使得制造企业能够依托数据驱动，实现自我感知、自我分析、自我决策与自我适应，从而达成提质增效、柔性制造的目标。这为工业机器人的蓬勃发展提供了得天独厚的土壤，工业机器人如雨后春笋般涌现，为制造业的转型升级注入了强劲动力。

工业机器人是集多关节机械手与多自由度机器装置于一体的工业利器，在电子、物流、化工等多个工业领域发挥着举足轻重的作用，依靠自身的动力能源与控制能力，实现了各种工业加工制造功能的精准执行，成为现代工业不可或缺的重要组成部分，正逐步转化为推动经济社会发展的新质生产力。

当前，全球机器人产业正处于快速发展阶段。虽然我国工业机器人的发展起步较晚，但凭借完备的工业体系和庞大的制造业规模，我国迅速成长为全球最大的工业机器人生产国和消费市场，崛起为全球工业机器人领域的领航者。2015—2023 年，我国工业机器人产量实现了从 3.3 万套到 43.0 万套的飞跃式增长，8 年间增长了超过 13 倍，装机量亦稳居世界首位。国际机器人联合会（IFR）发布的《2024 年世界机器人报告》显示，我国已经连续11 年成为世界上最大的机器人市场，而且近 3 年内新增装机量占据了全球市场份额的一半以上。2023 年我国正在运行的工业机器人数量达到 175.5 万台（见图 2-1），同比增长 17%，新装机量达到 27.6 万台，占全球新装机量的 51%。

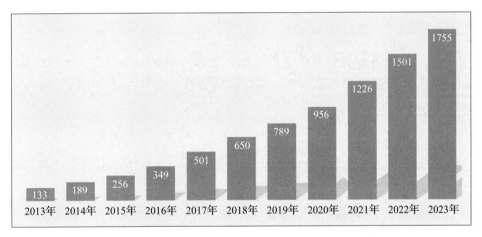

图 2-1　我国工业机器人运营存量（单位：1000 台）

（资料来源：《2024 年世界机器人报告》）

与此同时，我国工业机器人从单项领先迈向全面领先，构建了涵盖核心零部件、机器人本体至系统集成的完整产业链。多家机器人企业，如新松机器人、埃斯顿、埃夫特等，在汽车自动化生产线领域频获重大订单，彰显强劲实力；绿的谐波、双环传动等企业所产核心零部件也成功跻身于全球头部企业供应链。此外，我国工业机器人产业集群正加速成型。《中国机器人技术与产业发展报告（2023 年）》[⊖]指出，我国机器人优质企业主要集聚于京津冀、长三角、珠三角区域，形成多核心产业集群格局。长三角地区产能尤为突出，占全国半壁江山；珠三角地区则依托坚实的工业基础和信息技术先发优势，积极培育未来智能装备集群，推动工业机器人向智能化、高端化、一体化升级。

近年来，国内自主品牌异军突起，2024 年上半年，国产品牌整体市场份额首次突破 50.1%，超越了外资品牌，国产替代的大潮愈发汹涌澎湃，然而在行业发展早期，中国并没有崭露头角。

20 世纪 60 年代初，人类首次创造出工业机器人，这一创举开启了机器人技术的崭新篇章。约瑟夫·恩格尔伯格与乔治·德沃尔共同开发的"尤尼梅特"工业机器人，率先在通用汽车的生产线上投入使用，虽然功能简单，却预示了工业机械化的美好未来，为工业机器人的蓬勃发展拉开了序幕。随着机器人传感器等技术的应用，极大地提升了机器人的可操作性。从最初的简单重复操作，到能够感知环境并校正自身位置，机器人的功能逐渐丰富。

进入 20 世纪 70 年代，随着计算机和人工智能技术的崛起，机器人迎来了实用化时代。日立、Milacron、山梨大学等企业和研究机构纷纷推出具有触觉、压力传感器等先进技术的机器人，为工业机器人的发展注入了新的活力。美国 Unimation 公司推出的 PUMA 系列机器人，更是标志着工业机器人技术已完全成熟，至今仍活跃在工厂一线。

20 世纪 80 年代，随着制造业的蓬勃发展，工业机器人在发达国家逐渐普及，并向高速、高精度、轻量化、成套系列化和智能化方向迈进，以适应多品种、少批量的生产需求。到了 20 世纪 90 年代，随着计算机技术、智能技术的不断进步，第二代具有感觉功能的机器人开始实用化并推广，而第三代智能机器人也相继问世，开始走向应用。

⊖ 《中国机器人技术与产业发展报告（2023 年）》是中国电子学会编制的报告。

综合来看，早期的工业机器人主要承担重体力劳动或恶劣环境下的工作，如汽车制造、船舶制造、化工等领域的搬运、上下料、焊接、喷涂等。近年来，随着制造业的转型升级，工业机器人的应用领域不断扩展，已深入制造业、通信和消费类电子产品等产业中的高精度场景。然而，随着市场需求日益多元化与个性化，传统工业机器人的局限性逐渐凸显。它们缺乏对外界环境的感知能力，无法实时响应环境变化。同时，面对生产线频繁调整的需求，传统机器人显得灵活性不足，换线成本高企。此外，出于安全考量，它们往往与人类工人保持隔离，难以实现协同作业。

在此背景下，协作类的工业机器人应运而生，成为工业自动化的新宠。与传统机器人相比，协作机器人配备了力矩传感器、摄像头、激光雷达等先进感知设备，能够实时感知周围环境与人类的存在。通过力控技术，它们能够与人类实现直接互动，无须额外安全防护即可共享工作空间。此外，协作机器人还具备自主学习能力，工人无须编程即可快速上手操作，且其灵活轻便的特性使得它们能够迅速部署至生产线的各个工位。这些优势使得协作机器人能够与人类紧密协作，显著提升生产的灵活性与适应性。以汽车制造为例，传统点焊作业高度依赖人工，劳动强度大且焊接质量难以保证一致性。随着产品更新换代速度加快，生产线调整频繁，对机器人的灵活性提出了更高要求。如今，高度自动化的焊接机器人已在汽车生产车间大放异彩，助力企业实现从"制造"向"智能制造"的转型。

目前从全球范围来看，工业机器人的需求市场主要集中在制造业规模大、自动化水平高的国家。中国、日本、美国、韩国和德国是全球工业机器人部署的主要国家，占据了全球70%以上的市场份额。2022年，这五大市场的工业机器人销量占全球的79.1%。其中，亚洲地区的新安装工业机器人数量占比高达73%，欧洲和美洲则分别占15%和10%。从行业结构来看，全球工业机器人的需求半数以上来自汽车行业和电气电子行业。同时，机器人也广泛应用于食品、医药等行业的生产线上，通过提高生产效率和准确性，助力企业降低成本、提升竞争力。在数字化技术进步的推动下，机器人供应商和系统集成商不断推出新的应用程序并改进现有应用，互联机器人正逐步改变制造业的面貌。随着关键技术的突破，机器人将越来越多地作为互联数字生态系统的一部分运行，为制造业的高质量发展注入新的动力。

在应用场景方面，工业机器人已呈现"全面开花"之势。除了传统的流水线作业外，它们还广泛应用于替代制造业中的高危工种。在软件层面，AI大模型的接入为工业机器人打开了新的窗口，有望产生"智能"与"体能"相结合的乘数效应。AI大模型能够赋予机器人"最强大脑"，使其更全面地感知周围环境，并根据环境变化做出相应调整，从而更高效地完成复杂任务。如今，我们正站在人工智能改良与变革的关键节点上。这一过程的关键之一在于人工智能能否高效融入人类的物理世界。机器人作为人工智能技术通向物理世界的重要桥梁，其应用推广的效率将直接决定人工智能产业的发展速度。

（二）以 AI+3D 视觉引领机器人发展新纪元

机器视觉是一种融合硬件与软件的技术，其核心在于赋予机器"视觉"与"思考"能力，广泛应用于工业及非工业领域。机器视觉技术的硬件部分，如图像采集设备，需要充当"眼睛"，捕捉环境或物体的反射光形成图像，再转化为数字信号；软件及图像处理算法则扮演"大脑"角色，分析这些信号，提取特征信息，以识别预定目标并执行相应操作。

在工业领域，机器视觉系统利用视觉传感器和计算设备将视觉信息数字化，通过图像处理系统提取目标特性，用于自动检测、过程控制和机器人导航等，显著提升生产效率和准确性。随着 AI、边缘计算等技术的演进，机器视觉系统通过深度学习等算法不断优化，提高识别精度与速度，支持更灵活的生产模式。机器视觉与工业机器人的结合进一步拓宽了其应用范围，在智能制造、质量检测、汽车制造、物流等劳动密集型产业中发挥关键作用，通过"视觉"与"智能"的结合，实现对环境的感知与智能处理，是推动制造业数字化转型和产业升级的重要驱动力。

在工业机器人这一浩瀚而精密的领域中，梅卡曼德机器人科技有限公司（以下简称梅卡曼德）以其独特的技术光芒走在行业前列。自 2016 年由清华大学"海归"精英团队创立以来，梅卡曼德便以深厚的技术积淀和前瞻性的战略视野，在全球工业机器人行业迅速崛起，成为一颗耀眼的"新星"。

梅卡曼德是率先将先进人工智能技术与机器人结合，在全球工业制造场景率先落地的独角兽企业，通过自研 AI 软件和视觉传感器，为全球 300 万台工业机器人装上"大脑"和"眼睛"。其打造的 AI+ 工业制造解决方案已在全球汽车、3C⊖、新能源、物流等领域成功应用，落地案例超 3000 个。其典型应用包括无序上下料、拆码垛、快递供包、高精度定位 / 装配、工业检测 / 量测、钢板分拣 / 开坡口等，这些应用不仅提高了生产效率和质量，还降低了人工成本和安全风险，为客户创造了巨大的经济效益和社会效益。

梅卡曼德总部位于北京，在慕尼黑、东京、芝加哥、首尔等地设有分公司、子公司，自成立以来，获红杉中国、IDG 资本、美团、启明创投、源码、英特尔资本等机构多轮融资支持超 15 亿元，连续 4 年国内市场占有率第一，并且坚持全球化战略，业务覆盖中美日韩德等 50 多个国家和地区，服务一汽、上汽、特斯拉、小米、理想、苹果、宁德时代、吉利汽车、美的等近 100 家《财富》500 强客户。

截至 2024 年，公司达到数百人规模，汇聚了来自国内外顶尖院校的工程师。他们秉持着"让机器人更智能"的初衷，致力于推动智能机器人的广泛应用与发展。近年来，梅卡曼德成功入选国家级专精特新"小巨人"企业、国家高新技术企业，荣获北京市科学技术奖。

在核心器件、成像算法、视觉识别算法、AI 算法、机器人算法、工业软件等核心技术上，梅卡曼德积累深厚，形成了包括高性能 Mech-Eye 工业级 3D 相机、Mech-Eye 3D 线激光轮廓测量仪、Mech-Vision 机器视觉软件、Mech-DLK 深度学习软件、Mech-Viz 机器人编程软件等在内的完整智能机器

⊖　3C 通常是指计算机（Computer）、通信（Communication）和消费电子产品（Consumer Electronics）这三类产品或相关产业领域。

人基础设施产品栈。这些产品不仅具备卓越的性能和稳定性，还能够帮助客户实现更高效、更智能的自动化生产。

公司的核心器件已经完全实现自研自产，累计授权和申请各项专利近500项。其 AI+3D 视觉技术让机器人拥有了更高级的传感、感知和规划能力，能够用通用的产品去解决普遍的需求，为制造业的智能化转型提供了有力支持。

工业机器人，这一集成了机械、传感与控制三大核心部分的复杂系统，其内部巧妙地细分为机械结构、驱动、感知、环境交互、人机交互与控制六大子系统。梅卡曼德凭借在这六大子系统上的全面布局与深耕细作，逐步构建起一套完整且先进的智能机器人基础设施产品栈，为工业机器人的智能化发展奠定了坚实基础。

在机械与传感领域，梅卡曼德自研自产的高性能 Mech-Eye 工业级 3D 相机，以其卓越的速度、成像效果和抗干扰能力，为机器人赋予了前所未有的3D 视野。这款相机能够精准地输出各类物体的高质量点云数据，满足不同场景中的多样化需求。同时，梅卡曼德在传感、感知、规划等领域的技术研发也取得了显著成果，累计授权和申请专利已达 350 余件，充分展现了其在机器视觉领域的领先地位。

在控制与交互方面，梅卡曼德的可视化编程视觉算法软件和深度学习平台软件为机器人提供了强大的智能支持。这些软件不仅简化了机器人的编程过程，提高了机器人的自主学习和适应能力，还使其能够更好地适应复杂多变的生产环境，为制造业的智能化转型注入了新的活力。

正是凭借这些核心技术，梅卡曼德成功打破了机器人行业的传统天花板，拓宽了智能机器人的应用场景。从汽车、物流到工程机械、3C、新能源等领域，AI+3D+ 工业机器人的解决方案已经广泛应用于无序工件上下料、纸箱拆码垛、高精度定位装配、工业检测 / 测量等各个环节。这些应用不仅显著提高了生产效率、降低了人工成本，还为制造业的转型升级和高质量发展注入了强劲动力。

　　然而，梅卡曼德的成功并非偶然。在标准化产品路线的选择上，公司面临着诸多挑战，如获客难度大、盈利周期长、市场竞争激烈等。但梅卡曼德坚信这是一条切实可行的道路，通过让复杂性从硬件转移到软件上来，利用人工智能技术、先进的视觉技术和标准化的硬件（即机械臂），成功解决了高度复杂和非标准化的自动化需求。这一战略不仅提升了公司的整体效率，还增强了其比较优势，使其在激烈的市场竞争中脱颖而出，成为行业中的佼佼者，推动了智能机器人的广泛应用与普及。

（三）以技术创新促进产业链优化和升级

　　在科技日新月异的今天，以梅卡曼德为代表的机器视觉企业在面对市场变革时，进行敏锐洞察与积极应对，以其对关键核心技术的深刻掌握和自主研发的持续精进，成为推动产业高质量转型发展的重要力量。它们不仅聚焦于支柱行业，为产业龙头提供优质服务，更是以技术的革新与突破，促进了整个产业链的优化和升级。

　　随着工业 4.0 浪潮的汹涌澎湃，智能制造已成为全球制造业转型升级的核心驱动力。在这一背景下，工业机器人与机器视觉技术的深度融合，正以前所未有的速度重塑着生产线的面貌，引领着制造业向更加智能化、高效化、精准化的方向迈进。工业机器人作为智能制造领域的"钢铁臂膀"，以其强大的负载能力、精确的操作控制和高度的灵活性，在重复性劳动、危险环境作业及高精度加工等方面展现出卓越的性能。机器视觉，如同赋予机器人一双"慧眼"，通过先进的图像处理与分析技术，实现对目标物体的精准识别、定位与测量，极大地提升了生产过程中的自动化水平和智能化程度。

　　推动机器人产业的发展已成为我国新质生产力发展的必然要求，从传统产业到新兴产业，从民生到重大工程，机器人均发挥着举足轻重的作用。机器人不仅是人类生产生活的重要工具，还是应对人口老龄化的得力助手，它持续推动生产水平提高、生活品质提升，有力促进了经济社会的可持续发展。

　　自 20 世纪 60 年代末全球工业机器人兴起，我国于 20 世纪 70 年代起步研发，历经初步产业化，至 21 世纪初逐步壮大。特别是在 2008 年金融危机后，面对人工成本增加、老龄化加速及竞争加剧等挑战，我国机器人产业在政策扶持下迅猛发展。近些年，我国已从简单的机械臂时代跃升至高度智能化的机器人系统时代，成为全球机器人科技研发、应用及规范制定的关键参与者。目前，我国拥有超过 400 家专精特新"小巨人"机器人企业，占据全球最大工业机器人市场份额，展现出领先地位，工业机器人产业已建立从整机到核心零部件的完整产品体系。

当前，新一轮科技革命和产业变革正在加速演进，新一代信息技术、生物技术、新能源、新材料等与机器人技术的深度融合，为机器人产业带来了升级换代、跨越发展的窗口期。全球主要工业发达国家正积极布局机器人产业，视其为科技竞争的前沿阵地。面对新形势、新要求，未来五年乃至更长一段时间，是我国机器人产业自立自强、换代跨越的战略机遇期。

在机器人领域，我国紧盯关键核心技术"卡脖子"堵点问题，及时出台有针对性的措施良策，目前已出台《"十四五"机器人产业发展规划》《"机器人＋"应用行动实施方案》《工业机器人行业规范条件（2024 版）》等政策举措，治理监管日趋完善，完善实践载体、制度安排、政策保障、环境营造，推动我国机器人科技实力，加快实现质的飞跃、系统提升，引领我国从机器人产业创新大国跃升为创新强国。我国大力推进"机器人＋"应用行动，确保发展成果惠及更多行业，实现创新发展的共享与共赢。同时，深化国际分工合作，打造高效、优质、稳定的产业链和供应链，积极推动我国机器人领域的规则、标准与国际接轨，共同构建产业治理体系。机器人技术的研发、制造与应用是衡量国家科技创新与高端制造业水平的关键指标，正深刻改变着人类的生产和生活方式，为经济社会发展注入强劲动力。

为实现机器人产业的高质量发展，面对技术积累不足、产业基础薄弱等挑战，我国需要加快解决高端产品供给不足等问题，推动机器人产业向中高端迈进，从技术创新、产业结构、应用场景和国际合作等多个方面入手，形成全方位、多层次的发展格局。

在技术创新方面，我国需要在机器人基础研究上发力，加强关键核心技术、前沿共性技术研究，提升国产化水平，聚焦传感器、柔索驱动等关键技术环节，以及高端芯片、高精度控制、伺服电机、减速器等相对薄弱的核心技术，建立更为完整的知识产权体系，提升自主化率；加快柔性化、多模态、交互性等技术的创新发展，推动大模型和具身智能技术的融合，加速迭代机器人的智能水平，以实现技术突破和自主可控。同时，鼓励企业、高校和科研机构之间的合作，形成产学研用一体化的创新体系，加速技术成果的转化和应用。加强工业机器人领域的人才培养，通过设立奖学金、提供实习机会等方式，吸引更多优秀人才投身这一领域。

在产业结构方面，完善产业链，构建从核心零部件到机器人本体再到系统集成的完整产业链，提升整个产业的竞争力和抗风险能力。引导工业机器人产业向具有产业基础、技术优势和市场需求的地区集聚，形成产业集群效应。鼓励企业通过技术改造和产业升级，提升工业机器人产品的质量和性能，满足市场需求。

在应用场景方面，积极推动工业机器人在汽车制造、电子电气、金属加工、食品饮料、仓储物流等领域的应用，同时探索在医疗、教育、能源等新兴领域的应用。打造应用场景，通过建设智能制造示范工厂、打造工业机器人典型应用场景等方式，推动工业机器人的广泛应用和普及。提升应用水平，加强工业机器人在复杂工业场景下的应用能力，提高生产效率、产品质量和安全性。

在加强国际合作与竞争方面，面对全球机器人产业的激烈竞争和快速变化的技术趋势，我国应密切关注国际动态和技术发展趋势，及时调整产业发展战略和政策措施。鼓励国内工业机器人企业加强国际合作与交流，引进先进技术和管理经验，提升产品质量和服务水平。

机器人作为新兴技术载体与关键产业装备，引领产业数字化、智能化发展，并催生新产业、新模式、新业态。未来，我们应进一步推动机器人科技与产业的深度融合，促进全球先进生产要素的集聚，加速构建我国新质生产力未来产业良性发展的生态体系。

五、产业基石新材料，助力人类生产生活迈向未来

近年来，我国高新技术产业蓬勃发展，对材料的需求不断升级，持续驱动着新材料领域的创新与发展。目前，人类社会已能使用的材料种类超过 5 万种，而具备高性能、高功能乃至多功能特性的新型材料正处于积极研发之中。

材料是人类赖以生存和发展的物质基础。20 世纪 70 年代，人们把信息、材料和能源誉为当代文明的三大支柱。20 世纪 80 年代，以高技术群为代表的新技术革命，又把新材料、信息技术和生物技术并列为新技术革命的重要标志。新材料在促进国民经济发展、加强国防建设以及改善民众生活中扮演了不可或缺的角色。膜产业是指以膜材料为基础，实现不同应用功能的产业。作为化工新材料之一，膜产业是国家战略性新兴产业的关键组成部分，其发展直接影响新材料产业的整体格局和发展速度。

（一）新材料是高技术竞争的关键领域

1. 材料科学技术的突破是科技革命的基础和先导

在新一轮科技革命和产业变革中，新材料扮演着先导者的重要角色。以硅材料、高分子、碳纤维、石墨烯等为代表的新材料蓬勃发展，有力地支撑了世界高科技产业的迅猛发展。新材料产业已经渗透到国民经济、国防装备和社会生活等各个领域，支撑着一大批高新技术产业的发展，已成为国际高技术竞争的关键领域。

材料是用来打造物品和建造设施的基础物质。材料处于各个产业链的上游环节，被誉为制造业"底盘"，是支撑现代产业体系不可或缺的物质基础。人类社会发展的历史也是一部认识、开发、利用新材料的历史。每一种重要新材料的开发和应用，都把人类认识自然和善用自然的能力提高到一个新的水平。特别是过去 200 年里，材料科学的进步对科技革命起到了至关重要的作用。19 世纪，钢铁的大量生产和应用极大地推动了第一次工业革命，机器生产逐渐取代了手工劳动；几十年后，电磁材料的出现又进一步推动了第二次工业革命，使得工业生产变得更加高效和复杂；到了 20 世纪，半导体材料

的诞生推动了信息技术的飞速发展，引领人类进入信息化时代，这被看作第三次工业革命的重要标志；进入 21 世纪，新一代的信息材料正在快速发展，推动我们从信息化时代迈向智能化时代，开启第四次工业革命的序幕。

对材料的认识与利用能力，往往决定着社会的形态和人类生活的质量。人类的历史已经证明，材料是人类社会发展的物质基础和先导，而新材料则是人类社会进步的里程碑。新材料在发展高超技术、改造和提升传统产业、增强综合国力和国防实力方面起着重要的作用，而且在自然科学和工程技术领域中发展也越来越快，地位日趋重要。

2. 膜产业创新驱动新材料产业发展，是其重要组成部分

膜材料是化工新材料之一，膜产业是国家战略性新兴产业的组成部分。膜技术作为新型高效分离技术的核心，应用范围广泛，横跨上游化工原料的精细化处理，直至下游环境保护、医疗健康、清洁能源等多个关键领域，具有节约能源、环境友好等显著特征。膜产业承载着国家战略性发展的重任，不断推动技术创新和突破，对其他产业带动性强，是推动传统产业升级和未来产业发展的支撑性产业，对保障产业链、供应链安全具有重要意义，已成为新质生产力形成的重要增长点。

膜技术作为新型分离技术，已广泛应用于气体分离、物料分离和水处理。从气体分离来看，富氧膜应用较为广泛，以其分离气体的特殊功能产生富氧空气，现在广泛应用于医院、养鱼场、工业发酵与氧化等场所。

经过半个多世纪的发展，我国膜产业日渐成熟。自 1958 年起，我国膜科学技术的发展历程稳步展开，以离子交换膜的研究为起点，标志着这一领域的初步探索。进入 20 世纪 60 年代，我国膜科技迈入开创性阶段，1965 年对反渗透技术的探索及随后 1967 年全国范围的海水淡化会战，极大地推动了膜技术的快速发展。到 20 世纪 80 年代，膜科技步入了广泛推广与应用的新阶段，还迎来了气体分离及其他新型膜技术的蓬勃开发期。自此以后，我国膜技术不仅在食品加工、海水淡化、纯水及超纯水制备等传统领域得到广泛应用，还深入拓展至医药、生物技术及环境保护等新兴领域，实现了技术价值的多方面展

现。我国膜科技历经半个多世纪的发展，已构建起完善的研发、应用与推广体系，为推动我国工业升级、环境保护及民生改善做出了重要贡献。

3. 应用场景不断更迭，推动膜产业加速向高端化发展

膜材料产业是新材料产业发展的重要领域，是基于应用需求牵动发展的产业。"十四五"规划指出，聚焦包括新材料在内的战略性新兴产业，加快关键核心技术创新应用，增强要素保障能力，培育壮大产业发展新动能。膜材料是环保、医药、电子、新能源等产业链前端重要的基础性材料，应用领域广泛，能够推动应用产业升级和传统工业工艺改造，在促进产业技术进步、推动我国国民经济发展等方面发挥着重要作用，逐渐成为新时代背景下加快形成新质生产力、增强国际竞争力的新增长点。

应用场景更迭是膜产业发展的主要驱动力。当前，新一轮科技革命和产业变革方兴未艾，我国进入高质量发展新阶段，新型工业化深入推进，过程工业工艺创新、人体功能辅助等应用场景不断丰富、持续更迭。因此，对膜材料的需求不断扩大，对其选择透过性、耐用性等性能提出了更高要求。膜材料研制的高难度挑战，倒逼膜材料随着下游场景的更迭和需要不断创新，使产品性能加速升级。随着膜产业市场规模加速扩大，国内膜企业加快发展，应用于基础水处理、食品加工等低端产品市场趋于饱和，未来膜产业市场将持续向不断迭代发展的与下游新场景应用相匹配的高端领域发展。未来膜材料将向超高性能、超高精度、超高抗污、高速迭代、高耐用、低缺陷、低污染等方向突破。同时，一种膜材料将在渗透性、透气性、散热／隔热性、抗老化性等方面体现出多种不同的特性，对于不同应用场景和复杂环境变化产生自适应的特殊性能。未来只有具备持续创新能力、快速市场反应能力的企业，才能抓住行业发展带来的机遇。

（二）要素变革为新材料提供广阔的应用场景

1. 突破关键技术重新定义电致变色技术

新材料的技术变革，正如新化学物质的诞生一样，并不是凭空产生想象

和创新，而是在不断的技术研发中，找到更具有实用价值、更简单并能够便利地改善人们生活的材料和技术，找到一条实现量产的路径。

成立于 2017 年的光羿科技，同时在美国硅谷、印第安纳州和中国深圳设立了分支机构，其核心研发团队主要来自清华大学、斯坦福大学和普渡大学等知名学府，在全球拥有 3 个专业实验室，集结了 15 位化学材料领域的资深博士和 150 多名资深工程师，专注于智能调光、柔性器件、新型材料等前沿技术的研发与突破。

7 年来，公司专注于电致变色（Electrochromic，EC）调光技术研发与工程创新，并致力于玻璃的智能化，重新定义人与玻璃的交互方式，即通过透明介质（如玻璃和塑料）的光热调节，创造视觉舒适和可持续生活体验。通过自主研发，光羿科技掌握了独特的电致变色材料与技术，成功打破了传统材料的限制，为电致变色产品带来了更多创新应用，在 2021 年实现调光在汽车产品上量产，至今全球用户超过 10 万，开启了电致变色新材料应用领域的新篇章。

在智能调光玻璃领域，调光技术主要分为物理调光与化学调光两大类别。物理调光包含聚合物分散液晶（PDLC）、悬浮粒子（SPD）以及染料液晶（LC）等方式。其中，PDLC 因发展历程较长、技术相对成熟而被广泛应用，然而其自身存在诸如隔热与抗紫外线性能欠佳、雾度较高、需高电压驱动，且维持通透状态依赖持续通电等缺陷。相较而言，化学调光中的电致变色技术（以下简称 EC 技术）独具优势。其原理为在外加电压的作用下，电致变色材料的光学性质，如透过率、反射率、吸收率等，会产生稳定且可逆的变化。该技术具备高通透度、超低电压驱动、良好的隔热性能、抗紫外线能力佳以及更为宽泛的调光范围，这使得电致变色材料在多种应用场景中展现出极高的价值。

光羿科技看到了 EC 技术的潜力，便致力于这一技术的研发工作。彼时，EC 技术已经到第二代了，但因为材料研发难、从实验室到量产的工程问题多，以及用玻璃做基底时生产效率和良品率低，所以尚未普及。

经过长期深耕电致变色领域，光羿科技成功研发出第三代柔性固态电致变色薄膜技术。相较于传统技术，第三代柔性固态电致变色薄膜技术实现了几项关键性变革：一是革新材料体系，转向全固态材料，摒弃凝胶/液态材料；二是转换基底材料，采用柔性薄膜作为基底材料取代玻璃，显著提升生产效率。因此，第三代技术形成了 EC 调光薄膜，实现了柔性高曲率、低雾度、调光范围定制化、轻量化、低电压安全以及断电维持省电等特性。以汽车天幕为例，第三代技术能够满足汽车大面积曲面的定制化需求；在调光过程中，其变化过程柔和，可实现颜色的渐变过渡，为眼睛提供充足的缓冲时间以适应光线变化，在视觉体验上更为舒适。同时，其调光范围更广泛，能够契合不同的驾乘使用环境，使得产品在最亮状态下既能保持通透质感，又能在最暗状态下发挥隐私保护的功能。

2. 推动新材料转化为可大规模运用的经济型技术

我国在新材料生产领域已形成了全球门类最全、规模最大的材料产业体系，然而新材料领域发展仍面临着从实验室向产业化转化问题的掣肘。在新材料科研领域，我国发明专利和科研论文数量可观，尤其在前沿热点领域表现出强劲势头，部分领域与国际一流水准形成并跑甚至领跑的局面。同时，我们也看到，由于新材料是一个涉及原材料、研发、加工、器件化集成等的复杂系统学科，当创新要素与生产要素融合时，我们在体系化协同创新能力、新材料企业的创新主体作用和材料"产学研用"一体化平台建设等方面还有较大提升空间。当前，科研机构重研发、轻应用，导致"产学研用"相互脱节，成果转化率低下，大量科研成果难以迅速转化为现实生产力，限制了新材料技术的经济效益和社会效益的充分释放。

光羿科技极大地克服了产业转化的问题，以电致变色制备方面的工艺创新，极大地推动了技术的成熟和产业化应用。光羿科技开始聚焦电致变色研究时，EC 技术已经发展至第二代，前两代技术使用的是液体灌胶和磁控溅射方法，以玻璃为基底，只能一片一片生产，同时需要在真空和高温的环境下加工，不仅耗时耗能，还良品率提升困难，致使这一技术的应用一直无法进行广泛的产业化。光羿科技自研卷对卷涂布工艺，成功解决了高效制程问题，大幅提升了生产效率，扩大了电致变色材料的应用领域。光羿科技的创新工艺不仅革新了电致变色材料的生产方式，更为新材料技术的广泛产业化应用开辟了新路径，有力推动了新材料产业的快速发展。

3.智能材料应用改善人类生活，激发千亿市场活力

光羿科技洞悉调光膜材料的潜力，不断开拓应用场景，从最初的消费电子领域，扩大到现在的汽车、建筑等领域，使膜材料的应用更加智能和环保，激发了巨大的市场需求。以汽车领域为例，随着新技术的不断更迭和消费者体验不断丰富，智能汽车对天幕的需求越来越多，而普通天幕产品的使用痛点突出——强光刺眼、车内晒和热的问题。兼顾有效隔热防晒、视觉舒适又通透及智能化自动控制的 EC 调光天幕则解决了这一问题。EC 技术作为一种高度智能集成化的技术，能够适配各系车型的传统车用玻璃，满足玻璃智能化需求。除汽车天幕产品外，这一技术还应用于汽车侧窗、防眩目后视镜、建筑幕墙、智能手机背壳、墨镜、滑雪镜、AR 眼镜等。

近年来，全球新能源汽车市场规模呈现出持续增长的态势，我国在全球新能源汽车领域占据着重要地位，已连续多年成为全球最大的新能源汽车市场。光羿科技已稳固确立了自己作为新能源车企核心供应商的行业地位，未来将进一步推动电致变色薄膜技术在汽车产业中的普及与应用，持续引领行业技术升级、扩大应用场景。

（三）多措并举加速新材料研发与产业化进程

新材料的研发与应用是衡量现代国家工业发展水平的重要指标。在全球化竞争日益激烈的今天，掌握高附加值、高技术含量的新材料领域主导权，不仅是国家科技实力的直接体现，更是抢占全球产业价值链高端、引领经济高质量发展的关键所在。这与我国致力于发展新质生产力、推动经济体系优化升级、实现高质量发展的目标高度契合。因此，加速新材料技术的突破与应用，促进新材料产业与传统产业深度融合，对于我国在全球经济格局中占据战略制高点，具有不可估量的价值与意义。

1. 加强新材料学科基础研究与创新能力建设

为实现从材料大国向材料强国的跨越，需要强化新材料学科的基础研究与创新能力，这不仅是科技进步的基石，更是孕育新质生产力的土壤。材料科学研究侧重实验，传统范式为制备—研究—改进，学科交叉融合为科学研究的范式变革提供了新路径。通过加大研发投入，鼓励跨学科交叉融合，推动新材料在理论、设计、制备等方面取得突破性进展。同时，优化创新生态，培养高端人才，形成持续不断的创新活力，为新质生产力的涌现提供强大的驱动力。

2. 推动新材料技术从实验室到产业化进程加速

加速新材料技术从实验室到产业化的进程，是快速释放新质生产力、提升国际竞争力的关键。虽然我国形成了全球门类最全、规模最大的材料产业体系，但正如前文所述，在体系化协同创新能力、新材料企业的创新主体作用和材料"产学研用"一体化平台建设等方面还有较大提升空间。应建立高效的科技成果转化机制，打通科研与市场之间的壁垒，打造科技成果孵化器，以高水平孵化器加速原始创新资源的转化孵化，使新技术能够迅速转化为现实生产力。重视创新型企业科技成果转化的主体地位，通过政策引导、资金支持、市场拓展等多措并举，激发企业创业式创新的动力和活力，推动新材料技术在各领域广泛应用，从而加速新质生产力的释放和经济效益的转化。

3. 提升产业集聚度，推动产业链协同发展

提升产业集聚度，推动产业链协同发展，是优化新质生产力发展环境的重要途径。通过科学规划产业布局，引导新材料企业向园区集聚，促进产业结构优化升级，引导资源向高附加值、低能耗产品和服务转移，形成完善的产业链和生态系统，提升整个产业的核心竞争力。加强企业间的合作与交流，促进资源共享、优势互补，形成协同创新的良好氛围。同时，加强基础设施建设和公共服务配套，为新质生产力的发展提供有力支撑和保障。通过这些措施，可以有效促进新质生产力的快速发展，为我国材料产业的转型升级和高质量发展注入强大动力。

第三章

发展新兴产业，
将科技创新转化为现实生产力

在当今全球经济快速发展的背景下，战略性新兴产业已崛起为引领未来发展的核心力量与关键赛道。党的二十大报告在建设现代化产业体系的战略部署中，着重强调了推动战略性新兴产业融合集群发展的重要性。依据国家统计局制定的《工业战略性新兴产业分类目录（2023）》，我国战略性新兴产业包括新一代信息技术产业、高端装备制造产业、新材料产业、生物产业、新能源汽车产业、新能源产业、节能环保产业、航空航天产业、海洋装备产业九大领域，展现出一系列积极态势：重点领域持续壮大，新兴增长点不断涌现，创新能力显著跃升，国际竞争力日益增强。

这些战略性新兴产业不仅代表了全球技术创新的前沿，更是推动我国经济结构转型升级的关键驱动力。本章围绕自动驾驶、新型储能、商业航天、智算芯片、数字医疗选取典型企业，分析其如何将科研精神与企业家精神相融合，在新赛道开辟、新技术应用、新场景打造、新模式探索等方面发挥价值与作用。

一、自动驾驶重塑人类未来生产生活方式

当前，新一轮科技革命和产业变革加速发展，大量代表新质生产力的新技术比过去任何一个时代离我们更近。人工智能生成内容（AIGC）、具身智能、无人驾驶、飞行汽车等技术从构想变成现实，正在悄然改变人类的生活。人工智能发展再次迎来新的浪潮，伴随着深度学习、计算机视觉、大模型等技术的突破，自动驾驶技术也得到更快发展。作为人工智能在汽车行业、交通出行领域的延伸和应用，以智能化、网联化为核心的自动驾驶汽车，已经成为自汽车发明以来的重大颠覆性创新，对汽车工业产生了深远影响，也给制造业体系和日常生活方式带来了巨大变革。

（一）从出行方式到生产方式，自动驾驶助力新产业发展

1. 改变人车关系，迈向无人驾驶新纪元

新质生产力是创新起主导作用的生产力，具有高科技、高效能、高质量特征，以全要素生产率大幅提升为核心标志。在汽车行业，新质生产力体现在电气化、网络化、智能化、共享化"新四化"趋势上。自动驾驶作为这种趋势的集大成者，以及新兴科技的代表，逐渐成为汽车行业创新的主要推动力。自动驾驶技术深度融合了人工智能、5G、大数据、云计算等新型基础设施建设中的多项核心技术，具备高度智能化、无人化、数字化的技术特点，作为新质生产力的代表，正在引导传统汽车和交通运输领域走向新的发展阶段。

自动驾驶系统的发展最初由高校实验室推进，主要服务于国防军事领域。2004 年美国国防部高级研究计划局（Denfense Advanced Research Projects

Agency，DARPA）首次举办的无人驾驶汽车挑战赛，标志着这一领域的重大突破；2005 年举办的第二届无人驾驶汽车挑战赛中五辆无人驾驶汽车使用人工识别系统，成功通过了路况恶劣的沙漠赛道，因此也被视为现代意义上自动驾驶的元年；2015 年第一个面向大众的智能驾驶产品出现了，即特斯拉的 Model Plaid；2016 年阿尔法围棋（AlphaGo）战胜韩国围棋职业棋手李世石，成为人工智能发展的重要里程碑，这一年也成为自动驾驶行业腾飞的起点；2022 年年底 ChatGPT 的问世又将人工智能的发展推向新的高潮，随着机器学习、大模型等技术的深度融合，人工智能极大地提升了自动驾驶的泛化性。

自动驾驶系统是一种先进的车辆控制技术，属于一类较为完整的软件交互系统。这个系统整合了多种高新技术，通过高度集成的环境感知、行为决策和运动控制执行三大核心模块，分别依托传感器技术、计算平台和算法来实现汽车的自主行驶。

人工智能技术的飞速发展使得高阶自动驾驶在成本更加优化且量产稳定性增强的基础上，推进了从高级驾驶辅助系统（Advanced Driving Assistance System，ADAS）到自动驾驶的技术跨越，实现了从高级驾驶辅助系统到全自动驾驶技术的重大跨越。自动驾驶系统的每一环节都离不开人工智能技术，芯片、算法与数据共同构筑了自动驾驶技术发展的底座，人工智能技术的持续进步则不断推动着自动驾驶技术的迭代升级。国际自动机工程师学会（Society of Automotive Engineers，SAE）将自动驾驶技术分为六级，即 L0 ~ L5（见图 3–1），依次代表智能化程度的提高，最高级别 L5 意味着自动驾驶无须驾驶员，真正实现无人化[一]。

　　一　GB/T 40429–2021《汽车驾驶自动化分级》于2021年8月发布，将驾驶自动化分为0级至5级。L0级（应急辅助）、L1级（部分驾驶辅助）、L2级（组合驾驶辅助）为先进驾驶辅助系统（ADAS），L3级（有条件自动驾驶）、L4级（高度自动驾驶）、L5级（完全自动驾驶）为自动驾驶系统（ADS）。—编者注

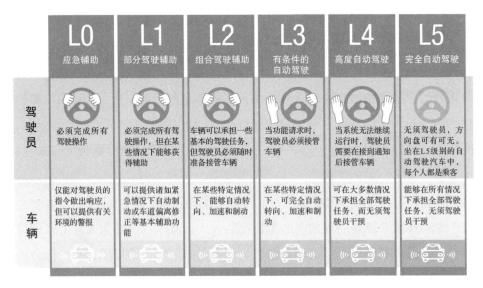

图 3-1　自动驾驶等级划分

　　未来 5 年内，自动驾驶将成为物理（具身）智能领域中最重要的应用之一，有望成为第一个通过"新图灵测试"的具身智能系统。顺应这一技术潮流，自动驾驶汽车、人形机器人等低空智能运载工具，也可能成为未来 5～10 年自主智能领域的"新三样"。

　　2. 赋能千行百业，突破制造业转型瓶颈

　　自动驾驶是人工智能与交通运输融合发展的产物，也是当前人工智能最大的应用场景，更是推动传统实体经济转型升级的新兴科技力量之一。自动驾驶技术在交通出行领域的应用，不仅显著增强了道路交通的安全性，有效降低了事故的发生率，还进一步优化了交通流量，显著提升了整体的交通效率。人工智能的融入使自动驾驶系统能够模拟人类的智能决策过程，从而大幅提高了交通系统的运作效率和安全性。例如，自动驾驶出租车的出现，由于其严格遵守交通规则，极大地减少了因人为失误导致的事故，进而促进了交通通行效率的显著提升。据统计，由人为因素（如疲劳驾驶、分心驾驶、酒后驾驶等）导致的道路交通事故占比高达 95%。相关研究表明，自动驾驶技术的应用有望减少80% 的交通事故，并使交通流量相比当前水平至少提升 35%。

自动驾驶技术不仅深刻改变着交通出行方式，更成为推动智慧城市建设的关键力量。作为一个庞大的技术体系，自动驾驶涵盖了车端、路端、网端、云端等多个环节，通过打造"聪明的车、智慧的路、实时的云、可靠的网和精确的图"，随着自动驾驶技术与智能交通系统的深度融合，实时的交通数据收集和分析成为可能，这为优化交通流量、减少城市拥堵、提升城市智慧化运行提供了强有力的技术支持，不仅进一步提升了整个交通系统的运行效率，还有助于缓解城市交通拥堵和减少环境污染。

3. 加大布局力度，加速自动驾驶商业化落地

无人驾驶汽车作为汽车产业未来发展的必然趋势，已在全球范围内达成了广泛共识。过去的十年间，燃油车技术经历了电动化转型，并逐步向智能化迈进。汽车正从传统的交通工具转变为"智能车辆"，而智能网联技术正是这一转变的核心驱动力。无人驾驶技术作为汽车智能化技术的"珠穆朗玛峰"，其发展程度不仅关乎各国汽车产业的国际竞争力，更深刻影响着全球汽车产业分工的新格局，因此，世界各国都在此领域展开了激烈的竞争。

在全球范围内，以美国、欧盟、日本等为代表的发达国家和地区，均将无人驾驶视为汽车产业转型升级的关键方向，纷纷加速产业布局，制定并实施相关发展战略，以期在无人驾驶技术的产业化进程中占据先机。例如，美国在联邦和州两个层面推出了一系列法律法规，逐步放宽对自动驾驶技术的限制，推动其向更高层次发展；英国则通过批准《自动驾驶汽车法案》，为自动驾驶产业在本国的发展构建了完整的法律基础。在企业层面，各大科技公司也在积极加大无人驾驶技术的研发力度。特斯拉宣布于 2024 年 10 月 10 日正式推出 Robotaxi 服务；谷歌母公司则继续加大对无人驾驶公司 Waymo 的投资，追加 50 亿美元资金。

中国在无人驾驶商业化应用的表现尤为亮眼，在全球范围内都是首屈一指的。2023 年，辅助驾驶进入规模商用阶段，多数主机生产商实现 L2 级（组合辅助驾驶）智能网联乘用车产品的大规模量产，终端市场规模和渗透率

均多年连续增长，具备组合辅助驾驶功能的智能网联乘用车销量达 995.3 万辆，市场渗透率达 47.3%。

作为全球智能驾驶技术与产业的重要参与者，我国也积极制定前瞻性的发展规划与行业标准，为行业的稳健前行提供了指引与依托。在顶层规划方面，2017 年 4 月，工业和信息化部、国家发展改革委和科技部联合发布的《汽车产业中长期发展规划》提出，到 2025 年，高度和完全自动驾驶汽车开始进入市场；2020 年以来，《"十四五"数字经济发展规划》《关于支持建设新一代人工智能示范应用场景的通知》《"数据要素 ×"三年行动计划（2024—2026 年）》等为无人驾驶行业的发展提供了明确、广阔的市场前景，为企业提供了良好的生产经营环境。

（二）科技创新与产业融合带来新的生产生活方式

1. 聚焦应用场景，自动驾驶技术推动产业智慧化发展

找到应用场景，并持续进行场景创新，成为推动创新链与产业链深度融合、形成新质生产力新动能、加速产业深度转型升级的关键。本质上，自动驾驶是汽车、出行、物流、能源、大消费、商业地产和智慧城市等场景的赋能技术，不仅可以创新技术解决行业原有的痛点，还能激发行业潜力，打造出万亿级市场，有效推动产业提质增效和转型升级。

驭势科技是一家成立于 2016 年的独角兽企业，自成立以来就致力于无人驾驶技术的创新与商业化应用。驭势科技的创始人团队均为人工智能领域的专家，他们在智能计算、机器人、计算机视觉、传感器融合、大数据分析、自动驾驶算法等细分领域拥有丰富的技术研发经验，并且对行业有着深刻的理解和洞见。公司聚焦于机场、工厂、物流以及乘用车等多个应用场景，为传统车厂提供自动驾驶能力，将先进的 AI 自动驾驶技术融入每一个可能的角落，推动技术的普及与应用，开启智慧交通与智能制造的新篇章。

○ 资料来源：《中国智能互联网发展报告（2024）》，人民网研究院。

近两年，驭势科技沉淀了很多共性的技术，随着业务的不断推进，这些共性技术支持的车型越来越多，支持的场景越来越多。在 To C 市场⊖，驭势科技通过向车厂提供以 L2 级别为主的智能出行解决方案，使汽车具备自主泊车、记忆泊车、高速公路自主领航、拥堵交通自主跟随等功能。在 To B、To G 市场⊜，驭势科技率先实现"去安全员"、启动"真无人"商业运营。2019年，驭势科技在机场和厂区领域实现了"去安全员"无人驾驶常态化运营的重大突破，落地"全场景、真无人、全天候"的自动驾驶技术，并由此迈向大规模商用。

2. 打造"AI 驾驶员"，助力企业降本增效、产业深度转型升级

新质生产力体系聚焦于劳动者、劳动资料、作业对象及其高效整合的飞跃性进步，其显著标志是全要素生产率的显著增长，并以创新为核心特质。无人驾驶技术的运用，通过实现生产资料的智能化与自动化升级，为劳动主体赋予了全新的生产工具概念。这一技术不仅取代了传统司机的角色，大幅削减了生产流程中的人力开支（通常占运营成本的一半左右），还开辟了诸如远程操控员、云端调度专员等新型技术岗位，推动了劳动力结构的优化与升级，进一步释放了生产潜能。

具体而言，传统工厂或园区有人驾驶车辆若要维持 24 小时不间断作业，则需要配置 3 名司机进行轮班，其人力成本构成运营成本的主要部分，占比高达约 50%。相比之下，采用无人驾驶运输方案无须配备驾驶员或安全员随行，即可实现全天候无人化作业。通过远程云控平台，单一操作人员能有效监控并管理无人驾驶车辆的车队，显著提升了运营效率与成本控制能力。⊜ 在不同场景之下，无人驾驶发挥的效用也有所不同。

⊖ To C 市场是指面向消费者的市场。
⊜ To B 市场是指面向企业的市场，To G 市场是指面向政府及其相关事业单位的市场。
⊜ 资料来源：《发展新质生产力，自动驾驶冲锋在前》，赵玲玲，《中国汽车报》，2024-03-27。

在降本增效的需求下，无人驾驶需要优先解决不适应人类司机工作的场景。例如，凌晨三四点的机场，驭势科技的无人驾驶车活跃于物流一线，解决了人工车队倒班难题和司机短缺问题。

3. 催生新型岗位，带动就业结构转变

自动驾驶是未来汽车的发展方向，这场科技变革也必将带来就业方向的转向。自动驾驶行业对高端技术人才的需求非常旺盛，尤其是架构工程师、算法工程师等岗位。此外，随着自动驾驶技术的发展，新的职业需求也不断涌现，如自动驾驶系统的研发、测试、维护人员，以及车联网服务、智能交通管理等新兴领域的专业人才。鉴于智能网联汽车行业的快速发展，人力资源社会保障部、国家市场监督管理总局、国家统计局于 2024 年 7 月联合发布了 19 个新职业，其中包含智能网联汽车装调运维员及智能网联汽车测试员，明确了其定义及主要工作任务。

从城市交通服务的需求来看，在无人驾驶汽车技术的进化过程中，人工司机的数量将会下降，但也将催生一系列前所未有的创新服务型岗位，例如，自动驾驶安全员、智能网联汽车测试员、地图采集员、客户服务和支持人员、自动驾驶车队管理人员等。这些新出现的职业有潜力创造大量就业机会，甚至会超过传统岗位的规模。从产业链需求来看，自动驾驶技术的广泛应用正带来就业岗位结构的深刻调整。无人驾驶及人工智能技术的深度融合，将促使传感器制造、算法研发、移动平台运营管理等众多行业领域迈向高质量发展阶段，引领产业升级，进而催生出一个高质量的数字产业集群。这一变革将全面激发全产业链对专业人才的需求，促使原有基于机械操作的岗位逐步被新兴岗位所替代，从而拉动更多行业及就业机会的增长。当前所展望的就业前景仅仅是未来潜力的一小部分，自动驾驶作为新兴业态，其应用场景极具想象空间，预示着未来必将涌现出更多前所未有的就业岗位。

（三）开放包容促进自动驾驶加速进入快车道

自动驾驶无疑属于创新驱动发展先进生产力的典型代表，是建设交通强国、加速发展人工智能新质生产力、培育新兴产业的关键驱动。[一] 当前，我国自动驾驶进入发展加速期，国家应从开放场景、鼓励创新试错、提供科研机会、培育耐心资本等多方面进行支持，助力行业发展。

一是开放自动驾驶的应用场景。通过场景应用开放方和技术供给方的供需联动与开放创新，推动科技创新成果在具体产业及产业链上的应用，加快传统产业改造提升，培育新兴产业和未来产业，是催生解决具体问题的综合方案、形成新质生产力的重要路径。鼓励更多科技企业加大对无人驾驶技术的投入，涵盖技术研发测试、扩大运营范围及增加测试环境丰富性。鉴于无人驾驶涉及大量跨区运营场景，需要不断增加城市复杂道路、高速、机场等真实场景，提升无人驾驶车辆对各种复杂场景的适应性。

二是鼓励创新，提供试错空间。以驭势科技与我国香港国际机场的合作为例，该合作项目从创新项目发展为可复制拓展的商业化项目，充分说明构建包容环境、给予企业创新空间的重要性。让无人驾驶在应用中不断发展，促进数字化和智能化时代新型交通模式的形成。

三是为创新型企业设立专项课题。政府主导的科研课题设计应针对"独角兽"、专精特新企业特点，进行垂直领域的个性化设置与合理的基金规模设计，为企业提供有针对性的科研支持，推动技术创新与产业发展深度融合。

四是培育耐心资本。自动驾驶技术的研发与应用需要大量的资金投入和长期的发展周期。培育耐心资本，引导资本长期、稳定地支持自动驾驶企业的发展，对于推动产业进步至关重要。鼓励金融机构创新金融产品和服务，为自动驾驶企业提供多元化的融资渠道，支持企业的技术研发、市场拓展和产业化进程。

〇　清华大学计算机科学与技术系教授邓志东观点。

二、从"锂"到"钠"，为能源转型与能源安全提供多一种选择

绿色生产力是新质生产力的核心组成部分。习近平总书记明确指出，"绿色发展是高质量发展的底色，新质生产力本身就是绿色生产力"。⊖ 这一论述阐明了绿色生产力的重要地位，近年来，我国的绿色技术突破和绿色发展理念为全球绿色发展提供了一种新的范式。

200 多年前，意大利科学家亚历山德罗·伏打（Alessandro Volta）通过将铜和锌之间的化学反应转化为电能的方法，创造了第一块原始电池——伏打电池。时至今日，如何更有效率地存储电能，一直是科学家们关注的重要领域。

当前，我国已经成为全球锂电池产量最大的国家。以电化学储能为代表的新型储能被正式写入 2024 年《政府工作报告》，作为推进碳达峰、碳中和，促进绿电使用等绿色低碳发展的重要支撑。新型储能为推动能源清洁低碳转型、经济社会绿色发展和应对气候变化注入强劲发展力，成为新质生产力的典型代表之一。但在蓬勃发展的同时，也存在着一些隐患，尤其在锂电领域，虽然我国储量相对丰富，但利用率偏低，2023 年我国锂资源对外依存度约为58%，进口锂精矿约 401 万吨，同比增长 41%。⊜ 为了不在关键环节被"卡脖子"，我国的科学家们和企业家们在各个细分领域进行研究和市场化探索，为我国的能源转型和能源安全有多一种选择、多一份保障贡献出自己的力量。

（一）新型储能：推动能源转型的关键支撑

1. 新型储能成为新型能源体系建设的关键一环

近年来，随着全球气候变化和环境污染问题日益严峻，新能源产业作为绿色低碳发展的重要方向，正以前所未有的速度蓬勃发展。新能源，包括太

⊖ 资料来源：《习近平在中共中央政治局第十一次集体学习时强调 加快发展新质生产力 扎实推进高质量发展》，《人民日报》，2024 年 2 月 2 日。

⊜ 资料来源：中国有色金属工业协会锂业分会。

阳能、风能、水能、生物质能、地热能以及核聚变能等，不仅能够有效缓解传统化石能源的使用压力，还能够推动经济社会可持续发展。

电能是一种即发即用的能量，发电侧和用电侧的功率必须匹配，才能保障电网的稳定。风光发电具有巨大的波动性，会使发电侧和用电侧的平衡更加难以实现。因此，为保持电网的平衡，很多时候风光发电并未接入电网而被浪费，产生"弃风弃光"现象。2023年，我国弃风、弃光量超过300亿千瓦时，对应价值超过100亿元。[○]新型储能的核心作用是促进新能源的消纳和大规模发展，在促进新能源开发消纳和电力系统安全稳定运行等方面的作用逐步显现，是我国实现"双碳"目标和推进能源变革的必由之路。

根据新型能源体系的不同需求，储能尤其是新型储能，在发电侧储能、电网侧储能和用电侧储能等不同的储能应用场景所发挥的作用不同。在发电侧，新型储能应用于风电、光伏发电，能够平滑功率输出波动，储存高峰电力，降低其对电力系统的冲击，提高电站跟踪计划出力的能力，为可再生能源电站的建设和运行提供备用能源，成为电网的"稳压器"。在电网侧，新型储能的功能主要为调峰、调频、缓解电网阻塞。调峰方面，储能可实现对用电负荷的削峰填谷，从而实现电力生产和消纳之间的平衡，未来的储能将和人工智能深度融合，实现电力交易的高度智能化和自动化，成为电力市场的"交易员"。在用电侧，新型储能能够为用户提供可靠的应急电源，改善电能质量；利用峰谷电价的差价，为用户节省开支，有望成为用户的"绿电银行"。

2.新型储能成为发展新质生产力的新动能之一

"十四五"以来，我国新型储能加快发展，在技术装备项目建设、商业模式创新探索、政策支撑体系建立健全等方面取得了突破性进展，市场应用规模不断扩大，已成为推动能源绿色转型、可持续发展的重要支撑力量，成为发展新质生产力的新动能之一。

○　资料来源：全国新能源消纳监测预警中心。

据中关村储能产业技术联盟统计，截至 2024 年 7 月，已累计发布 2200 余项储能政策。2022 年，国家发展改革委、国家能源局联合印发了《"十四五"新型储能发展实施方案》，对"十四五"期间新型储能规模化、产业化、市场化发展进行了总体部署。2024 年，新型储能首次被写入《政府工作报告》，为行业发展按下了"加速键"；同年，《国家发展改革委 国家能源局关于加强电网调峰储能和智能化调度能力建设的指导意见》《国家能源局关于促进新型储能并网和调度运用的通知》《电力市场运行基本规则》等系列重磅政策文件的发布，从新型储能的功能定位、协调机制、并网调度、电力交易等维度，做出了明确的规定和保障。

新型储能行业高速发展，产业链、供应链方面优势正推动我国成为全球储能技术创新的高地。从发展特征看，新型储能符合新质生产力"高科技""高效能""高质量"要求。新型储能是技术密集型产业，在发展过程中融合了电化学、电力电子、信息与通信技术等多学科领域的技术。以锂离子电池为代表的电化学储能技术，具备智能化生产程度高、生产排放少、回收循环利用率高的特点。当前，新型储能产业已成为我国出口的"排头兵"，锂电产业与新能源上下游产业协同发展、相互牵引，已是我国代表性的产业之一。

从发展阶段看，新型储能正成为风电光伏等新能源投资建设的新增长极。为实现"力争 2030 年前实现碳达峰、2060 年前实现碳中和"的发展目标，截至 2024 年 7 月底，我国风电光伏装机合计达到了 12.06 亿千瓦，⊖ 提前六年实现了装机目标，但要实现碳达峰、2030 年非化石能源消费占比达到 25% 左右，还需要继续推动风电光伏大规模发展。但同时，风电光伏发电量渗透率已经达到 20%，接近电网承受的极限，对电网安全稳定运行带来巨大挑战。电力系统要兼容高比例风电、光伏，大规模配储是必然。风光要继续发展，储能必须先行，未来储能装机增速高于风电、光伏将是常态。

⊖ 资料来源：《中国的能源转型》白皮书，国务院新闻办公室。

从发展潜力来看，新型储能的想象空间极为广阔，其优势在于"风光有限、储能无限"。发电侧和负荷侧之间的天然不平衡，为新型储能的应用提供了无限可能。与风电、光伏和抽水储能相比，新型储能技术受土地资源限制较小，并且不受资源禀赋的约束。同时，随着未来风电、光伏的大规模并网和电价波动的加剧，新型储能所创造的价值将随之提升。另外，新型储能技术正处于不断创新发展的过程中，具有更高能量密度、更低成本、更加安全、更多应用场景等优势。业界普遍认为，未来新型储能技术有望广泛应用于各行各业，走进千家万户。

3. 锂离子电池储能占据新型储能技术的绝对主导地位

在建设以新能源为主的电力系统过程中发展起来的新型储能是指通过新材料开发、气体压缩等技术输出电力，包括电化学储能、压缩空气储能、飞轮储能、储热、储冷、储氢等。

相比于机械储能、电磁储能、储氢、储热等其他储能形式，电化学储能在规模和场地上拥有较好的灵活性和适应性，同时在调度响应速度、控制精度、电力系统调频以及建设周期等方面具有比较优势。电化学储能是一种通过离子电池、液流电池等将电能存储起来的一种新型储能方式，具有更广阔的应用前景，能应用于分钟至小时级的作业场景，被称为"平地上的抽水蓄能站"，近两年在全球储能市场发展势头强劲。

在电化学储能中，因其响应速度快、储能效率高、使用寿命长、自放电率低等特性，锂离子电池储能占据新型储能技术的绝对主导地位。国家能源局数据显示，截至 2023 年年末，全球新型储能新增装机量约为 35GW，同比增长 72%，其中锂电池储能项目新增装机量为 34GW。

（二）从锂离子到钠离子：探索未来储能新方向

1. "中国锂电池之父"开辟钠离子电池新赛道

中国在锂电池产业的发展离不开一位关键人物——从事锂电池研究近 50 年的中国工程院院士、中国科学院物理研究所研究员陈立泉，他被业界誉为

"中国锂电池之父"。

1976 年，陈立泉转行研究固态离子学，回国后创立实验室，制成我国第一块固态锂电池，后又建成锂离子电池中试生产线。尽管锂离子电池成果斐然，但 2021 年陈立泉院士强调钠离子电池对我国的战略意义，提出"全世界的电能都用锂离子电池存储，根本不够，所以我们一定要考虑新的电池，钠离子电池是首选"。

一方面，我国 80% 的锂资源依赖进口，并且成本价格不可控，存在"卡脖子"风险。作为锂电池的核心原材料，碳酸锂被称为"白色石油"，但锂元素储量稀少，锂元素在地壳中的质量占比约为 0.0065%。专业人士做过测算，如果按照一辆乘用车 100 度电的标准，做出的锂电池大概可以造 20 亿辆车。根据相关专家估算，现在仅存量的乘用车，全球就有约 15 亿辆，远远不足以支撑新能源产业的长期发展。其次，锂资源在地理上分布不均，全球锂资源主要分布在南美"锂三角"（玻利维亚、阿根廷和智利）、美国、澳大利亚等地，合计占全球储量的 70% 以上，而我国锂资源储量占全球不到 7%，且开采难度大、成本高，伴随着我国动力电池和新型储能产业的发展，我国对锂资源的进口依赖度一直处于上升趋势。

另一方面，相对于锂离子电池，钠离子电池综合性能优势显著（长寿命、宽温域、高倍率），并且可以采用相同的生产工艺和设备。相对于锂离子电池，钠离子电池除能量密度较小以外，在资源储量、成本、安全、寿命等方面均具有较强的竞争力。此外，由于锂和钠相似的电化学特性，因此钠离子电池和锂离子电池也具有相似的性能，可以采用相同的生产工艺和设备进行生产，实现无缝衔接。

2."十年磨一剑"：从实验室走出来的新质生产力

2017 年，中科海钠正式成立，成为国内第一家钠离子电池公司，在成立一年多后，就推出了第一辆钠电池微型电动车，2019 年完成全球首座 100 千瓦时钠离子电池储能电站示范，2021 年成功启用全球首座 1 兆瓦时钠离子电池储能系统，并在 2022 年接受了华为旗下哈勃投资的 A+ 轮融资；2023 年年底成功向南方电网批量交付钠离子储能电芯，保障了全球首个 10 兆瓦时钠离子电池储能电站于 2024 年 5 月正式并网；2024 年 6 月，成功交付全球最大的钠离子电池储能项目——大唐湖北 100 兆瓦 /200 兆瓦时钠离子新型储能电站科技创新示范项目一期工程（50 兆瓦 /100 兆瓦时），标志着钠离子电池储能系统的商业化运行进入了新的阶段。

中科海钠快速发展的底气和实力来自对钠离子电池核心技术的长期研究。一是基础研究不断取得突破。2020 年，胡勇胜团队的钠离子电池材料论文发表在《科学》（Science）杂志上，这是《科学》创刊 100 多年以来第一次刊登钠电池领域的文章。2024 年，该团队再次在《科学》上发表了其最新研究成果"Decoupling the Air Sensitivity of Na-Layered Oxides"（解耦钠离子层状氧化物空气敏感性），为钠离子电池的商业化进程提供了重要的解决方案。二是应用研究不断创新。基于正负极两大材料低成本技术，叠加电解液、电化学体系及电池结构优化设计，以及生产工艺各维度全体系创新，钠离子电池物料清单（Bill of Material，BOM）成本较锂离子电池下降 30% 以上。

3."北京研发 + 全国转化"跑出初创企业加速度

中科海钠作为中国科学院物理研究所（简称物理所）孵化的企业，注册地选在了海淀区这一科技企业集聚地，并在物理所完成了基础研究和实验。然而，真正实现科技成果落地和产业化的初始之地，却是在一个常住人口仅 80 万人的江苏省溧阳市。

溧阳布局新能源产业长达 10 年，并同时保持与中国科学院物理研究所的产学研合作，其具有前瞻性的新能源产业布局为物理所技术孵化提供了绝佳"试验场"。2017 年，新能源产业加速成势，溧阳与物理所共建天目湖先进储能技术研究院，致力于打造国内一流的新型研发机构。该研究院积极推动创新成果产业化应用，包括中科海钠、卫蓝新能源、天目先导在内的 30 多家"中科系"硬科技公司纷纷落户，打造了一条从原始创新到产业转化、从科研成果到试验产品、从上游企业到下游企业的创新生态链。

中科海钠也是在溧阳完成了从小试、中试到量产的产业孵化的跨越，并在 2023 年年底，全球首创的钠离子纯电汽车产品成功量产。

此外，为了更好地实现产业化，2022 年年初，中科海钠携手三峡能源、三峡资本及阜阳市人民政府合作建设全球首条吉瓦时级钠离子电池规模化量产线，并于 2023 年投入量产。当前，公司正加快推进在阜阳的项目二期建设，积极组建钠离子电池产业技术研究院，力争实现产业规模"今年内达到 5 吉瓦时、明年实现 10 吉瓦时、后年快速扩张"的目标，为我国钠离子电池发展贡献力量。

为了构建钠离子电池上下游产业链和产业生态，中科海钠还积极支持华阳集团建设 1 吉瓦时钠离子 Pack 电池生产线，助力华阳集团实现从"一块煤"到"一块电池"再到"一批应用"的产业升级迭代，实现在煤矿领域的应用。

（三）迈出基础研究到产业创新的关键一步

在当前全球科技竞争日益激烈的背景下，基础科学研究、前沿技术创新、产业发展与升级的深度融合已成为推动地方经济高质量发展的关键引擎。结合中科海钠的发展经历，地方政府加速科技成果的落地转化和产业化，可以借鉴以下几个方面。

一是科学地选择产业发展方向，坚持长期投入与精准支持。在进入前沿科技发展和产业转型升级的新阶段，地方政府更需要立足本地资源禀赋、产业基础，尤其对未来发展趋势的研判，科学地选择产业发展方向，并谋划布局细分赛道的发展路径。值得注意和关注的是，在选定方向和路径后，既需要保持战略定力，进行长期稳定的投入与支持，确保产业发展的连续性和稳定性，又要精准、高效地做好产业引入与支持工作，为引入的产业和企业提供全方位的服务，包括打通上下游环节、优化产业链布局、提升供应链韧性等。通过构建更加完善的产业生态，吸引更多优质企业和项目落地，形成产业集聚效应和竞争优势。

二是深化并创新与高校院所合作体制机制，共建共赢科技成果转化平台。

长期以来，我国地方政府、高校院所与产业发展三者之间互通的运行机制尚未完全建立，各地仍处于探索阶段。需要充分发挥各自优势，地方政府充分利用高校院所在人才培养、科研资源以及科技成果方面的优势来促进经济发展，高校院所更应把地方作为科技成果落地转化和应用示范的平台。新时期，鼓励探索校地合作的新模式与新机制，打通"原始创新、技术培育、工程放大、产业孵化"的全链条科技创新和产业创新体系，推广合作研究院所的公司化运营管理模式，让高校科研院所集中力量重点解决"从 0 到 1"的问题，让公司化平台重点投入资源解决"从 1 到 N"的问题。通过各种方式鼓励科学家和科研人员积极参与科技成果转化工作，实现从面对学生和论文到面对客户和合同的转变，激发科学家和科研人员的创新活力，推动更多科技成果转化为现实生产力。

三是发挥政策优势与引导作用，为前沿技术研究与产业化提供有力支持。地方政府应充分发挥政策优势，通过"首台套""试点示范"等政策措施，为前沿技术的研发、应用和工程化提供机会和平台，加速前沿技术的产业化进程。在前沿技术的甄别和支持方面，地方政府应建立健全评估机制，对前沿技术的创新性、可行性、市场前景等进行全面评估。通过评估结果的反馈和指导，确保对前沿技术的支持更加精准和有效。同时，要加强对前沿技术的跟踪和监测，及时发现问题并采取措施加以解决，确保前沿技术的顺利发展和产业化应用。在产业政策方面，应建立健全有针对性的产业扶持措施和分层分类的企业支持政策体系，为产业发展提供有力的政策保障。通过制定税收优惠、资金扶持、人才引进等政策措施，降低企业运营成本，提高市场竞争力。积极引导国资平台、商业化金融机构等与硬科技初创企业的合作，探索发布更符合前沿科技企业发展需求的金融产品，为企业发展提供充足的资金支持。

三、商业航天进入 2.0 时代，开启产业加速新引擎

商业航天是指以市场为主导、具有商业盈利模式的航天活动，与军用航

天、民用航天并列构成航天工业，涵盖卫星发射、太空旅行、太空资源开发等多个方面，其核心目标是通过创新技术和商业模式，降低太空探索成本，提高航天技术的普及应用。

2015 年 10 月国家发展改革委等部门联合发布《国家民用空间基础设施中长期发展规划（2015—2025 年）》，鼓励民营企业参与国家民用空间基础设施建设，为商业航天产业的发展打开了大门，我国商业航天产业开始起步，主要以政策支持和试点项目为主导。2024 年《政府工作报告》提出，大力推进现代化产业体系建设，加快发展新质生产力，积极培育新兴产业和未来产业，并将商业航天与生物制造、低空经济一起列为"新增长引擎"。这是"商业航天"首次写入《政府工作报告》，将发展商业航天的重要性上升到新高度。

作为新质生产力的代表领域，商业航天经过近十年的发展，呈现出发展潜力大、市场规模广、增长速度快的特点，可有效推动建设"天地空一体化"网络布局，带动信息技术、高端制造、新能源、新材料等高精尖技术产业发展，成为我国经济发展极为重要的新增长极，也是我国从"航天大国"迈向"航天强国"的重要支撑。

（一）人类五次交通变革与我国商业航天赛道的兴起

今天，我们正处于第四次交通变革的过程中。物联网、云计算、人工智能、区块链等新一代信息技术的深度融合与创新应用，正引领着自动驾驶车辆、无人机、低空飞行器、高速磁悬浮列车、超音速客机等交通工具的快速发展。这些创新不仅将交通出行的安全性、效率与舒适度推向了新的高度，更预示着一个智能、绿色、高效的未来交通时代的到来。

商业航天是开启第五次交通变革的重要方向。我国商业航天赛道的兴起缘于政策引导与市场力量的双重驱动，自 2014 年年底《国务院关于创新重点领域投融资机制鼓励社会投资的指导意见》发布以来，我国航天产业正式拉开了市场化的大幕，民间资本被赋予了前所未有的机遇；2015 年，国家发展改革委等部门联合发布《国家民用空间基础设施中长期发展规划（2015—2025年）》，正式提出探索国家民用空间基础设施市场化、商业化发展新机制，支持和引导社会资本参与国家民用空间基础设施建设和应用开发。2015年也被业界普遍定义为我国商业航天发展元年。

面对商业航天高投入、高风险、高回报及长周期的特性，政策的精准扶持有效对冲了行业初期的不确定性，激发了市场的活力与潜力。经过数年的深耕细作与技术积累，我国商业航天在2018年迎来了首次融资热潮，标志着行业开始步入发展阶段。然而，技术的革新之路并非坦途。商业航天在探索初期同样遭遇了"死亡谷"的挑战，资源有限、市场需求尚未充分释放，尤其是尖端人才的短缺等难题限制了技术的广泛应用与进一步发展。

业界普遍认为，2015—2022年是我国商业航天的"1.0时代"，2023年正式步入商业航天的"2.0时代"，其标志是商业航天在2023年中央经济工作会议中作为"战略性新兴产业"被提出，并在2024年首次写入《政府工作报告》，作为发展新质生产力的典型赛道。据统计，截至2023年，国内已注册并有效经营的商业航天企业数量达到537家（未将子公司数量统计在内），按照不同的领域划分，卫星制造140家，地面终端及设施制造140家，卫星服务205家，卫星发射52家；2023年，一级市场中实际发生的融资总额突破200亿元，较上一年增加82%；年度内投融资事件数量为80项，其中超过亿元的投融资事件数量达56笔，占比70%。这些趋势和成绩不仅是我国经济进入高质量发展阶段的必然选择，也是商业航天自身发展的必然结果。

（二）我国商业航天人的"星辰大海"与商业探索

北京天兵科技有限公司（以下简称天兵科技）成立于2019年，是我国商业航天领域领先开展新一代液体火箭发动机及中大型液体运载火箭研制的高新技术企业。

作为一家初创公司，要在竞争激烈的市场中脱颖而出，天兵科技明确提出以"低成本设计方案"为核心思路，不仅在产品设计方案、生产工艺、供应链体系、管理效益等方面下足功夫，还力求在高可靠的基础上降低成本，致力于打造完整的符合商业航天模式的定制化发射服务体系，为卫星用户提供从星箭对接、发射场协调、发射测控到保险技术支持的一站式解决方案。最重要的是，在研发创新之路上，天兵科技选择了直接研制液体火箭这一更具挑战性但从长远来看更为有利的路径，并成功成为我国第一家实现液体运载火箭首飞即成功入轨的民营商业航天公司。

随着全球低轨卫星发射市场的蓬勃发展与火箭发射需求的大幅增长，中大型可重复使用液体运载火箭凭借其高效能、低成本及可回收再利用的显著优势，正逐步成为商业航天领域的理想选择，引领航天发射市场的发展方向。在这一过程中，固体火箭与液体火箭技术路线的对比显得尤为重要。固体火箭以其结构简单、发射前准备时间短著称，但受限于无法调节燃料流量，其推力恒定且不可连续变推力，难以实现火箭回收与成本优化。相比之下，液体火箭虽然研发道路更具挑战性，但因其可通过控制燃料实现变推力与回改，使得火箭运载能力更高、性能更好，其可回收与重复使用功能是火箭发射在商业化道路上的必然选择。

在液体火箭的技术探索中，还存在液氧甲烷与液氧煤油两大路径。经过充分论证，天兵科技选择了液氧煤油路径，这也是国内目前最成熟的技术路径。值得一提的是，早在 2018 年 10 月，航天六院就宣布了我国自研的煤基航天煤油成功实现工程应用。因此，综合考虑成熟度和性价比，液氧煤油成为当下发展液体火箭更为合适的选择路径。

天兵科技经过 3 年的研发，2023 年 4 月 2 日 16 时 48 分，天龙二号遥一运载火箭在我国酒泉卫星发射中心成功首飞。这对于我国商业航天产业具有里程碑意义。在这之前入轨的火箭，无论是星际荣耀公司的双曲线一号，还是星河动力的谷神星一号，都是固体运载火箭。

天龙二号中型液体火箭是世界首款采用煤基航天煤油作为燃料飞行的液体运载火箭，其采用"三平一垂"测发模式，车载机动发射，槽车自动化加注，自带导流发射装置，可在简易水泥场坪上实施发射。该火箭首飞成功，实现了全球私营航天首家液体运载火箭首次成功入轨飞行。同时，该火箭也是我国首款不依托发射工位的液体运载火箭、我国首款采用3D打印高压补燃火箭发动机的运载火箭、我国首款采用三机并联发动机技术的运载火箭、我国首款采用全铝合金表面张力贮箱姿轨控系统的运载火箭等。

天兵科技的核心团队由一群怀揣航天梦想、拥有丰富经验的专家组成。团队平均年龄为38岁，中高级职称及以上人员占比接近70%，他们的加入为天兵科技注入了强大的技术实力与人才优势，为公司的快速发展奠定了坚实的基础。天兵科技走出了一条不同寻常的道路，面对当时业内普遍聚焦的固体火箭领域，选择了液体火箭作为公司的主攻方向。天兵科技认为"液体火箭才是未来航天技术的终局"，其强大的运载能力和可重复使用性将为商业航天带来革命性的变革。这一前瞻性的战略抉择，深刻根植创始团队多年积累的丰富经验与深厚底蕴，以及对于商业逻辑的精准把握。

（三）以政策设计畅通科技人才的流通渠道

在前沿科技领域，青年科学家和科技工作者构成了推动技术创新与科学发展的核心资源。他们不仅是知识的探索者，更是技术革新与产业升级的引领者。

企业作为创新的主体，其活力与竞争力直接取决于能否有效吸纳并激发学院派人才的潜力，实现产业与学术的深度融合。这一过程中，构建开放包容的创新生态，鼓励并支持科研人员跨越传统界限，将科研成果转化为实际生产力，显得尤为重要。

习近平总书记指出："要按照发展新质生产力要求，畅通教育、科技、人才的良性循环，完善人才培养、引进、使用、合理流动的工作机制。"这一战略部署强调了人才在推动新质生产力发展中的核心地位，特别是科技人才，他们作为创新体系中的关键能动主体，其创新潜力的释放对于促进科技创新与产业创新的深度融合具有不可替代的作用。

只有以更加发展的眼光、更加广阔的视野、更加开放的理念，才能做好人才政策的顶层设计与政策落实工作。这包括打破体制内外人才流动的壁垒，构建人才互通的"立交桥"，促进科技人才在产学研不同主体间的高效跨组织流动。通过这些措施，我们可以进一步畅通教育、科技、人才的良性循环，推动创新链、产业链、资金链、人才链"四链"深度融合，形成新质生产力发展的强大合力，为国家的科技进步与产业升级贡献力量。

同时，我们还应该注意到在科技日新月异的今天，商业航天作为新兴领域，正以前所未有的速度发展。然而，这一领域的探索之路并非一帆风顺，每一次试验都伴随着巨大的风险与挑战。2024 年 6 月 30 日，天兵科技自主研制的天龙三号液体运载火箭在河南巩义市综合试验中心开展国内首次"九机并联"动力系统热试车时，因箭体与试验台连接处结构失效，一子级火箭脱离发射台，随后跌落在距离试车台西南 1.5 千米的山林并解体。这次试验失利也反映了商业航天领域技术的高难度和复杂挑战性，凸显民营航天安全风险，只有提升技术和安全管理水平，才能确保我国商业航天健康稳定发展。

尽管天龙三号一子级试验失利事件给民营航天产业带来了一定的冲击和挑战，但我们依然能看到其中蕴含的机遇和希望，因为全球卫星通信时代正急速到来，随着航天技术的不断迭代和管理体制的日益完善，我国商业航天势必迎来更加广阔的发展空间。

通过技术创新和模式创新，民营航天企业将在卫星通信、遥感探测、太空旅游等领域发挥重要作用，为经济社会发展提供有力支撑。通过市场竞争机制和创新驱动发展战略，民营航天产业将推动整个航天产业链的升级和转型，成为我国航天产业的活力和创造力。作为新质生产力的典范，我国商业航天全产业链正开足马力驶向"快车道"，成为打造经济增长的新引擎。

四、打造自主可控的互联基础设施，重塑算力规则

随着科技的飞速发展，人类社会对算力的需求正以前所未有的速度增长。无论是生物制药的精密计算、气象预报的复杂模拟，还是军事研究的

尖端探索、基础科学的深入钻研，都离不开高性能计算（High Performance Computing，HPC）和人工智能的强大支持。高性能智算芯片作为算力输出的核心，已经成为发展新质生产力的关键要素。

这些智算芯片不仅在工艺制程上不断突破，更在架构设计、封装技术等方面实现了革命性创新。尤其是 Chiplet（芯粒）技术的兴起，使得芯片设计更加模块化、灵活化，有效降低了设计复杂度和制造成本，同时提升了良率和性能。此外，通过采用先进封装技术，不同的芯粒可以根据需要选择合适的工艺来分开制造，再通过高速接口相互连接，形成一个完整的集成电路系统，从而实现了算力的大幅提升和能效的显著优化。

（一）后摩尔时代的互联技术

1947 年，威廉·肖克利（William Shockley）、约翰·巴丁（John Bardeen）和沃尔特·布拉顿（Walter Brattain）在贝尔实验室中将钨丝电极移到金粒的旁边，并加上负电压，而在金粒上加了正电压，突然间，在输出端出现了和输入端变化相反的信号，他们将此器件命名为 Transistor（即晶体管）。德州仪器（TI）的工程师杰克·基尔比（Jack Kilby）认为，既然能够分别做出分立的晶体管器件，那么也应该能把它们组装在一起。1958 年，他成功研制出世界上第一块集成电路，并在 2000 年被授予诺贝尔物理学奖。短短 60 多年的时间，集成电路以历史上前所未有的节奏飞速发展。英特尔创始人戈登·摩尔在 1965 年提出了著名的"摩尔定律"，即集成电路上可以容纳的晶体管数目大约每经过 18~24 个月便会增加一倍。换言之，处理器的性能大约每两年翻一倍，同时价格下降为之前的一半。

但是，随着集成电路工艺迈入 5 纳米及以下，尺寸缩小已临近物理极限，单纯依靠缩小晶体管尺寸来提升芯片性能的余地日益有限，且伴随成本和复杂度的急剧提高，集成电路的散热能力、传输带宽、制造良率等因素共同作用，形成了功耗墙、存储墙、面积墙等瓶颈，限制了单颗芯片性能的提升。相关数据显示，28 纳米制程的芯片设计成本约 0.51 亿美元，而 5 纳米制程的芯片设计成本则升至 5.42 亿美元，成本提升近十倍。[⊖] 可以说，摩尔定律的放缓已成为集成电路整个行业发展的重大挑战。

那么，接下来集成电路该怎么办？

业界和学界给出的方案有三个大方向：深度摩尔、新器件和超越摩尔（见图 3-2）。

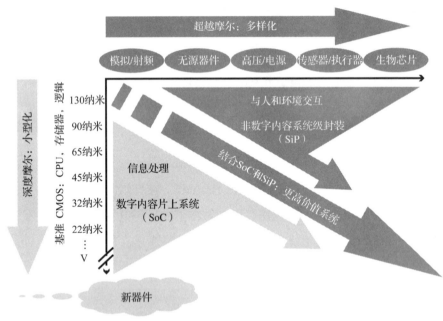

图 3-2 集成电路发展的三大方向

（资料来源：CSDN）

深度摩尔将沿着摩尔定律的道路继续前进，在器件结构、沟道材料、连接导线、高介质金属栅、架构系统、制造工艺等方面进行创新研发，争取以新材料、新技术和新工艺的研发创新，克服成本和物理问题。

新器件的主要思路是发明制造一种或几种"新型的开关"来处理信息，以此来继续 CMOS[⊜] 未能完成之事。因此，理想的这类器件需要具有高功能

⊖ 资料来源：通用芯粒互连技术 [Universal Chiplet Interconnect Express（UCIe）]。

⊜ CMOS 即 Complementary Metal Oxide Semiconductor（互补金属氧化物半导体）的缩写。它是指制造大规模集成电路芯片用的一种技术或用这种技术制造出来的芯片，是计算机主板上的一块可读写的 RAM（随机存取存储器）芯片。

密度、更高的性能提升、更低的能耗、可接受的制造成本、足够稳定以及适合大规模制造等特性。

超越摩尔则由应用需求来驱动，更加侧重于功能的多样化。一是集成电路系统性能的提升不再单纯地依靠提升晶体管的制程工艺，而是更多地依靠电路设计以及系统算法优化。二是不同的模块可以由不同的工艺来制作，如模拟 / 射频 / 混合信号模块等可以通过较成熟且廉价的工艺实现，而数字模块则需要由先进工艺实现，这些不同的模块可以利用封装技术集成在同一封装中，即异质集成（heterogeneous integration）。这是目前业界和学界都非常认可的研究和产业化方向。三是随着市场需求的不断拓展，除了计算、存储功能之外，消费者还对传输、感测、智能化等功能的要求越来越高，单片集成电路的发展趋势是更多功能的集成，而非单纯性能的提升。

在此背景下，Chiplet 技术得以被业界所接受。Chiplet，也称为小芯片或微芯片，是一种将复杂芯片拆分成多个小型、独立且可复用的模块的设计方法。通过将大型芯片拆分成多个小型、独立的模块，可以显著降低设计复杂性、提高生产效率并降低成本。同时，Chiplet 还具有可复用性，这意味着每个模块都可以独立设计和生产，然后根据需要进行组合，并通过高速接口或连接器相互连接，形成一个完整的集成电路系统。这种设计方法的出现，使得芯片设计更加模块化。这不仅提高了设计的灵活性，还促进了跨厂商和跨领域的协同设计和优化。Chiplet 技术的应用场景非常广泛，包括物联网、人工智能、数据中心、通信和自动驾驶等领域。

近年来，AMD、英特尔、台积电、英伟达等国际芯片巨头均开始纷纷入局 Chiplet。随着入局的企业越来越多，设计样本也越来越多，开发成本开始下降，大大加速了 Chiplet 生态发展。2022 年 3 月，由英特尔、AMD、ARM、高通、三星、台积电、日月光、Google Cloud、Meta 和微软等公司联合推出的裸晶到裸晶（Die-to-Die）互联标准——UCIE（Universal Chiplet Interconnect Express）是一个开放的行业互联标准，具有封装集成来自不同的晶圆厂、采用不同的设计和封装方式的 Die（裸晶）的能力，实现 Chiplet 之间的封装级互连，具有高带宽、低延迟、经济节能的优点，能够满足整个计算领域，包括云端、边缘端、企业、5G、汽车、高性能计算和移动设备等，对算力、内存、存储和互连不断增长的需求。

Chiplet 发展涉及整个半导体产业链，是一场生态变革，将影响从 EDA（电子设计自动化）厂商、晶圆制造和封装公司、芯粒 IP 供应商、Chiplet 产品及系统设计公司到无晶圆厂模式公司（Fabless）的各个环节的参与者（见图 3-3）。相关资料显示，当前由于产业规模尚未起量，企业边界较为模糊，大多数企业会跨越多个环节，例如，国内的奇异摩尔、北极雄芯、奎芯科技在提供芯粒方案的同时也涉及芯片设计服务。

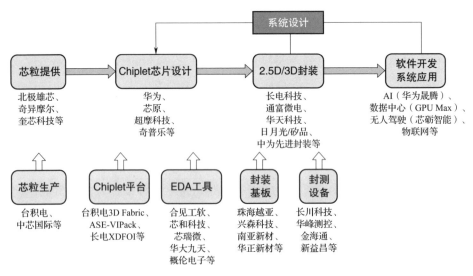

图 3-3　Chiplet 技术产业链图谱

（资料来源：乐情智库）

（二）打造自主可控的高性能互联基础设施

近些年，随着现代数据计算量和场景复杂度的不断提升，普通计算工具提供的算力远不足以支撑生物制药、气象预报、军事研究、基础科学研究等尖端领域的应用需求，因此高性能计算和人工智能计算已经成为推动技术进步的关键力量。

　　但同时，这也引发了新的需求与挑战。一是高性能计算和人工智能计算的应用场景处于爆发式增长的状态中，如果需要针对不同的应用场景进行芯片的迭代升级，将会给整个行业带来巨大的挑战。二是随着算力模型参数规模的不断扩张，计算方式逐渐发生了从单机到分布、从同构到异构的转变，构建超大规模异构计算平台成为必需，因此超高带宽、超低延迟和超高可靠性的互联技术已成为高性能计算的迫切需求。

　　在这样的背景下，成立于 2021 年年初的奇异摩尔（上海）集成电路有限公司（简称奇异摩尔），依托高性能 RDMA 和 Chiplet 技术，开发了统一互联架构 Kiwi Fabric，提供覆盖 AI 智算中心基础设施多层次的互联解决方案，为 AI 高性能计算打造更加完善的互联基础设施。公司的核心团队来自 NXP、英特尔、Broadcom 等行业巨头，团队过往具有超过 50 亿美元业务管理及市场营销成功经验，以及超过 30 个高性能 Chiplet 量产项目经验。产品涵盖智能网卡、GPU 片间互联芯粒、芯片内算力扩展的 IO Die 和 UCIe Die-to-Die IP 等，构成全链路互联解决方案。

　　奇异摩尔成立第二年就荣获全国颠覆性技术创新大赛优秀奖，并成为全球首批加入 UCIe 行业互联标准企业，在三年时间内完成了亿元级别的种子及天使轮融资和 Pre-A 轮融资，其中不乏国家队的身影。2024 年，奇异摩尔参与 IEEE Chiplet Interface Circuit 研究工作组⊖，联合合作伙伴 Ventana 共同推出全球首款服务器级的 RISC-V CPU，还加入超以太联盟（Ultra Ethernet Consortium，UEC）⊜。

　　奇异摩尔取得一系列成绩的背后，依靠的是在前沿技术中的创新和应用。

⊖ IEEE Chiplet Interface Circuit 研究工作组即电气与电子工程师协会 Chiplet 接口电路工作组。该工作组由中科院计算所研究员、无锡芯光互连技术研究院院长郝沁汾担任组长，复旦大学刘明教授担任副组长，南京大学杜源教授担任工作组秘书，共有 127 位国内外 Chiplet 技术专家参与其中，负责进行 Chiplet 接口标准制定工作。

⊜ 该联盟是在 Linux 基金会的牵头下由多家全球头部科技企业联合成立的，目标是突破传统以太网的性能瓶颈，使其适用于人工智能和高性能计算网络。加入 UEC，将参与制定以太网的下一代通信堆栈架构的进程中，推动以太网在人工智能和高性能计算领域的应用，为用户提供更高效、更强大的网络解决方案。

例如，智能算力中心作为推动技术创新和经济增长的重要力量，正逐渐成为各行业转型升级的核心支撑。智算中心不仅提供强大的计算能力，促进机器学习和人工智能算法的优化，通过集成先进的算法和工具，智算中心显著提升研发效率，使企业和开发者能够更快速地创新。数据显示，我国目前已经有包括武汉、成都、长沙、南京、呼和浩特等在内的 20 多个城市建设了智算中心。截至 2024 年 7 月底，我国智算中心（含已建和在建）达 87 个。[⊖]

但在具体建设过程中，智算中心以 GPU 为中心的分布式计算应用为场景，目前智算中心的规模正在向万卡（指 GPU 数量）以上进军，而 GPU 计算卡之间和网络间的传输面临着拥塞、延时等挑战。该场景对网络传输带宽速度 / 时间延迟要求极高，目前以英伟达的私有协议 NvLink 为主流的解决方案不仅封闭而且昂贵，业界希望通过开放的标准来打破英伟达的"护城河"。

在这一应用场景中，奇异摩尔通过自研的基于以太网的 AI 原生智能网卡，运用 Chiplet 及高性能 RDMA 技术，并基于 UCIe 标准的 Die-to-Die 芯粒接口 IP，实现了 800Gb/s 高带宽，为智算中心基础设施领域提供了高密度、高效率的数据传输方案，全面满足万卡集群服务器间的高效数据通信。

奇异摩尔的 GPU 芯片间互联芯粒，复用以太网基础设施，作为平替英伟达的互联解决方案，实现千个计算卡间的无损网络通信，并大幅提升了国产芯片的性能。奇异摩尔的互联产品基于 UCIe 标准的 Die-to-Die 芯粒接口 IP，为智算中心基础设施领域提供了高密度、高效率的数据传输方案。

此外，英伟达和 AMD 都在应用 Chiplet 芯粒技术扩展单个芯片的性能，以满足大模型疯狂提升的算力需求。奇异摩尔的芯片内高性能互联芯粒 IO Die 系列是业内首款数据中心级别通用互联芯粒，具备极强的可扩展性。如果集成在 CPU 芯粒中，可支持高达 192 核，支持 10 个以上 Chiplet。该系列旗下的 3D Base Die 通用底座基于 3D IC 设计，突破传统先进封装工艺的壁垒，实现高效片内数据传输与存储，大规模提升了单个芯片的性能。

⊖ 资料来源：中国信通院发布的《智算基础设施发展研究报告（2024 年）》。

（三）为支撑战略性新兴产业发展提供制度保障

新质生产力是一种新型的生产力形态，以劳动者、劳动资料、劳动对象及其优化组合的质变为基本内涵，以全要素生产率提升为核心标志。数字经济已成为推动经济高质量发展的关键力量。世界经济论坛报告显示，数字化技术已经帮助全球企业提高了 20% 以上的效率，并且预计在未来 5 年内，全球数字化相关投资将增长 30%。这一转型趋势不仅是技术革新的体现，更是现代经济体系中不可或缺的一部分。在大力发展新质生产力的背景下，数字经济通过整合先进技术如云计算、大数据和人工智能，能够有效地提升生产效率和市场响应速度，从根本上加速劳动者、劳动资料、劳动对象的数字化转型发展，为新质生产力的发展提供了坚实的支持。

以奇异摩尔为例，作为一个成立仅 4 年的初创企业，通过研发及部署人工智能集群间互联、GPU 芯片内互联及扩展芯片内算力的 Chiplet 产品，构成全链路产品解决方案，这一独特的企业定位让其在激烈的市场竞争中，不仅能与国际巨头一较高下，更有望改变和引领新一轮的集成电路产业的变革，为我国集成电路产业的发展和技术创新突破贡献力量。

为了充分利用数字经济推动新质生产力发展，需要政府、企业和社会各界的共同努力，通过强化基础设施支撑、深化教育与产业融合、完善数据治理体系、加强国际合作与标准制定、优化政策环境与市场机制等措施，确保数字经济在促进新质生产力的提升中发挥最大效能。

一是强化基础设施支撑。政府应加大对高速宽带网络、5G、云计算平台及数据中心的投资，构建高效、安全、稳定的数字基础设施体系，为数字经济发展提供坚实支撑。

二是深化教育与产业融合。教育体系需要紧跟产业发展趋势，调整课程设置，强化数据科学、人工智能等前沿技术的教育。同时，鼓励校企合作，培养符合市场需求的高技能人才，为数字经济发展提供人才保障。

三是完善数据治理体系。建立健全数据使用标准，保护个人隐私和数据安全，同时促进数据开放与共享。政府应提供法律和技术支持，为企业和研究机构在合规前提下利用数据推动创新创造良好环境。

四是加强国际合作与标准制定。积极参与国际数字经济合作论坛和标准制定组织，推动国内外技术标准的互认互通，提升我国数字经济的国际竞争力，助力企业拓展国际市场。

五是优化政策环境与市场机制。政府应出台一系列优惠政策，如财政支持、税收优惠、金融扶持等，降低企业运营成本，激发市场活力。同时，优化营商环境，加强知识产权保护，维护公平竞争的市场秩序，为数字经济发展营造良好生态。

五、"数据"×"医疗"：探索行业高质量发展新模式

在日新月异的时代，社会的发展与科技的进步携手并进，共同塑造着人类生活的全新面貌。随着数字化浪潮的席卷，各行各业都在经历着深刻的变革，数据作为新型生产要素，在推动生产力提升、促进产品服务创新、优化资源配置方面起到至关重要的作用。数据共享与流通激发了企业和研究机构的创新探索，对数据价值的利用催生了新的商业模式。数据要素的共享与利用，促进了跨行业合作。

得益于大数据行业的发展与相关技术的创新，医疗领域也获得了新的发展机会。面对人民群众日益增长的健康需求和对高质量医疗服务的向往，以及国家对于医疗健康事业的深切关怀与高度重视，数字医疗应运而生，并逐步成为推动医疗行业高质量发展的关键力量。

（一）数字医疗引流健康服务新时代

1. 时代所需，数字医疗乘势而起

在当今社会，数字化浪潮正以前所未有的力量重塑各行各业，医疗健康领域也在这场变革中迎来了新的发展机遇。随着信息化技术的广泛应用，医疗机构加速信息化转型，旨在通过数字赋能提升管理效能与医疗服务质量，

这一趋势已成为社会共识。

相较于传统医疗，数字医疗以其跨越时空的便捷性、信息对称性的提升以及就医流程的简化，显著改善了患者的就医体验，降低了医疗成本。医生借助数字化手段，轻松管理病历与健康档案，实现疾病的精准诊断与高效管理，极大提升了医疗资源的利用效率。医疗机构则通过数字医疗手段，实现了内部管理的精细化，促进了服务质量的飞跃。

科技创新的蓬勃发展，为数字医疗插上了翅膀。物联网、大数据、云计算等新兴技术的融合应用，催生了智能辅助诊断、基因诊断等一系列创新应用，为医疗产业的转型升级提供了强大动力。数字医疗以其独特的优势，有效回应了医疗资源分布不均、供给不足等挑战，通过在线问诊、远程医疗等方式，缓解了医疗资源紧张的局面。

面对人口老龄化、慢性疾病高发，基层能力薄弱、分级诊疗难落实，患者被大城市"虹吸"、流出本地等问题以及民众健康意识的提升，数字医疗以其多样化的服务满足了人们对医疗服务的个性化需求，成为实现医疗资源优化配置、提升服务公平性的重要途径。当前，如何高效处理、分析医疗数据，并将其转化为有价值的产品或服务，成为数字医疗发展的关键。基于大数据、AI 技术等前沿科技，我们正逐步实现医疗健康的智能化、精准化，为构建健康中国的美好愿景贡献力量，让数字医疗成为时代所需、乘势而起的璀璨明珠。

2. 从信息化到智能化：我国数字医疗的发展历程

我国数字医疗的发展历程，是一部从信息化迈向智能化的壮丽"史诗"。早在 20 世纪 70 年代，我国医疗领域便开始探索信息化的道路，医院尝试使用计算机进行数据处理，为数字医疗的发展奠定了初步基础。进入 20 世纪 90 年代，随着医疗保险制度的改革，医院信息化建设加速推进，HIS（医院信息系统）、药房系统等基本信息化平台得以整合，医疗数据的处理和应用能力大幅提升。1995 年，"中国医院信息系统（CHIS）"的问世，标志着我国数字医疗步入了快速发展的轨道。

与此同时，远程医疗技术自西方传入，开启了我国医疗数字化的新篇章。1988 年，解放军总医院与德国医院的神经外科远程病例讨论，成为我国远程医疗实践的起点。此后，远程医疗在我国迅速发展，有效缓解了医疗资源分布不均的问题。

进入 21 世纪，互联网医疗在我国逐渐兴起。从 2000 年起，各类在线问诊、售药等互联网医疗平台不断涌现，旨在解决医疗资源不均等问题。2018 年，数字健康平台如雨后春笋般涌现，实现了医院、药械厂商等多方资源的深度联动，数字医疗产品和服务日益丰富。

在信息化不断深化的同时，人工智能医疗也在我国崭露头角。从 20 世纪 80 年代的中医专家系统研究，到近年来阿里巴巴、腾讯、百度等互联网巨头在人工智能领域的深耕细作，AI 医疗技术逐渐成熟。自 2015 年以来，"AI+医学影像"研究兴起，CDSS（临床决策支持系统）产品日益成熟，AI 在基因检测、智慧病案等领域的应用也愈发广泛。数据显示，2020 年 AI 医疗行业融资活动频繁，行业进入加速发展阶段。2021 年，国家卫生健康委明确提出将信息化作为医院基本建设的优先领域，鼓励公立医院加快应用人工智能辅助诊断和治疗系统等智慧服务软件、硬件，智慧医院建设元年由此开启。

在国家政策的支持下，我国数字医疗市场持续扩大。预计未来几年，随着数字医疗技术的不断创新和应用场景的拓展，市场规模将持续扩大，竞争也将愈发激烈。

如今，我国数字医疗已经步入智能化的新阶段。在健康中国战略的引领下，数字医疗监管平台不断完善，互联网医院数量持续增长，AI 医疗技术不断创新，为人民群众提供了更加优质、高效的医疗服务。未来，我国数字医疗将继续朝着更加智能化、精准化、个性化的方向迈进，书写数字医疗新篇章。

3. 人工智能加速数字医疗时代的全面到来

进入 21 世纪，科技进步特别是算法优化、计算能力提升及互联网数据的爆炸性增长，正以前所未有的力量推动人工智能在医疗领域的广泛应用，标志着数字医疗时代的全面到来。据 Global Market Insights 预测，至 2032 年，"AI+ 医疗"市场规模将突破 700 亿美元大关。

医疗 AI 融合了计算机视觉、语音识别、自然语言处理及机器学习等前沿技术，已广泛应用于医疗影像、辅助诊断、药物研发、健康管理等多个领域。其中，生成式 AI 技术借助大语言模型的进步，在医疗服务中表现突出，如支付宝的"AI 健康管家"通过多项服务显著提升了医疗服务的便捷性与效率。医疗影像 AI 技术尤为成熟，能高精度辅助诊断多部位疾病，有效减轻医生负担，提升诊断效率与质量。在制药领域，AI 也展现出非凡潜力，如 AlphaFold 模型助力药物研发加速，新药临床试验数据的分析也更加高效。

AI 技术还广泛应用于医疗 IT 系统，助力医院智能化部署，提升电子病历评级，推动医疗信息化进程。同时，AI 在数据挖掘、质量控制等方面的应用，进一步促进了医疗管理的精细化。AI 在医疗诊断领域的创新同样引人注目，如人工智能基因诊断平台，通过多维度数据建模，构建高可信度疾病模型，为医生提供有力支持。据医疗智能行业研究报告显示，未来十年，中国医疗 AI 市场空间预计将以超 30% 的复合增速增长，AI 医学影像与 AI 制药将成为增速最快的细分市场，共同推动数字医疗时代迈向新高度。

（二）以 AI 医疗创新引领新质生产力发展

1. 以需求为舵，创新"数字人体"AI 平台

在医疗行业面临老龄化加剧医疗压力、医疗资源分布不均、医疗水平参差不齐等背景下，AI 凭借其强大的数据处理能力，深入挖掘并分析海量医疗数据，不仅辅助医生进行精准诊断、制定个性化治疗方案，还全面监测与管理患者，显著提升了医疗服务的质量与效率，同时有效降低了医疗成本，如冠状动脉 CT 血管成像检查通过人工智能辅助后，次均成本降低 88 元（降低 11.1%），固定成本低 30%。[一]

　[一]　资料来源：史黎炜，邱英鹏，顾柏洋，等.冠状动脉 CT 血管成像人工智能辅助诊断技术的成本分析 [J].医学信息学杂志，2023，44（10）：22—27.

自 2016 年起，数字医疗企业如雨后春笋般涌现，但多数聚焦于眼底、肺结节等影像数据易获取的领域。然而，数坤科技股份有限公司（简称数坤科技）却选择了一条更为艰难的道路。自 2017 年成立以来，数坤科技以差异化策略切入复杂且难度高的心脏领域，历经 7 年创新，已成为智慧医疗健康科技领域的佼佼者。

数坤科技的创始团队拥有深厚的 AI 与医疗健康背景。董事长毛新生在信息科技行业有 20 年以上研发及管理经验，曾任 IBM 创新工程院院长，推动 IBM Watson 这一最早将 AI 应用于医疗领域的系统的研发。在他的带领下，数坤科技汇聚了一支由 400 人组成的医工融合团队，其中科研人员占比超过一半。

AI 技术的价值在于紧密结合需求，解决行业痛点。在医疗领域，AI 技术的应用正是基于这一理念，旨在提升医生工作效率，改善人类健康质量。心脏病作为 AI 应用的高需求领域，其早期症状隐匿，成像复杂，诊断难度大。数坤科技紧扣临床需求，选择冠脉 CTA 作为突破口，于 2018 年全球首创"数字心"产品组合，将检查时间缩短至 3 ~ 5 分钟，为医生提供高重建精准度，助力精准手术决策，显著降低医院单个病种的治疗成本。此后，数坤科技持续以需求为导向，打造涵盖心、脑、胸、腹、肌骨、乳腺等主要部位在内的超 40 款数字医生产品组合，覆盖人体重要部位及重大疾病与规划，覆盖疾病筛查、辅助诊断、治疗决策与规划，覆盖 CT（计算机断层扫描）、MR（磁共振成像）、DR（数字 X 射线摄影）、超声等多种检查方式，仅在缩短就医时长方面，每年为全国患者节省超过 3000 万分钟。[一]

在打造多款"单病种 AI"后，数坤科技发现医生的临床需求复杂且分散，需要一种能够打破单一科室、单一模态限制的医疗 AI 平台。因此，数坤科技于 2021 年推出了跨时代的"数字人体"技术平台。该平台将"数字心""数字脑"等部位的数字化产品进行整合，凝练出关键技术作为行业基础

　　⊖　资料来源：数坤科技。

设施，实现了对人体解剖结构、各种病变的智能理解，给医疗世界带来全新的智能导航地图，广泛应用于全国超过 3000 家公立医院和 1000 多家体检机构，包括 90% 的百强医院及目标公立三甲医院。[⊖] 正如毛新生所言："数字医生和数字人体将成为医疗健康数字化和智能化的基础设施，为疾病预防、诊断、治疗、康复等各环节带来效率和质量上的显著提升，为人类提供全生命周期保护和关爱的巨大价值。"

2. 夯实数字医疗基础设施，打造软硬件一体化

在数字医疗的浪潮中，软件与硬件如同双轮驱动，共同推动着医疗行业的智能化升级。软件系统以其强大的数据分析、决策支持能力，为医疗领域注入了智慧血液；硬件设备以其精准的执行力和操作性，成为连接医生与患者之间的桥梁。如何将这两者深度融合，以简化医生工作流程、提升患者就医体验，成为推动设备智能化升级的关键挑战。

面对这一挑战，数坤科技以算法与设备的深度融合为突破口，为数字医疗的发展注入了新的活力。在超声科这一医疗场景中，工作流程的细致与科学性对医生的专业技能提出了极高的要求。超声检查作为诊断的关键环节，其复杂性与多样性不言而喻。然而，传统的超声设备往往体积庞大，操作烦琐，且在与 AI 的结合上存在着明显的短板。医生在诊断时需要在两块屏幕间频繁切换，这不仅分散了医生的注意力，还影响了诊断的准确性和效率。

针对这一痛点，数坤科技率先展开了软硬件一体化的研发探索。他们自研了"图灵大脑"和"图灵 AR"等 AI 原生超声硬件装备，这些装备体积小巧，可直接置于屏幕背面，便于携带与操作。同时，让医生在诊断过程中无须再分心于"第二屏"，而是能够专注于患者与超声图像。此外，这些装备能够精准捕捉病变位置，实时集合所有脏器信息，直观反映病灶征象，从而超越了传统影像的局限，为临床决策提供了强有力的支持。

数坤科技的这一创新不仅解决了超声检查中的诸多痛点，更为超声医

⊖　资料来源：数坤科技。

学的临床实践开辟了全新的道路。软硬件一体化的协同设计，使得医生在操作过程中能够享受到前所未有的流畅与便捷，极大地优化了他们的操作体验，提高了工作效率，降低了漏看风险。这一成果不仅体现了数坤科技在算法与设备融合方面的深厚实力，还标志着它向原生智能制造迈出了关键的一步。

未来，随着每一个硬件从工业时代迈入 AI 时代，医生与设备的每一次互动都将得到 AI 赋能。这将推动医疗场景实现质的飞跃，为数字医疗的发展奠定坚实的基础。软硬件一体化的协同发展将成为推动行业提质增效的第二增长曲线，让医疗更加智慧、更加便捷、更加人性化。

3. 把握国家政策导向，拓展政务 AI 医疗场景应用

在医疗健康领域，医学影像汇聚了医疗行业超过 80% 的数据资源，⊖ 是 AI 技术应用的热点和前沿阵地，实现了从诊断到治疗的全面智能化升级。随着"十四五"规划的提出，以及健康中国建设的深入推进，AI 医疗的应用场景已不再局限于医院等医疗机构，而是向更广阔的政务领域拓展，成为推动社会综合治理的重要力量。

在这一背景下，数字医疗的发展不再仅仅依赖于医疗卫生服务的"小处方"，而是需要社会综合治理的"大处方"来协同推进。例如，浙江打造的"健康大脑＋"数字应用体系，通过建设"爱国卫生在线"等重点应用场景，实现了健康数据的互联互通和智能分析，为政府决策提供了有力支持。江西则通过健全病媒生物防制技术网络，提升了公共卫生事件的预警和应对能力。

北京市、苏州市积极探索人工智能在区域健康、医防融合等方面的应用赋能及场景搭建，通过和数坤科技创新合作，拓展了政府在 AI 医疗场景应用方面的有益尝试，形成了"昌平实践"和"吴中样板"。2023 年 1 月，数坤科技与苏州吴中区卫生健康委携手合作，共同推出了"吴中区数字人体智慧健

⊖ 资料来源：《AI 医疗影像辅助诊断系统发展研究报告》。

康服务项目"。该项目以 AI 赋能基层医疗为目标，从冠心病、肺癌、脑血管病等常见疾病入手，通过云化集中方式部署并提供"区域数字医生助手"服务，致力于为辖区内 11 多万名群众提供相应病种的 AI 智能诊断及风险评估，实现新型分级诊疗的落地实施。据统计，仅 2023 年 8 月就筛查了超过 4000人，其中重度及中度钙化人群比例约为 4.8%。⊖ 这一技术的广泛应用，不仅显著提升了医疗服务水平，还加强了医防融合，健全了区域人群的全生命周期健康管理。吴中区 14 家医院（包括区属三级医院和基层医疗机构）已经全面启用了数坤科技提供的 AI 新技术。⊜ 同时，吴中区还在积极探索进一步合理部署和孵化医联体人工智能辅助诊断项目，包括超声及数字 X 射线摄影（DR）等，建立可持续发展机制，持续加大人工智能应用的范围和深度，同时也加速医保对接，形成合规收费，确保数字人体健康服务项目实施过程的全程规范化。

政企共建的基础医疗解决方案不仅实现了 AI 技术在医疗领域的深度应用，更推动了"以治病为中心"向"以人民健康为中心"的政策落地。每年，在使用数坤科技 AI 心肺联筛技术的数百万无症状人群中，医院和体检机构早期精准发现了 10% 的冠心病中高风险患者。⊝ 当地群众的冠心病、肺癌早期发现率和早期就诊率均得到了显著提升。政务 AI 医疗场景应用将在推动社会综合治理、提升人民健康水平方面发挥更加重要的作用。

（三）构建"AI+"创新生态，加速实现数实融合

1. 促进跨领域知识融合，深入挖掘"AI+"场景创新需求

场景，作为技术与业务之间的桥梁，对于 AI 技术的价值实现至关重要。AI 技术虽然强大，但若缺乏与具体场景的深度融合，便难以展现其真正价值。场景化的重要性不仅在于推动技术落地，更在于直指问题核心，解决实

⊖　资料来源：数坤科技。
⊜　资料来源：《超 19 万人次！吴中"AI+ 医疗"技术就地服务全区百姓！》，吴中发布。
⊝　资料来源：数坤科技。

际难题。行业需求是推动技术进步的强大引擎，需要深入产业实践，挖掘真实场景中的痛点与需求，为 AI 技术的落地提供丰沃土壤。

我国作为数据大国，海量数据处理需求为 AI 技术的发展提供了广阔舞台。丰富的应用场景如同试验田，为新技术提供了宝贵的实践机会，这是我国发展新技术的重要优势，也是推动 AI 应用迈向新高度的关键。我们应持续利用这一优势，不断探索和拓展 AI 技术的应用场景，为经济社会发展注入新活力。

在 AI 技术应用中，跨领域知识融合已成为推动创新的重要途径。从"AI+机械"到"AI+金融"，再到"AI+教育""AI+农业""AI+医疗""AI+艺术"等，跨界合作激发创新活力，挖掘出更多创新需求。特别是在数字医疗领域，跨领域知识融合不仅推动了技术创新，更满足了多样化的医疗需求，形成了充满生机与活力的生态体系。

为促进跨领域知识融合，国家应推进教育教学改革，开设跨学科课程，建设实验室，培养复合型人才。同时，鼓励企业深入挖掘行业痛点，组建跨领域团队，以 AI 为工具进行解构与重构，推动千行百业创新与发展。此外，加强各领域专业人士的紧密合作也至关重要。医学专家应拥抱信息技术，信息技术研究者则需要深入临床一线，聆听临床需求，研发贴合实际的技术方案。这种双向互动的合作模式，将打破学科壁垒，实现知识与技术的有效融合，为"AI+"场景创新需求的深入挖掘提供有力支撑。

2. 强化数据安全与管理，加速行业开放与发展

在 AI 技术蓬勃发展的浪潮中，信息安全问题日益凸显，成为制约行业开放与发展的核心挑战。尤其在数字医疗领域，数据隐私保护与算法偏见成为亟待解决的痛点。医疗数据的敏感性要求严格的安全与合规使用，而算法偏见则可能带来误诊、漏诊等风险，严重威胁患者健康。可以从以下几个方面强化数据安全。

第一，为破解这一难题，强化标准与法规建设势在必行。针对医疗人工智能，需要构建完善的法律法规体系，明确其辅助定位，并配套详尽的使用

指南，提升系统可解释性。同时，依据数据安全法、伦理审查办法等现有法律，出台有针对性的管理办法，为行业发展奠定法律基础。

第二，加强数字医疗算法的监管同样关键。应设立专门审查机构，对算法进行全方位审查，确保技术安全可靠。研发者需要预判安全风险，定期监测与自我评估，并接受公众监督与监管部门巡查，共同维护算法安全可控。

第三，数据隐私保护与合规性也需要高度重视。医疗机构需要构建坚固的数据管理框架，保障患者隐私。同时，加强国际沟通与合作，推动构建医疗数据保护的国际标准，促进数据跨境流动的法律环境建设。

第四，明确人工智能的法律责任，建立科学合理的责任分配机制，是保障患者权益的基石。需要强化医务人员的主体责任，细化各领域参与者责任，确保医疗决策主体为人类。同时，加强不良事件监测，建立审查委员会，评估医疗事故责任归属，完善责任配套制度，实现科技与权利的和谐共生。

第五，强化数据安全与管理，是加速行业开放与发展的必由之路。这将推动数字医疗行业在保障患者权益的同时，实现健康、可持续的发展，开创更加广阔的行业前景。

3. 提高对 AI 医疗的政策支持，鼓励企业全面发展

AI 医疗是一片充满无限可能的蓝海。IDC 数据显示，2023 年中国医疗软件系统解决方案市场规模已达 206 亿元，预计到 2028 年，这一数字将攀升至 358 亿元。在这片沃土中，AI 医疗在基层医疗领域展现出巨大的应用价值。基层医疗长期面临医疗资源匮乏、人才短缺、基础设施滞后和服务质量不高等难题，而 AI 医疗以其辅助决策、自动化处理和智能化解决方案等独特优势，为基层医生提供了强有力的支持，不仅提升了诊疗速度和准确性，还显著改善了服务质量，有效缓解了基层医疗的困境。

面对这一趋势，政府应进一步提升对 AI 医疗应用的重视程度，出台更多明确支持基层医疗机构进行 AI 医疗改革的政策，为企业市场开拓铺设坚实的道路。通过政策的引导和支持，鼓励更多创业企业涌入 AI 医疗的垂直赛道，形成百花齐放、百家争鸣的产业生态，推动 AI 医疗在全国范围内实现更广泛

的应用覆盖。

　　数字医疗作为国家战略新兴产业的核心力量之一，正以前所未有的技术创新和产业应用速度，重塑医疗行业格局，成为驱动医疗服务质量和效率提升的新质生产力。其不仅强化了健康中国战略的落地实施，更在技术进步、政策扶持及企业积极参与下，展现出对未来医疗领域的深远影响，预示着一个由数字医疗引领的数实融合新时代即将到来。

第四章

培育未来产业，抢占发展先机

　　未来产业作为新质生产力中最活跃的先导力量，具有广阔的发展前景和巨大的市场潜力。未来产业通常指的是由前沿技术驱动，当前处于孕育萌发阶段或产业化初期，具有显著战略性、引领性、颠覆性和不确定性的前瞻性新兴产业。这些产业具有技术密集、知识密集、资本密集等特点，是推动经济高质量发展的重要力量，旨在拓展人类生存发展空间、增强人类自身能力、服务人类社会可持续发展。

　　本章选取在基因编辑、清洁能源、AI for Science、脑机接口、量子技术领域具有成长性、以前沿技术和颠覆性技术为主导的创新型企业，揭示其如何布局未来、超越现有技术范式及商业模式，从而带来产业变革的重大可能。

一、基因编辑技术引领精准治疗时代

进入 21 世纪，生命科学领域持续焕发勃勃生机，我国生命科学产业亦呈现出蓬勃发展的良好态势。2024 年《政府工作报告》明确提出，制定未来产业发展规划，开辟量子技术、生命科学等新赛道。基因编辑技术的再度兴起，正是这一背景下生命科学领域创新发展的生动体现，它将在促进生物医学研究深入发展的同时，为应对人类健康挑战、提升生命质量贡献更多智慧与力量。然而，伴随技术创新而来的还有一系列亟待解决的伦理、法律与社会问题，需要社会各界共同努力，携手应对。

（一）基因编辑带来生命科学领域的底层突破

人类对生命的探索源远流长，生命科学的发展可分为三个关键阶段。18—19 世纪，林奈的生物分类体系和达尔文的自然选择学说重塑了生命认知，为生命科学奠定基础。20 世纪初至中叶，分子生物学取得革命性突破，遗传因子的发现及 DNA 双螺旋结构的揭示，揭开遗传奥秘，推动基因研究起步。从 20 世纪后半叶起，生命科学进入系统生物学与高通量数据时代，人类基因组计划和测序技术发展，拓展生命认知边界，催生基因编辑、纳米技术等前沿领域，为遗传性疾病的诊治和预防开辟新径，生命科学在众多先驱的努力下不断迈向新高度。

在此过程中，基因作为生命传承与表达的核心要素，其研究自 20 世纪50 年代起便备受瞩目。基因疗法作为基因研究的重要应用之一，曾在治疗遗传缺陷疾病等领域展现出巨大潜力，但随之而来的安全性与有效性问题也引发了广泛关注与深入反思。

基因是染色体上的 DNA 片段，决定生物遗传特征。它们通过编码蛋白质或 RNA 分子，指导生物的生长、发育和适应性反应。基因由 A、T、G、C 四种碱基组成，形成 DNA 双螺旋结构。其中，A 与 T 配对，G 与 C 配对。基因的不确定性是进化的驱动力，但也可能是疾病风险的来源。

基因编辑技术允许科学家精确修改基因组，改变遗传信息和生物特征。从 20 世纪 80 年代末开始，技术从理论走向应用。早期技术如 ZFN 和 TALEN 操作复杂，精准性有限。CRISPR/Cas9 技术的出现，以其高靶向效率、低成本和低脱靶率，成为基因编辑的新里程碑。该技术通过 sgRNA 引导 Cas9 蛋白切割 DNA，并通过 NHEJ 或 HDR 实现编辑。尽管存在局限性，如 HDR 修复效率低和应用限制，CRISPR/Cas9 仍是基因编辑领域的重要突破，其发明者因此获得 2020 年诺贝尔化学奖。

2016 年哈佛大学 David Liu 实验室推出碱基编辑器（BE），实现了在不产生双链断裂（DSB）的情况下对 DNA 进行单碱基替换。这一突破解决了 CRISPR/Cas9 在精准度上的瓶颈，开启了基因编辑的新纪元。

生物科技作为驱动新质生产力发展的典型科技力量，在应用领域有着具象和现实的体现，深刻地影响着医药卫生、食品轻工、农牧渔业及能源环境等多个关键领域。

在医药卫生界，生物科技为疾病的诊断和治疗开辟了新天地。它不仅推动了基因诊断与治疗、蛋白质药物及细胞与组织治疗等领域的飞速发展，还显著加速了新药的研发与上市，使得个性化医疗和精准医学的梦想照进了现实。食品轻工领域同样受益于生物科技的革新。微生物发酵、功能性食品等技术的运用，不仅提升了食品的营养价值与安全性能，还极大地丰富了食品的种类与风味。农牧渔业与能源环境领域也迎来了生物科技的深刻变革。在能源环境领域，生物科技更是为清洁能源的开发与环境保护提供了强有力的支持。

基因编辑技术的快速发展为其在多个领域的应用奠定了坚实基础。在医学领域，基因编辑技术不仅为治疗遗传性疾病提供了新途径，还推动了基因药物和癌症免疫疗法的研发。通过精确修复致病基因或调节基因表达，科学家们正逐步攻克一系列难治之症。在农业领域，基因编辑技术助力作物改良，提高了产量、抗旱性和抗虫性，为解决全球粮食安全问题提供了有力支持。同时，在环保领域，基因编辑技术也展现出巨大潜力，通过改造微生物等生物体，有效减少污染，改善生态环境。

（二）生命科学技术突破，改写生命健康新可能

1."从 0 到 1"，技术创新保障基因治疗的有效性与安全性

在生命科学的广阔探索中，基因编辑技术如同一把精细的手术刀，正引领新药研发的全新方向，为遗传病、复杂疾病及肿瘤治疗开辟治愈新径，为患者带来生命希望。在此背景下，自 2019 年成立的广州瑞风生物科技有限公司（简称瑞风生物）专注于运用革新的基因编辑技术，为严重疾病治疗提供创新药物。

瑞风生物汇聚了一支由近 110 名国内外顶尖科学家、创业精英及行业专家组成的强大团队，既有具备深厚基因分子生物学、基因组学等专业知识的技术型人才，为公司的技术研发提供坚实支撑，又有拥有丰富制药工业经验的行业专家，为药物研发提供宝贵经验和市场洞察。

递送和编辑效率是基因编辑疗法的关键。联合创始人黄军就博士带领的研究团队于 2020 年在 *Small Methods* 上发表了关于高效双 AAV（腺相关病毒）递送单碱基编辑系统的研究成果。该系统成功打破了 AAV 包装的局限性，实现了递送效率的大幅提升，为碱基编辑疗法提供了国际领先的 AAV 组合策略。在药物研发过程中，瑞风生物从早期阶段便明确了合理的编辑效率目标，并不断优化药物组分比例、浓度及序列设计等关键工艺。其首款 β 地中海贫血基因编辑药物在实验阶段便实现了接近百分百的编辑效率，在后续的中试和临床试验中，人体内的编辑效率也超过 80%。[一]

⊖　资料来源：瑞风生物。

基因编辑作为高度可编程的生物科学技术，其数字化形态高度依赖基因组学这一数据科学。在基因编辑药物开发领域，AI 技术的巧妙融合将加速其创新进程。瑞风生物凭借"天兵 TM"（TIPBIGTM）技术创新平台，将 AI 技术与分子和细胞生物学技术巧妙融合，开发了系列全新的 CRISPR-Cas 核酸酶和相关功能蛋白，可实现 DNA 和 RNA 水平的编辑应用。其中，创新的 CRISPR-Cas13 基因编辑工具——CasRm，以其高效、低脱靶率及紧凑的结构特点，在 RNA 编辑能力和药物设计灵活性上展现出卓越性能，尤其适合 AAV 递送。该新型编辑工具也可广泛应用于医药、农业、兽药及合成生物学等领域。目前，CasRm 基因编辑系统的 PCT 专利已成功在中、美两国获批，并计划向全球扩展，彰显了瑞风生物在基因治疗领域的创新引领与全球战略布局。

2."从 1 到 *N*"，实现疾病的"一次治疗，终身治愈"

基因编辑药物正引领着医药领域的变革，其"一次治疗，终身治愈"的潜力为众多患者带来了前所未有的希望。这一技术的核心在于，通过精准的基因编辑，能够永久性修正致病基因，从而实现疾病的根治。

在众多亟待解决的疾病中，地中海贫血（简称地贫）是全球受累人群众多、分布地区最广的单基因遗传病，据《中国地中海贫血蓝皮书（2020）》统计，全球的地贫基因携带者约有 3.45 亿人，而国内地贫基因携带者约有 3000 万人，输血依赖型地贫患者人数约有 30 万人。输血依赖型地贫患儿需要长期规律输血，但长期输血会使铁元素越来越多地沉积在肝、脾等器官内，造成器官功能衰竭；异基因造血干细胞移植虽然可以根治，但面临匹配度低、风险高、年龄限制和免疫排斥等诸多挑战。由于地贫长久以来缺乏普适性的根治药物或治疗方法，存在巨大的临床需求，成为基因编辑技术率先突破的重要应用领域。

瑞风生物致力于将基因编辑技术应用于地贫等疾病的临床转化。其自主研发的 β 地贫基因编辑药物 RM-001，利用 CRISPR 基因编辑技术改造患者自体造血干细胞，成功激活人体内天然胎儿血红蛋白（HbF）的合成，使红细胞恢复正常生理功能，患者得以摆脱输血，达到了单次给药根治 β 地贫的目的。RM-001 不仅在全球范围内取得了领先的临床成果，更在中国率先实现了成年 β 地贫患者的治愈，其 first-in-class（首创新药）和 best-in-class（最优类药）的属性彰显了其作为全球首个新靶点地贫基因编辑药物的独特价值。

除了地贫，瑞风生物还在眼科、肝脏、神经系统等多个领域开发针对严重疾病的治愈性基因编辑药物。其中，针对 Usher 综合征 USH2A 基因相关视网膜色素变性的创新药物产品 RM-101，也取得了里程碑式的进展，实现了中美两地 IND 的双报双批。

基因编辑技术，作为生命科学领域的划时代工具，正在为疾病治疗带来全新的范式。瑞风生物等生命科技领域企业，凭借其深厚的底层技术创新能力和优秀的人才队伍，正持之以恒地致力于开发针对过去难以治愈或长期治疗效果不佳的严重疾病的创新药物，为人类社会带来了巨大的社会价值和卫生经济学价值。

3. 加速基因编辑创新发展，应对生命科学的国际竞争

在生命科学这一浩瀚领域中，基因编辑技术的迅猛发展正成为国际竞争的焦点所在，其创新步伐的加速对于应对生命科学领域的国际挑战至关重要。当前，全球生命科学界，尤其是中国和欧美国家的医药企业，正以前所未有的力度投入基因编辑技术的研发与应用，以期在这一前沿领域占据领先地位。瑞风生物已成为全球唯一同时实现 α 地中海贫血和 β 地中海贫血两种地贫疾病临床治愈的创新生物医药企业。

尽管基因编辑疗法仍处于发展初期，但其潜力不容忽视。随着技术的不断进步和对疾病认知的深化，基因编辑技术的产业化进程将不断加速，形成庞大的产业格局。对于国内企业而言，基因编辑疗法无疑是一个能够与欧美同行同台竞技的重要领域。以瑞风生物为代表的创新型企业，已展现出具有国际竞争水平的、强大的创新能力和研发实力，加速基因编辑技术的创新发展，是应对挑战、赢得未来的关键所在。

（三）科技创新与科技向善双轮驱动，实现生命健康产业高质量发展

1. 以原创性、颠覆性为原则，突破底层的关键技术

在全球科技竞争愈发激烈的当下，原创性与颠覆性科技创新已成为各国在全球科技版图中占据领先地位的核心驱动力。这不仅承载着国家科技自立自强的愿景，更是推动经济社会高质量发展的关键引擎。以瑞风生物为例，其凭借技术的原创性与颠覆性，在"一次性根治地中海贫血的自体造血干细胞基因编辑疗法"项目中取得重大突破，获批国家重点研发计划颠覆性技术创新重点专项。这一成就充分展示了我国原创性、颠覆性科技创新成果竞相涌现的生动写照。为加速这一进程，需要采取有力措施，突破底层关键技术，引领未来科技潮流。

基础研究是科技创新的基石。加大研发投入，鼓励科研人员自由探索，能够催生更多原创性技术。同时，结合国家战略需求，推动基础研究与应用研究的深度融合，以前沿科学引领技术突破。此外，需要构建协同创新的生态体系，降低创新创业门槛，鼓励企业、高校和科研机构携手共进，形成科技创新的强大合力。

人才是科技创新的第一资源。聚焦生命科技、商业航天、量子技术等前沿领域，培养具有国际水平的"高精尖缺"人才。建立健全以创新能力、质量、贡献为导向的科技人才评价体系，营造崇尚创新、宽容失败的社会氛围，为人才提供广阔的发展舞台和宽松的创新环境。

原创性、颠覆性基因编辑技术的研发周期长、资金需求大，政府应加大资金与政策扶持力度。通过设立专项基金、提供税收优惠等方式，降低企业研发成本，激发企业创新活力。同时，加强与金融机构的合作，扩大耐心资本和风险资本投入，引导社会资本向这些领域倾斜，形成多元化的资金支持体系，助力企业加速成长。

2. 助推生命科学领域的科技伦理治理完善

生命科学领域的每一步进展都承载着人类对未来的无限憧憬，同时也伴

随着复杂的风险与挑战。基因编辑技术的精准性与潜力令人瞩目，但脱靶效应、嵌合效应等问题，以及可能引发的免疫反应和未知副作用，考验着技术的成熟度和社会的伦理底线。如何在确保技术安全、有效且合乎道德的前提下，充分挖掘其潜力，成为摆在我们面前的一项紧迫任务。

面对这一挑战，构建完善的科技伦理治理体系显得尤为重要。首要之举在于加快法律法规的制定与完善，为基因编辑技术划定明确的伦理边界和监管框架。借鉴国内外先进经验，结合本国实际，制定全面系统的法律规范，确保技术的每一步发展都在法律的守护下稳健前行。同时，强化伦理审查与监管机制，确保所有项目在启动前都经过严格的伦理审视，跨部门协同合作，避免监管盲区，提升审查效率与透明度。

面对技术的快速发展与潜在风险，建立动态风险预警与应急响应机制至关重要。采用全生命周期管理模式，对技术应用进行持续跟踪与研判，确保及时发现并纠正伦理问题，保障技术应用的稳健与安全。

此外，强化科研人员的职业道德同样不容忽视。科研人员应秉持高度的责任心与使命感，明确科学研究中的伦理界限，当面对不确定的研究方向或潜在风险时，主动寻求同行专家、监管机构及伦理委员会的指导与监督，确保所有研究活动都在法律与伦理的框架内有序开展。

3. 推动临床研究成果的产业化发展，助力生命科学领域经济增长

生命科学产业的蓬勃发展，既得益于基础研究的深厚积淀，又离不开研究成果向临床应用及产业化产品的成功转化。近年来，创新技术如基因编辑CRISPR-Cas 系列技术系统，正显著加速生物医药的研发进程。然而，尽管全球首款基于 CRISPR 的基因编辑疗法 Casgevy 于 2023 年 11 月已获英国有条件上市许可，此后获美国 FDA 批准，其 200 万美元的高昂治疗费用和产业化挑战仍不容忽视。这一疗法标志着基因编辑疗法迈入商业化阶段，但也提醒我们，在成本控制与产业化推进上仍需要深耕细作。

为推动临床研究成果产业化发展，政府应加强对基因编辑药物等新兴领域的政策与规范包容性支持。这类药物具有破坏性创新的特点，往往打破传

统路径和规则。因此，政府需要出台涵盖技术研发、临床试验、生产销售等各环节的政策，鼓励创新，同时注重与国际接轨，确保国内企业在全球竞争中占据有利地位。

加强产学研深度融合是推动临床研究成果产业化发展的关键。医疗机构、高校、研究机构与企业应携手共进，共享资源，聚焦原创技术与重大理论突破。构建综合性医工结合平台，汇聚顶尖人才，实现全产业链的协同创新，并建立健全激励机制和风险容错机制，推动科技创新成果转化为现实生产力。

拓展人工智能与大数据的广泛应用，对加速临床研究成果产业化具有重要意义。AI通过分析海量数据，精准匹配遗传信息与治疗方案，能显著加速临床试验进程，降低研究成本。然而，AI工具需要不断迭代优化，以适应生命科学领域的特殊需求。同时，企业需要具备良好的经营和管理能力，才能有效引入和使用AI工具，加速技术、产品创新，促进企业及产业发展。

生命科学领域的技术革新，特别是基因编辑技术的快速发展，正引领我们步入精准治疗的新纪元。革命性的编辑工具应运而生，生命科技企业紧跟步伐，不断创新。这些进步不仅为患者点亮了治疗的新希望，还加速了生命科学领域的整体进步。展望未来，基因编辑技术将在更多疾病治疗中展现其独特魅力，为人类健康事业做出更加卓越的贡献。

二、开启无尽清洁能源的未来

太阳所产生的能量来源于其本身每时每刻所发生的核聚变反应。如果在地球上成功实现"种太阳"，就可为人类提供几乎无限的能源，摆脱能源危机。作为一种高质量、高密度、零碳排放的清洁能源，可控核聚变对环境的影响极小，是实现可持续发展和"双碳"目标的关键技术之一，被视为新质生产力的重要发展方向。

可控核聚变是利用宇宙中最普遍能源的开始，或许可以认为是人类跨越到文明1.0的标志。中国科学技术发展战略研究院前院长张旭表示，可控核聚变、量子计算与 AI 被视为三大颠覆性技术，是有望真正催动科技革命的"奇点"。其中，核聚变是人类科技有史以来的最大挑战之一。航天登月计划于1961 年开始启动，1969 年阿波罗号登月成功；第一颗原子弹的研制从 1942年开始，经过 3 年成功实现核爆炸；第一颗氢弹的研制耗时 7 年。核聚变从20 世纪 60 年代就开始研究，到今天仍然没有实现商用，曾被调侃为"距离实际应用永远的 30 年"。[⊖]

我国自 20 世纪 70 年代开启"人造太阳"梦想，随着技术不断突破，每一代装置和下一代装置之间的性能提升都是指数级的，核聚变实现商业应用的"永远的 30 年"，或许会变成"就在 10 年内"。

（一）能源解决方案的进化：从不可控核聚变到可控核聚变

在 20 世纪 40 年代，随着传统化石能源如煤炭、石油的利用逐渐受到限制，以及环境污染问题的日益严重，人们开始寻求更高效、更环保的能源解决方案，以期找到"终极能源"解决方案，其中核聚变是最受关注的领域之一。

核聚变是指氘、氚等轻原子核结合成氦等较重原子核并放出巨大能量的过程，其释放的能量是裂变的数倍，1 克燃料释放的能量相当于 8t 石油，并且不会产生长期的放射性废物，[⊜]这就是核聚变的优势所在。在宇宙中，类似于太阳等恒星，皆由核聚变反应提供源源不断的动力。

1938 年，美国物理学家贝特通过实验证实了太阳内部的热核反应原理，他使用加速器将氘原子核加速，使其与另一个氘原子核发生聚变反应，生成氦原子并释放出了 17.6 兆电子伏的能量。这种热核反应与太阳内部的核聚变过程相似，因此被称为"太阳的能量来源"，太阳就是这样持续近 50 亿年发

⊖ 资料来源：《"人造太阳"可控核聚变的商业化前景》，中国科学技术大学核科学学院孙玄教授讲话，"长江商学院 EE"公众号，2024-08-07。

⊜ 资料来源：中国科普网。

光发热的。[○] 1952 年人类首颗氢弹的爆炸成功，但其释放能量的过程剧烈，并不适宜制造能源。

因此，若利用可控核聚变制造一个发动机，并稳定持续输出能量，相当于人造了一个"太阳"，就可以彻底改写人类的能源版图。但是，这一设想的实现有两个难点：第一是高温。聚变的发生需要上亿摄氏度的温度，才能将反应体的混合气体加热到等离子态，原子核才能自由运动，这是原子碰撞释放能量的前提。第二是装载问题。人类还未造出任何能经受 1 万摄氏度高温的化学结构，更不要说上亿摄氏度了。

针对两大难点的解决思路，可控核聚变发展出两条主要的技术路线。一种是惯性约束聚变，相当于采用激光产生的惯性约束等离子体。这一过程可以类比小型氢弹爆炸，通俗来说就是把几毫克的氘和氚的混合气体装入直径约几毫米的球体状的靶丸内，然后从外面均匀射入激光束或粒子束，球面内层因而向内挤压，压力升高，温度也急剧升高，当能量密度达到核聚变点火的条件时，球内气体发生爆炸，就能发生核反应。这一技术是通过物理方式来达到点火条件，因此规避了装载物受化学材料结构限制的问题。1963 年苏联科学家巴索夫和 1964 年中国科学家王淦昌分别独立提出用激光实现受控热核聚变反应的构想。

另一种是磁约束聚变，使用磁场来把等离子体稳定在聚变容器中，通过控制磁场来调节等离子体的温度和密度，从而进行核聚变反应。为实现磁力约束，需要一个能产生足够强的环形磁场的装置，这种装置就被称作"托卡马克装置"——TOKAMAK，俄语中是由"环形""真空""磁""线圈"的字头组成的缩写，其形状类似甜甜圈（见图 4-1）。因为等离子体在强磁场的作用下会转圈，依靠强磁场的洛伦兹力，这些粒子就会一直被束缚在磁场里转圈进行核反应，只要源源不断地输入原料（氘和氚），就能实现无限反应。1968 年，苏联科学家在托卡马克装置上取得非常好的等离子体参数，标志着

　　[○] 资料来源：《材料力学是这样来助力可持续核聚变发展的》，中国科学院力学研究所，屈丹丹。

托卡马克技术的兴起。

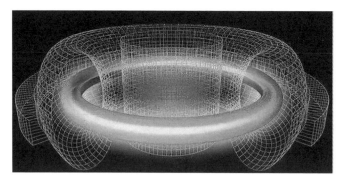

图 4-1　托卡马克装置示意图

资料来源：电气技术，华中科技大学提出用于托卡马克电磁弹丸注入系统的电枢新方案。

可控核聚变发展过程中的问题关乎全人类的命运。1985 年各国联合推动了国际热核聚变实验堆计划（以下简称 ITER 计划），该计划也是目前全球规模最大、影响最深远的国际科研合作项目之一。但直到进入 21 世纪，ITER 计划才正式确定合作，并提出建立第一个试验用的聚变反应堆的目的，其实施结果将影响人类能否大规模地使用聚变能，从而从根本上解决能源问题的进程。20 世纪 90 年代以来，可控核聚变科学可行性已得到证实，当前已进入工程可行性验证阶段。2024 年 6 月，聚变工业协会（Fusion Industry Association，FIA）发布的《2024 年全球聚变行业报告》显示，核聚变能源行业持续增长，投资者对这一领域仍充满热情，全球政府针对核聚变能源的政策发生了重大变化，更多的公共资金转移到私人聚变公司。目前，全球至少有 45 家商业化聚变公司，累计融资 71 亿美元，其中 4.26 亿美元来自政府等公共资金。

当前，中国可控核聚变的发展已处于国际领先水平。中国于 2003 年正式加入 ITER 计划，2005 年中国科学院等离子体物理研究所建成世界首个非圆截面全超导托卡马克东方超环（EAST），这是世界上第一个具有主动冷却结构的托卡马克装置，并全部采用了液氦无损耗的超导体系，标志着我国在国际核聚变研究中占据重要地位。2023 年 8 月，新一代人造太阳"中国环流三号"取得重大科研进展，首次实现 100 万 A 等离子体电流下的高约束模式运行。实现 100 万安培等离子电流意味着跨越了能量密度阈值，达到点火状态，并可通过高约束无限维持点火状态，实现可控核聚变的基本可用，但距离商业化仍有很长一段路。

（二）科技与资本双轮驱动颠覆性技术的商业化之路

星环聚能（STARTORUS FUSION）成立于 2021 年 10 月，是清华大学科技成果转化项目，潜心于小型化、商业化、快速迭代的可控聚变能装置。创始团队成员均毕业于清华大学工程物理系，运行国内首个球形托卡马克装置（SUNIST）超过二十年，是目前国内系统性从事磁约束可控聚变研究的顶尖团队之一，在球形托卡马克装置及相关技术等方面有深厚的积累。

星环聚能创始团队依托二十多年的研究成果和经验积累，在高温超导强磁场球形托卡马克装置的基础上，采用了以短脉冲重复运行、等离子体电流自有磁场重联加热等为特点的紧凑型重复重联可控聚变技术方案，预期可在相对紧凑的尺寸内实现高效、稳定、经济的聚变能输出。星环聚能装置现场如图 4-2 所示。

图 4-2　星环聚能装置现场

（资料来源：星环聚能）

球形托卡马克装置相较于传统托卡马克装置（形状接近轮胎）更紧凑，具有更高的安全因子、自然的 D 形截面以及更好的磁流力学稳定性。这些特点使得球形托卡马克装置能够得到较高的比压（等离子体压强与磁压强之比），从而大幅降低反应堆的尺寸和成本，同时利用高温超导技术进一步增强磁场的约束性能，提高聚变反应的效率，缩小装置尺寸。

此外，星环聚能的独特之处在于磁重联技术和多冲程重复运行的方式。该方案会在球形托卡马克装置上下分别形成一个等离子体环，然后推动它们融合成一个主等离子体。在此过程中，等离子体迅速加热至聚变反应温度。为持续加热等离子体，星环聚能的聚变堆需要像多冲程内燃机一样，不断重复磁重联，周期性输出聚变能。

该路线的好处是，等离子体的加热不需要全部依靠外部微波或中性束输入，降低未来聚变堆的建设成本，重复运行的方式还跳过了托卡马克装置长时间运行所需的、复杂昂贵而低效的电流驱动系统，进一步降低了运行成本。难点是对等离子体的控制能力要更强，其他聚变堆只需要控制单环等离子体就够了，星环聚能的方案需要控制双环并让它们融合。

星环聚能采用的磁重联加热的球形托卡马克装置方案，是一种在未来能源市场具有明显成本优势的聚变能技术路线。自 2022 年 5 月开始，公司已获得两轮市场化机构投资，累计融资额达数亿元人民币。资金主要用于星环聚能聚变验证装置的设计、研发和建造。

聚变研发的技术复杂度和集成度非常高，且跨越了长周期，因为它尝试在地球上模拟太阳核心的极高温和高压条件，这极大挑战了物理学的极限。更艰难之处在于，研究者们无法一次性做出一个完美的实验装置，需要经过多次迭代，逐步靠近最终的技术指标。"就像一个人从没有制造过汽车，就不可能立刻制造出一辆超级跑车。"创始人陈锐曾在采访中表示。

商业公司的特点是在保证实验安全可控的前提下，更加追求性价比和速度，能够在每一次迭代中加入更新的技术，同时将性能指标提高一些，以此来减少迭代次数，大幅缩短研发周期。陈锐表示，商业公司能更灵活地进行创新，但所有创新都伴随着风险。如何在风险与创新之间找到平衡，这实际上是一个决策问题。

2024 年 8 月，在先进的自研球形托卡马克放电设计算法和等离子体平衡反演算法的支持下，星环聚能在国际上率先实现了球形托卡马克等离子体的一种优化位形，该位形具有密度较高、约束较好且稳定等优点，具有很好的反应堆前景，但对等离子体控制和磁体电源能力的要求更高。该优化位形的成功实现，为公司下一代聚变装置 CTRFR-1 提供了重要的参考，也是继重复重联放电、偏滤器位形放电后，星环聚能在球形托卡马克装置运行与控制方面的又一突破。

2024 年 11 月，星环聚能宣布即将开建负三角球形托卡马克 NTST，该装置有望解决聚变堆建设工程难题。NTST 的建设不仅是星环聚能聚变研发的里程碑式进展，更是对未来实现聚变商业化的深远布局。通过 NTST，星环聚能将验证聚变核心技术，加速技术迭代，有望大幅降低建设与运营成本。对负三角等离子体的研究，将为建设球形托卡马克装置的工程难题提供解决思路，为构建更高效、更经济的聚变反应堆奠定坚实基础，为未来聚变能的经济性和竞争力提供有力支撑。

（三）能源革命是撬动未来科技与产业发展的战略支点

在人类社会的发展进程中，能源作为推动文明进步的重要动力，其供应的稳定性和可持续性一直是全球关注的焦点。随着传统化石能源的日益枯竭以及环境问题的日益严峻，寻找一种清洁、高效、可持续的能源替代方案已成为全人类的共同追求。可控核聚变，这一被誉为"终极能源"的解决方案，正逐步从理论走向现实。

可控核聚变不仅将彻底改变人类的能源结构，还将为前沿科技提供强大的能源支撑。以人工智能为例，当前蓬勃发展的生成式 AI 技术需要耗费大量的电力。可控核聚变商业化后将会提供大规模、成本极低、无污染的能源，届时将会解决人工智能发展过程中的用电问题。此外，海水淡化、深空探测、星际飞船等需要大量耗能的工程将得到快速发展。可控核聚变被誉为人类能源史上的革命性突破，作为一种几乎零排放的能源技术，其应用将极大地减少温室气体和其他有害物质的排放，为应对气候变化、改善环境质量提供重要支撑。

作为终极能源，可控核聚变早已成为大国竞争的战略焦点。近年来，我国政府出台了一系列政策支持可控核聚变发展。2021年发布的《中共中央 国务院关于完整准确全面贯彻新发展理念做好碳达峰碳中和工作的意见》以及国务院印发的《2030年前碳达峰行动方案》要求推进可控核聚变技术研究，2022年国家发展改革委、国家能源局印发的《"十四五"现代能源体系规划》强调了对可控核聚变研发的支持。

发展可控核聚变，重塑能源使用结构，发展未来产业，推动新质生产力的发展可从以下几方面发力。

一是加大资本投入，推动基础研究的发展。可控核聚变作为颠覆性技术，难度大、周期长、投入多，资本的投入对于可控核聚变技术的产业化至关重要。政府和私营部门应共同投资，推动可控核聚变相关物理原理、材料科学等基础领域的科研进展，为技术突破提供理论基础；建设高水平的实验室和实验平台，购置先进的实验设备和技术，以满足未来研究的需求。

二是各方主体形成合力，共同推动应用和商业化进程。2023年，国务院国资委启动实施未来产业启航行动，明确可控核聚变领域为未来能源的重要方向，由25家央企、科研院所、高校等组成的可控核聚变创新联合体也在2023年年末成立。联合体的成立是我国在可控核聚变领域的一次重大突破，将有力推动我国在可控核聚变领域的研究和应用，为我国乃至全球的能源结构调整和可持续发展做出贡献。

三是扩大国际合作，加速推进核聚变技术的突破和应用。核聚变技术的研究与应用是一项全球性挑战，其高度的复杂性和巨大的资金、技术需求，急需全球科研团队携手共进。此前，世界各国共同推动ITER计划，便是国际合作的成功范例。未来，应深化这一合作模式，进一步强化共同研发、技术共享与人才交流培养机制。各国科研团队可在实验设施共建共享、理论研究协同推进、关键技术联合攻关等方面紧密协作，共同攻克如高温等离子体约束、超导材料性能提升、氚自持循环等核心难题，加速核聚变技术从实验室走向商业化应用的进程，为全球能源变革提供强大动力，助力人类迈向可持续能源的新纪元。

三、AI for Science 带来科研第五范式

在 1956 年的达特茅斯会议上，计算机科学家、认知科学家约翰·麦卡锡首次提出了"人工智能"这一术语，标志着人工智能作为一个独立学科的诞生。七十余年来，人工智能领域每次技术性的突破都为人类的未来开辟了新的可能性。

当 AI 与科学研究深度融合时，即 AI for Science 的出现，使得知识的生产模式正经历一场变革，更会释放出无数种可能性，催化一场新的"科学革命"，使得科学研发从"手工作坊"模式到拥抱大规模的"知识工厂"式的研究平台，加速科研与产业的交融互动。在今天，人工智能已经不仅仅是辅助工具，它积极塑造着研究方法论，知识生产领域正经历着一次从工业革命到人工智能、数据驱动的火箭式的跃迁。

（一）AI for Science 带来研究范式

纵观人类历史，大量先进技术成果涌现，随之向产业界转化，最终实现社会经济指数级增长。与科学范式的进化相同，人类从事科学研究的范式一直在迭代，图灵奖获得者詹姆斯·格雷（Jim Gray）在《科学发现的四个范式》一书中将科学发现的历程分为四个阶段：千年前的经验科学，百年前的理论科学，几十年前的计算科学，以及十几年前的数据科学。AI for Science 的出现将会成为前四种范式的有机结合和升华，即科研第五范式，推动科学研究从"马拉松"到"加速跑"。

作为一个新兴领域，AI for Science 尚未有一个公认的定义。一般来说，

AI for Science 是指将人工智能技术应用于科学研究的各个领域，结合了人工智能、物理建模和高性能计算，以数据驱动和模型驱动的方法解决科学问题，推动科学发现和技术创新。

在传统科学研究中，科学家更多地依赖于传统的实验验证、理论推导和计算模拟。现在，在科研的过程中，AI for Science 擅长利用分析数据，提炼潜在的、可能的规律，并快速推理获得结果，兼顾精度和性能；之后再由科学家去甄别谬误，从中筛选出真正有意义的规律，提炼简洁的表达式，这就形成了 AI 辅助科学家进行科学探索的新范式。

当前，AI for Science 在多个领域都有广泛应用，人工智能赋能的科学研究正释放出巨大价值，包括但不限于药物设计、材料科学、能源研究、气候模拟等。通过 AI 技术，科学家们能够更快速地筛选和优化潜在的候选药物、设计新型材料、预测能源转换效率以及模拟气候变化等。例如，谷歌旗下的 DeepMind 利用机器学习方法辅助发现数学猜想和定理证明；生物学领域中 AlphaFold2 已经可以预测超过 350000 种人类基因组蛋白质，以及超过 100 万个物种的 2.14 亿个蛋白质，几乎涵盖了地球上所有已知的蛋白质，解决了困扰结构生物学 50 年的难题；DeepMind 和瑞士等离子体中心合作提出将强化学习用于优化托卡马克装置内部的核聚变等离子体控制；华盛顿大学戴维·贝克（David Baker）教授团队利用 AI 技术精准地设计出能够穿过细胞膜的大环多肽分子，创新了口服药物设计的新思路。这一系列 AI 技术的成功应用都标志着以 AI for Science 为核心的科研第五范式已经成为提升科研效率、推进科学发现和科技创新的强大工具，有望带来人类社会的重大变革，人工智能赋能的科学研究正释放出巨大价值。

作为引领未来的战略性技术和通用技术，人工智能被认为是形成新质生产力的重要引擎。党的十八大以来，我国抢抓机遇，从国家战略层面部署人工智能，政策及时精准发力，取得明显成效，人工智能应用正向纵深演进。在人工智能这一科技新赛道，我国已处在世界第一梯队。由中国科学技术信息研究所、科技部新一代人工智能发展研究中心联合相关研究机构编写的

《中国 AI for Science 创新地图研究报告》显示，我国 AI for Science 论文发表数量最高，正积极推动全球 AI for Science 发展。在人工智能领域，中国的高维科学家、创业者已经跳出现有技术框架与思维模式，以研究与探索下一代人工智能系统的技术路线。

在 2024 年诺贝尔物理学奖与化学奖相继揭晓后，人工智能领域的从业者与关注者相较于获奖的物理学和化学领域，表现出了更为浓厚的兴奋之情。2024 年 10 月 8 日，瑞典皇家科学院宣布，美国普林斯顿大学教授约翰·霍普菲尔德（John Hopfield）与加拿大多伦多大学教授杰弗里·辛顿（Geoffrey Hinton）荣获 2024 年诺贝尔物理学奖。这一殊荣旨在表彰他们在神经网络领域的基础性发现和发明，这些成就为机器学习的发展奠定了基石，并推动了深度学习革命的爆发。次日，诺贝尔化学奖揭晓，奖项一分为二。其中，戴维·贝克因在计算蛋白质设计领域的卓越贡献而获奖。贝克是华盛顿大学蛋白质设计研究所所长，他首次利用生成式人工智能成功设计出全新的抗体，这一成果有望将人工智能设计蛋白引入抗体药物市场。同时，德米斯·哈萨比斯（Demis Hassabis）和约翰·M·詹珀（John M. Jumper）因在蛋白质结构预测方面的杰出成就而共同获得另一半奖项。这两项获奖名单与人工智能的关联度极高，不仅在物理学和化学领域引发了巨大反响，更在人工智能领域掀起了波澜。霍普菲尔德和辛顿的成就共同推动了机器学习的爆炸式发展，而贝克、哈萨比斯和詹珀的工作则成为人工智能技术促进科学研究的典范。这一趋势在很大程度上肯定了计算机科学在撬动其他领域基础科学研究进程中的重要作用，即 AI for Science（AI4S）的研究范式。这一范式背后隐藏着一个巨大的、充满潜力的创业体系和商业空间。

（二）让最聪明的人用上最好的生产力工具

深势科技成立于 2018 年，为生物医药、能源、材料和信息科学与工程研究领域的研究打造新一代微尺度工业设计和仿真平台。深势科技是国家高新技术企业、国家专精特新"小巨人"企业，总部位于北京，并在上海、深圳等城市布局研发中心。科研技术团队由中国科学院院士领衔，汇集了超百位数学、物理、化学、生物、材料、计算机等多个领域的优秀青年科学家和工程师，企业的博士及博士后占比超过 35%。核心成员获得过 2020 年全球计算机高性能计算领域的最高奖项"戈登·贝尔奖"，相关工作入选了"2020 年中国十大科技进展"和"2020 年全球人工智能十大科技进展"。

整个世界的运转是由一系列科学规律所驱动的，只有在底层科学问题得到解决之时，才能突破上层产品所面临的限制性难题。AI for Science 的本质是把行业问题抽象成基本的科学原理，再利用人工智能去学习科学原理，从而得到相应模型，进而解决实际的应用问题。深势科技创始人孙伟杰称："我们要打造的这个全新微尺度工业设计和仿真平台，不局限于提供解决方案，更是为了打造一个服务于国际科学界的公共平台，实现从理念到范式，从算法到产品的全面创新。"

深势科技开创性地提出了"多尺度建模 + 机器学习 + 高性能计算"的革命性科学研究新范式，并推出了 Bohrium® 微尺度科学计算云平台、Hermite® 药物计算设计平台，建立了专注于解决"难成药"靶点的 RiDYMO™ 动力学平台等微尺度工业设计基础设施，通过多尺度建模和高通量计算与 AI 技术相结合，颠覆了现有研发模式。

Bohrium® 科研空间站集合了教学、科研、开发平台（见图 4-3）。在教学场景中，提供了一站式编写和运行代码的交互式环境、海量高质量案例文档、视频与 Notebook 案例相结合的教学内容、易于交流的知识社区，致力于为老师和同学提供"手眼脑一体"的学习体验。在科研场景中，整合了科研全场景所需的全部基础设施，打通算力、算法（软件模型）、实验、数据库等多个科研核心要素，预集成了众多先进的 AI for Science 算法应用，实现了开箱即用的便捷性。在开发场景中，以应用商店的模式打通 AI for Science 行业软件落地的"最后一千米"，提供算法运行所需的交互式用户界面以及完整的任务管理、用户管理、数据管理、商业化付费授权和结果可视化等周边全套功能，实现"5 分钟开发一个 AI4S 应用"。

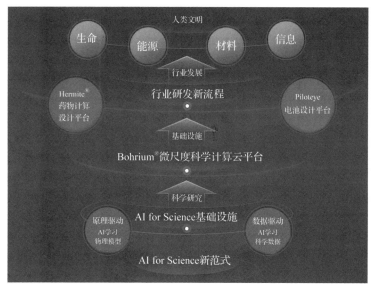

图4-3　Bohrium®科研空间站

（资料来源：深势科技）

Hermite®是深势科技打造的新一代药物计算设计平台，集成了人工智能、物理建模和高性能计算，为临床前药物研发提供一站式计算解决方案。该平台涵盖了蛋白结构预测与优化、蛋白性质预测、药靶结合模式预测、苗头化合物筛选、先导化合物优化、药物分子性质预测与推荐等核心功能模块。

Piloteye™为深势科技开发的电池设计自动化平台，主要针对电池领域企业研发的关键需求，从创新算法、工程化及行业研发"最后一千米"落地等方面系统赋能电池材料开发和电芯设计，一站式解决负极新材料体系开发的"世界难题"。Piloteye™通过将ABACUS、DeePMD、Uni-Mol、DMFF和电化学模型AI自动调参等一系列以AI for Science原理和数据驱动的创新算法整合到电池研发的过程中，提高计算模拟研究电池的精度和可靠性，加速电池材料到电芯研发进程，帮助研发人员优化电池设计和生产过程，更快响应市场上多样化的需求。深势科技在正极、负极、电解液以及电化学仿真等方面积累了丰富的前沿学术成果，且与多家电池上下游龙头企业合作形成了成功示范。未来，深势科技将持续深耕AI for Science，并着力为赋能更多产业变革贡献力量。

2023 年，深势科技联合北京科学智能研究院共同研发的首个覆盖元素周期表近 70 种元素的深度势能原子间势函数预训练模型"DPA-1"正式发布。DPA-1 可以认为是自然科学界的 GPT，此前在 2020 年，DPA-1 雏形曾与预训练语言模型 GPT-3 共同入选了世界人工智能十大重要成果。

目前，深势科技的客户遍布生物医药、能源化工、新材料等多个领域，涵盖了从大型上市药企到创新型生物科技公司等不同类型的客户。这些客户通过采用深势科技的解决方案，能够加速研发过程，提高研发效率，推动产业升级和创新。深势科技是 AI for Science 科学研究范式的引领者和践行者。

（三）科学家 + 投资人的团队组合，技术与资本双重驱动

在 2024 年 GTC 大会[一]上，英伟达 CEO 黄仁勋谈到了 AI 领域的三个关键方向：LLM（大语言模型）、具身智能以及 AI for Science。在前两个领域，OpenAI 和 Tesla 两家美国公司已经形成主导地位。鲜有人知的是，第三个领域——AI for Science——早在七年前就在鄂维南院士的推动下在我国定下根基。鄂维南院士是唯一获得国际数学顶会 ICIAM 颁出的麦克斯韦奖的中国人，也是全球第一位同时获得科拉兹奖和麦克斯韦奖两个应用数学大奖的数学家。

深势科技的核心团队就是由中国科学院鄂维南院士领衔的，成员主要来自北京大学、普林斯顿大学、约翰霍普金斯大学、复旦大学、中国科学院上海药物研究所、阿里巴巴、百度等高校、科研机构和企业。深势科技团队核心成员曾获得 2020 年度高性能计算领域最高奖 ACM 戈登·贝尔奖。相关工作还入选了由两院院士评选的"2020 年中国十大科技进展"，以及"2020 年全球人工智能十大科技进展"。

[一] GTC 大会的全称是 NVIDIA GTC，由英伟达主办，旨在汇聚开发者、研究人员、创作者、IT 决策者、企业领袖和学生，共同探讨如何利用 AI、加速计算、数据科学等技术力量塑造当今世界。

深势科技创始人张林峰观察到，计算模拟正处于一个历史性的转折点。他洞察到两个关键的发展趋势：首先，多尺度物理模型、高性能模拟与机器学习三者正协同演进，构成了一个强大的体系。在这个体系中，多尺度物理模型是基础，高性能模拟如同引擎驱动，而机器学习则成为整合数据、连接不同物理尺度的关键桥梁。这种协同不仅促进了数学、物理、化学、生物、材料、计算机、数据科学等多个学科间的交叉融合，还使得从电子结构到分子动力学，乃至宏观尺度的模型和数据能够在同一框架下得到处理。其次，从底层创新到快速应用转化的链条正在逐步打通。当前的基础设施建设，正如 20 世纪 80 年代的 EDA 软件一样，预示着未来在材料、药物等相关领域和产业的发展中将发挥重要的推动作用。这种未来趋势将对个人的认知、大学教育、研究范式以及产业发展都带来深远的影响。AI for Science 就是对研发手段、研发能力的革新，让做底层创新的公司有更高投入产出比、更高效的研发方式。

基于这些观察，张林峰决定走出象牙塔，将"创新—商业"的链条深入基础学科创新，并对接到具体产业问题。他与志同道合的孙伟杰携手，共同创立了深势科技。在公司中，张林峰主要负责算法、研发和技术相关的工作，而孙伟杰则更多地关注产品和商业化落地。两人的紧密合作使公司迅速走上规模化发展之路，成为行业内的佼佼者。

深势科技以"创新 + 创业""科技 + 资本""战略 + 科学"的新模式，致力于在产学研深度融合中探索一条自主创新的新路径。同时，他们认识到 AI 已经改变了科学研究的范式，但这种改变并不均衡，不同学科和人群之间的进度存在差异。因此，深势科技的使命就是推动 AI 在科研中通用化，使更多学科和人群能够受益于 AI 带来的变革。

从市场来看，以深势科技为代表的基础设施建设企业处于中游，这里的行业生态其实还相对早期，但 AI for Science 的上下游产业生态已经相对成熟和庞大，其中上游包括以 AI 芯片、云计算服务为代表的基础设施，下游则对应生命科学和物质科学两大门类中的众多场景，单就 AI 制药而言已包含多家上市公司。但孙伟杰预估，中游部分对应一个万亿级全球市场，国内市场也至少是千亿级别。

（四）AI for Science——跨学科人才的创新舞台

科技创新能够催生新产业、新模式、新动能，是发展新质生产力的核心要素。AI for Science 是推动科技创新的"创新"，为科学研究开辟了新视野、新路径，对加速基础研究涌现重大突破具有划时代的重大意义，在发展新质生产力方面具有重要作用。

人是创新的主体，其创造力不可替代，但是可以借助人工智能来提高科研效率，加速创新的速度，把科学家从非创新性的劳动中解放出来。在当前的科研过程中，科学家们所面对的一个效率的阻碍就是来自学科之间的壁垒问题。无论是底层的数学、物理、计算机科学，还是应用层面的化学、生物医药、材料科学等领域，学科之间的隔阂限制了知识的流动和创新的产生。只有让知识在不同的专业背景里流动起来，才能更好地发挥 AI for Science 的潜力，实现跨界融合和协同创新，为发展新质生产力注入更多新动能。2017年前后，全球科学家开始尝试将机器学习等人工智能技术用于求解科学问题。八年来，各学科不断加入，模型精度、泛化性逐渐提高，不同技术路径、不同应用场景的 AI for Science 成功应用不断涌现，深度融合领域知识的 AI for Science 基础软件也蓬勃发展，为各领域 AI for Science 研究人员提供了一大批简单易用的工具软件。以大语言模型为基础的智能科学范式，不仅仅是一种技术工具，更是一种全新的知识生产方式和实践规范。

目前，我国 AI for Science 发展迅速，涌现了 MEGA-Protein、鹏程·神农、东方·御风以及盘古气象等多项具有国际影响力的成果。Paddle Science、MindSpore Science 等国产化 AI for Science 基础软件也日益成熟，为 AI for Science 研究提供了丰富的数据集、基础模型及专用化工具。除了深势科技的 DeePMD，还有华为的 MindSpore Science、百度的 Paddle Science 等一大批 AI for Science 基础软件相继涌现，并积极推动开源。生物医疗、材料化学等领域的 AI for Science 发展迅速，成果最多，其他领域的 AI for Science 还处于起步阶段。

在 2023 科学智能峰会主论坛上，鄂维南表示："AI for Science 是中国科技创新历史上最好的机会，它的空间非常大，将全方位改变科学研究到产业落地的过程。""人工智能 +"代表了人工智能与经济社会各领域的深度融合，作为一种新发展理念的先进生产力形态，它紧密契合了新质生产力所具备的"高科技、高效能、高质量"特征。

AI for Science 作为科技创新的典范，其突破与发展越来越依赖多学科的交叉与融合。相应地，AI for Science 领域所需的人才也呈现出独有的特征。赵志耘，中国科学技术信息研究所党委书记、所长及科技部新一代人工智能发展研究中心主任，提出了针对我国 AI for Science 发展的建议：大力培养多学科交叉复合型人才。鄂维南则强调，AI for Science 领域需要"原始创新人才"，这类人才应具备三种核心能力：基于"第一性原理"的思维与抽象思维能力，把握复杂问题本质的能力，以及解决问题的能力。简而言之，AI for Science 领域主要需要物理、数学和计算机三个学科的知识背景，而底层能力的培养则要求打下坚实的数学、物理和计算机基础。

AI for Science 不仅是跨学科、复合型人才施展才华的舞台，也需要更多新型人才的支撑以满足日益增长的发展需求。近年来，众多高校纷纷获批开设人工智能专业，并成立了智能科学与技术交叉学科博士点、人工智能学院和研究院等。这些机构立足人工智能的学科特点和人才特征，专注于人工智能领域的前沿科学难题和核心关键共性技术的攻关，旨在培养跨学科、复合型、高层次、创新型的人工智能高端人才。

四、脑机接口技术，赋予人类生存方式新想象

脑机接口是当前脑科学和人工智能领域最活跃的研究方向，也是新一轮科技革命和产业变革的重要战略方向。2024 年 1 月发布的《工业和信息化部

等七部门关于推动未来产业创新发展的实施意见》（简称《意见》）公布了未来产业十大创新标志性产品，"脑机接口"位列其中。《意见》明确要"突破脑机融合、类脑芯片、大脑计算神经模型等关键技术和核心器件，研制一批易用安全的脑机接口产品，鼓励探索在医疗康复、无人驾驶、虚拟现实等典型领域的应用"。这为脑机接口的发展指明了方向。

（一）生物智能与机器智能融合，人类大脑和外部设备实现链接

处于人工智能、生物医学、神经科学等多学科交叉的前沿领域，脑机接口的发展速度和应用潜力不断引发关注，成为全球科技竞争的"战略高地"。人类大脑有数百亿个神经元彼此相连，复杂且精密，重量约 3 磅（1 磅 = 0.45359237 千克），也被科学家称为"三磅宇宙"，科学家关于人类大脑的探索从未停止。从 1924 年作为脑机接口萌芽的脑电图发明算起，脑机接口技术的发展已有百年历史。进入 21 世纪后，这一技术逐渐进入发展的"快车道"，其应用也取得引人瞩目的成果。

人类大脑拥有 860 亿 ~1000 亿个神经元，这些神经元在我们进行思考与控制行动时，会在大脑皮层中产生微小的电流。脑机接口技术，作为一种革命性的交流与控制手段，其核心在于不依赖外周神经通路，直接在大脑与外部环境间建立联系，实现大脑与外部设备的直接交互。这一技术构建了一个"脑 - 机 - 脑"的闭环系统，其实现的基础在于神经元放电产生的电信号能够被精确捕捉、解码并反馈。

近年来，随着脑科学、人工智能和材料学的发展，脑机接口技术的不断进步，创新生态不断完善，产品服务供给日益丰富，向着规模化方向发展，正从实验室走向一线临床，从医疗应用走向非医疗领域。2024 年中关村论坛期间，脑机接口产业联盟发布首批《2024 脑机接口产业创新十大案例》，展示了我国在脑机接口技术及产业应用方面多元化的创新成果。

脑机接口技术依据获取脑电信号方式的不同，可明确划分为侵入式、半侵入式及非侵入式三大类，各自拥有独特的工作原理与应用场景。侵入式脑

机接口，作为最直接的一种方式，其设备通常被直接植入大脑的灰质区域。这一技术主要用于重建特殊感官功能（如视觉）以及恢复瘫痪患者的运动能力，因其能够直接接触到大脑内部的神经活动，从而提供高质量的信号采集与精准的控制能力。半侵入式脑机接口则采取了一种折中方案，其设备被植入颅腔内，但位于大脑灰质之外。这种设计在保持较高信号质量的同时，相比侵入式脑机接口，显著降低了引发免疫反应和形成愈伤组织的可能性，为那些寻求高效且相对安全解决方案的患者提供了新的选择。非侵入式脑机接口则代表了另一种截然不同的路径。用户只需要佩戴非侵入式装置，通过外部电极实时采集大脑表面的脑电信号，进而测量和解读大脑活动。这种方法因其无痛、无创的特性，更易于被广大公众接受，虽然信号质量可能稍逊于前两种方式，但在日常监测、辅助康复及人机交互等领域展现出巨大的应用潜力。

三类脑机接口技术各有千秋，分别适用于不同的医疗需求与应用场景，共同推动着脑机接口技术的多元化发展。对于侵入式与非侵入式脑机接口各自的优缺点，中国科学院院士、神经外科医学家赵继宗曾表示，二者各有优势，"侵入式脑机接口将芯片直接贴在大脑皮层上，接收到的信号精度高，但需要开颅。虽然现在开颅可以通过微创手术实现，创口可能只有一两厘米，但放入人体的异物会导致免疫反应，时间长了电极会被包裹导致信号失效，也可能有感染的风险。非侵入式脑机接口的电极在可穿戴的帽子上，信号强度不如侵入式的，但不用开颅。这两类技术都在各自克服自己的问题，不断向前发展。"

脑机接口医疗应用场景可划分为严肃医疗场景、消费场景及严肃医疗场景与消费场景跨界三类。在严肃医疗场景中，脑机接口被用于治疗中枢神经系统疾病，包括器质性疾病及功能性疾病、意识与认知障碍诊疗、精神疾病诊疗、感觉缺陷诊疗以及癫痫和神经发育障碍诊疗等；在消费场景中，脑机接口被用于针对健康人群的可穿戴设备中，具备市场潜力巨大、受众广泛的特点。

（二）在非侵入式脑机接口领域，打造"技术底座型"企业

脑机接口技术正站在从科研探索迈向市场应用的转折点，成为众多未来产业新兴领域的战略焦点。目前，一个横跨上下游关键环节的完整产业链框架已初步构建。具体而言，产业链上游聚焦于核心技术与基础设施，包括芯片研发、脑电信号采集设备的制造、数据库的构建以及相关算法的开发，这一领域见证了佳量医疗、灵犀科技等企业的崛起。产业链中游则侧重于脑机接口产品的创新开发与脑电信号采集平台的搭建，汇聚了如浙大西投脑机智能科技、强脑科技、柔灵科技等一批领先企业。这一布局不仅展现了脑机接口产业的蓬勃发展态势，还预示着未来市场竞争的激烈与多元化。

BrainCo 强脑科技成立于 2015 年，由创始人韩璧丞在哈佛大学脑科学中心攻读博士时创立，是首家入选哈佛大学创新实验室（Harvard Innovation Lab）的中国团队，致力于非侵入式脑机接口技术的研究与落地应用。经过近十年的发展，已成为全球非侵入式脑机接口领军企业，其商业化进程始终稳居行业前沿。同时，BrainCo 强脑科技是国内首个脑机接口领域的"独角兽"企业，承担、参与多项脑机接口领域国家级重点项目，并被认定为国家级专精特新"小巨人"企业。目前，BrainCo 强脑科技已完成超 2 亿美元融资并投入研发，在全球脑机接口领域中与马斯克的 Neuralink 为融资规模最大的两家公司，它们分别为非侵入式和侵入式领域的领军企业。

自成立以来，BrainCo 强脑科技以非侵入式脑机接口为康复、大健康、人机交互等多领域赋能，从实验室研究到大众领域应用，BrainCo 强脑科技突破多项非侵入式脑机接口"卡脖子"核心技术，实现了跨越式发展。2017 年，BrainCo 强脑科技自主研发的新式电极材料——固态凝胶电极实现量产，攻克了脑电信号难以大规模精准采集的难点，在无须涂抹导电膏的情况下即可采集高质量的脑电信号，精准度达到医疗级别，填补了脑电波采集电极导电材料的空缺，极大地提高了脑电采集效率，让脑电采集设备进入千家万户成为可能。2022 年，BrainCo 强脑科技实现全球首个高精度脑机接口产品单品 10 万台量产，突破了消费级脑机接口设备的工程和技术难题。

BrainCo 强脑科技以技术为核心、以科研为导向，拥有领先的科学家团队，其中来自哈佛大学、麻省理工学院、清华大学、北京大学等顶尖学府的校友占比超过 70%。根据佰腾网数据，截至 2024 年 11 月，BrainCo 强脑科技及其子公司拥有脑机接口相关专利授权近 400 件，其中核心发明专利 200 余件，在全球脑机接口行业处于领先地位。

与马斯克的 Neuralink 侵入式方案不同，BrainCo 强脑科技选择非侵入式方案，二者的主要区别在于是否在大脑中植入电极或芯片。对于侵入式和非侵入式孰优孰劣，BrainCo 强脑科技合伙人何熙昱锦认为，两种技术可用于解决不同问题。一些比较严重的病患，如渐冻症、瘫痪等，更多采用侵入式方案。但开颅手术风险很大，有术后感染的风险。BrainCo 强脑科技选择的非侵入式路径不会对人体造成伤害，更易于被大众接受，如有孤独症、注意力问题，或焦虑、失眠的人，都可以通过非侵入式的方式来解决问题。

现在，BrainCo 强脑科技已实现包含智能假肢、孤独症康复产品、助眠舒压产品等多款非侵入式脑机接口产品的量产及规模化市场推广。其中，公司研发的第一款产品 BrainCo 智能仿生手，是全球首款实现知觉神经控制的量产智能义肢。这款仿生手可通过检测佩戴者的神经电和肌肉电信号，识别佩戴者的运动意图，并将运动意图转化为智能仿生手的动作，从而可以手随心动。在 2023 年杭州第 4 届亚残运会上，残疾人运动员徐佳玲正是穿戴这款仿生手，在开幕式上点燃了主火炬，这也是全球首次由脑机接口智能仿生手在国际体育赛事上点燃圣火。除假肢领域外，公司还积极布局康复及消费领域，推出了开星果脑机接口社交沟通训练系统、专注欣脑机接口注意力训练系统、深海豚（Easleep）脑机智能安睡仪、Oxyzen 仰憩舒压助眠系统等多款产品。

2022 年 8 月，为加快推动人工智能技术与医疗器械深度融合发展，更好地服务和保障人民群众生命健康，工业和信息化部科技司、国家药品监督管理局医疗器械注册管理司牵头，根据《关于组织开展人工智能医疗器械创新任务揭榜工作的通知》组织开展并推进人工智能医疗器械创新任务揭榜。BrainCo 强脑科技凭借自主研发的开星果脑机接口社交沟通训练系统成为智能康复理疗产品行列的 10 家"揭榜单位"之一。韩璧丞表示："我们希望最终能成为一家技术底座型的企业，攻坚更多前沿科技领域的难题，赋能百业，打开生活的无限可能。"

（三）脑机接口发展进入快车道

未来产业是引领科技进步、带动产业升级、培育新质生产力的重大战略选择。作为典型的未来产业，脑机接口是当前国际科技创新发展的热点领域，在人机交互技术变革的背景下，其应用潜力巨大。特别是在临床应用中，脑机接口技术在推进人类健康和增强类脑智能方面，具有巨大的发展空间，在治疗神经系统疾病、促进患者康复和改善生活方面具有重要意义。脑机接口技术，让断手之人可以用脑电波直接控制机械手臂，让孤独症儿童抓住康复的"黄金时期"，不耽误正常的学业进程，具有极强的商业价值与社会价值。作为典型的复合型技术领域，脑机接口技术是集脑信息采集、计算机科学及信号分析技术、神经科学三大领域于一体的交叉学科，其技术上的颠覆性在于，可以直接读取大脑信号来控制外部设备，而无须其他操作方式，通过科学的训练，还可以达到恢复或改善大脑功能的效果。

神经科学和脑科学作为脑机接口领域的重要学科，是我国在"十四五"规划中明确提出的"卡脖子"技术之一。作为塑造未来产业的颠覆性技术，脑机接口是实现生物智能与机器智能融合的关键，更是完整覆盖四个面向[⊖]的"新质生产力"代表。

近年来，国家对于脑机接口相关领域的发展非常重视。2016 年，中国脑计划开始启动，探索包括大脑秘密和攻克大脑疾病的脑科学研究，以及建立并发展人工智能技术的类脑研究两个方向。《"十三五"国家科技创新规划》将"脑科学与类脑研究"列入科技创新 2030 重大项目。2017 年四部委联合印发的《"十三五"国家基础研究专项规划》明确提出了脑与认知、脑机智能、脑的健康三个核心问题，形成"一体两翼"的布局。国务院发布的

⊖ "四个面向"指面向世界科技前沿、面向经济主战场、面向国家重大需求、面向人民生命健康。

《"十四五"国家知识产权保护和运用规划》《"十四五"国家老龄事业发展和养老服务体系规划》等政策中均提出加强脑科学和类脑科学相关研究。2024年1月，工业和信息化部等7部门联合印发的《关于推动未来产业创新发展的实施意见》将"脑机接口"列入未来产业十大标志性产品，明确要"鼓励探索在医疗康复、无人驾驶、虚拟现实等典型领域的应用"。2024年7月，《中华人民共和国国民经济和社会发展第十四个五年规划和2035年远景目标纲要》提出将脑科学列为与生命健康和人工智能同等重要的国家战略性前沿科技与研究方向；同月，工业和信息化部公示了脑机接口标准化技术委员会筹建方案，标志着我国在脑机接口技术领域的标准化工作正式启动。2023年9月，工业和信息化部等五部门联合发布《元宇宙产业创新发展三年行动计划（2023—2025年）》，提出支持脑机接口等前沿产品研发。

在融资与市场预测方面，2019年以来，中国脑机接口行业一级市场投融资较为活跃，2021年与2022年属于爆发期，两年的投融资事件数超30次，两年披露的融资总额达42.17亿元。2023年脑机接口行业一级市场融资事件数为7次，融资金额为1.73亿元。脑机接口技术的成熟有望刺激多个赛道。脑机接口的应用起点在医学，利用脑机接口技术获取大脑功能区的信息并进行分析，或将有助于神经精神系统疾病诊断、筛查、监护、治疗与康复等工作的开展。根据摩根士丹利2024年10月发布的研报预测，脑机接口技术可能成为未来医疗技术中的重要突破，为神经类疾病患者提供新的治疗方式，并带来4000亿美元的市场机遇。

在科研与教育支撑领域，中国脑科学及脑机接口技术的发展正步入快车道。2019年12月，浙江大学率先设立了国内首个"脑科学"本科专业，隶属于浙江大学医学院脑科学与脑医学学院，该学院下设生物学（神经生物方向）和临床医学（神经精神医学方向）两个核心专业，由中国科学院院士段树民担任首任院长。段树民院士强调，脑科学是一门高度跨学科的领域，它融合了数理化、计算机科学、信息学、生物学、医学以及生物医学工程等多个学科的知识体系。因此，从本科阶段起就为学生提供这些交叉学科的教育训练，旨在为他们在脑科学研究领域的职业发展奠定坚实基础。

进入 2024 年，脑机接口技术的发展再次迎来重要里程碑。天津大学在2024 年秋季宣布正式开设全国首个脑机接口专业，并启动招生工作。该专业由天津大学未来技术学院与医学院强强联合共建，整合了校内医学部、电气自动化与信息工程学院、微电子学院等优质教育资源，通过入校后的二次选拔机制选拔优秀学生。此举不仅体现了高校对脑机接口技术这一前沿领域的深刻洞察，还预示着该领域作为"万亿蓝海"的巨大发展潜力。通过专业教育的深入布局，中国正加速培养脑机接口领域的专业人才，为科技创新和社会发展注入新的活力。

（四）关注产业化之路与技术伦理问题

目前，脑机接口技术虽然发展迅速，但其产业链仍然处于早期阶段，成熟产业化道阻且长。肖峰在《脑机接口技术的发展现状、难题与前景》[一]一文中指出，脑机接口技术的发展前景，依循时间轴线的推进，可清晰地划分为近期、中期与远期三个阶段，各阶段承载着不同的使命与愿景。在近期阶段，脑机接口技术的首要任务聚焦于攻克一系列紧迫的技术障碍，确保技术的安全性与有效性进一步提升。这意味着，科研人员需要不断优化设计，提升设备的精准度与稳定性，使之成为一款值得信赖且高效的治疗工具，为多种疾病的治疗提供创新性的解决方案。步入中期，技术的发展重心将转向拓展治疗范围与提升治疗成效。这一阶段，脑机接口技术将致力于更加广泛地应用于各类疾病的治疗之中，不仅限于当前的医疗范畴，更要努力朝着基本消除人类残疾现象的目标迈进，让技术之光照亮每一个需要帮助的生命，带来前所未有的健康改善。至于远期，脑机接口技术的终极愿景则是实现人类与机器的智能融合，开启一个全新的智能协同时代。在这一宏伟蓝图中，人类智能与机器智能将通过高度集成的脑机接口实现无缝连接，共同构筑起一个前

〇 作者为华南理工大学马克思主义学院教授、博导。本文系国家社会科学基金项目"脑机接口的哲学研究"（项目编号：20BZX027）的成果。

所未有的脑机融合智能体系。这一体系将不仅极大地扩展人类的认知边界与行动能力，更将引领人类社会进入一个前所未有的智能共生新纪元，开创一个充满无限可能的未来。

脑机接口在将我们引向未来发展的同时，也会引入未来哲学与伦理学的新问题。脑机接口能够直接与大脑互动，是有望深度实现人机融合的未来产业。同时，我们需要注意到，大脑是身体中最能代表"灵魂"的器官，与大脑互动可能触及自我、思想、意志和隐私等。作为一种深刻影响人类的、新兴的系统，脑机接口在发展中既逐步演化出特定的针对方向，又暴露出大量的伦理问题。作为一项蓬勃发展的新兴技术，脑机接口在政策规范、伦理审查上也面临挑战。2023 年 12 月，国家科技伦理委员会人工智能伦理分委员会编制的《脑机接口研究伦理指引》指出"脑机接口研究应适度且无伤害，研究的根本目的是辅助、增强、修复人体的感觉－运动功能或提升人机交互能力"，提出了合法合规、社会与科学价值、知情同意、隐私保护和个人信息保护、风险防控、资质要求、责任机制等七方面具体要求。

著名科学家阿尔伯特·爱因斯坦（Albert Einstein）曾坦言："科学是一种强有力的工具，怎样用它，究竟是给人带来幸福还是带来灾难，全取决于人自己，而不取决于工具。"脑机接口研究应适度且无伤害，研究的根本目的是辅助、增强、修复人体的感觉－运动功能或提升人机交互能力，提升人类健康和福祉，这也是包括 Brain Co 强脑科技在内的所有致力于脑机接口领域的公司所要共同遵从与守护的技术伦理，只有在技术创新、市场应用和伦理规范三者之间找到平衡，脑机接口技术才能真正实现其改变人类与机器交互方式的宏大愿景。

五、从实验室走向应用，量子技术催生未来产业先导区

在人类历史中，科技的力量始终是推动社会进步的重要引擎。从蒸汽机的轰鸣到电力的广泛应用，从信息技术的崛起到互联网的普及，每一次科技的重大突破都深刻地改变了我们的世界。如今，量子技术——这一源自 20 世

纪初物理学革命的前沿领域，正逐渐从实验室走向现实应用，成为引领未来产业革命的先锋力量。

从最初对量子力学基本原理的研究，到如今的量子计算、量子通信、量子精密测量等技术的快速发展，量子技术已经展现出巨大的潜力和价值。它不仅为我们提供了新的计算范式和通信手段，更在材料科学、生物医学、环境保护等领域展现出广泛的应用前景。近年来，各国政府纷纷将量子技术视为国家战略优先发展的领域，加大政策支持和资金投入，推动量子技术的研发和应用。在学术界和工业界的共同努力下，量子技术的理论研究和技术开发取得了一系列重要突破，为量子技术的产业化奠定了坚实基础。

展望未来，量子技术将成为推动全球经济发展的新引擎。随着量子计算、量子通信等技术的不断成熟和广泛应用，将催生出一系列新兴产业和商业模式，推动传统产业转型升级，为我国经济增长注入新的活力。

（一）量子技术：从前沿理论到未来产业

19世纪末期，以经典力学、经典电磁场理论和经典统计力学为三大支柱的经典物理大厦已经建成，并完成了机械革命和电气革命。1900年，英国著名物理学家开尔文在英国皇家学会发表演讲，他回顾物理学所取得的伟大成就时说，物理大厦已经落成，所剩只是一些修饰工作。"动力理论肯定了热和光是运动的两种方式，现在，它的美丽而晴朗的天空却被两朵乌云笼罩了""第一朵乌云出现在光的波动理论上""第二朵乌云出现在关于能量均分的麦克斯韦–玻尔兹曼理论上"。第一朵乌云发展出相对论，第二朵乌云发展出了量子力学。

马克斯·普朗克（Max Planck）、阿尔伯特·爱因斯坦等学者共同构建了量子力学的理论根基，而量子理论的建立使人们对微观世界有了更加丰富的认识，催生并发展出一系列重大的理论和技术，如超流现象、核反应、晶体管、超导理论等。全球经济约1/3与量子力学产品相关，如量子力学在固体中应用产生能带理论，借此发明晶体管，其大规模集成应用推动计算机与信息技术飞跃，引发新一轮科技革命。

2002 年，"第二次量子革命"的概念被提出。基于量子的叠加性和非定域性（如量子叠加、量子纠缠等）发展起来的量子计算、量子通信及量子传感等技术及应用，被称为第二代量子革命的技术。第二次量子革命兴起和发展的本质是通过对单个原子、单个电子、单个光子的独特量子属性进行调控与检测，从而实现远超当前技术水平的获取信息、处理信息、传输信息的能力。2022 年诺贝尔物理学奖授予三位物理学家，表彰他们在"用纠缠光子进行实验、确立贝尔不等式的违背，以及开创量子信息科学"的卓越成就。

我国对量子信息科学技术的发展也高度重视，将其视为国家战略优先发展的领域。2015 年中国科学院量子信息重点实验室召开了首届"第二次量子力学革命"，研讨量子力学基本理论的发展以及应用。2020 年，中共中央政治局就量子科技研究和应用前景举行第二十四次集体学习，习近平总书记在主持学习时强调："要充分认识推动量子科技发展的重要性和紧迫性，加强量子科技发展战略谋划和系统布局，把握大趋势，下好先手棋。""十四五"规划将"量子信息"确立为具有前瞻性和战略性的国家重大科技项目，提出要加快布局量子计算、量子通信等前沿技术。2024 年《政府工作报告》明确指出，制定未来产业发展规划，开辟量子技术、生命科学等新赛道，创建一批未来产业先导区。

我国在量子信息领域的研究起步较早，经过二十余年的发展，已经具备强劲的国际竞争力：在量子传感与量子精密测量方面，尤其是在量子时钟、量子成像、量子传感方面取得了一系列突破性进展，接近国际领先水平；在量子计算与量子模拟方面，紧跟国际前沿，目前在实现量子计算的主流体系和架构方面，都有明确布局；在量子通信方面，特别是在实用化的量子密钥分配方面，处于国际领跑地位。

（二）量子技术催生未来产业先导区

随着人工智能以及大模型应用的不断发展，面对指数级的数据增长，在传统架构下的算力瓶颈日益凸显。数据如同一座庞大的矿山，而算力则是挖掘机，现在挖掘机在矿山面前将变得越来越渺小。在算力远远跟不上数据增长速度的今天，寻找新的计算范式，提升算力水平，已成为时代的需求。

"第二次量子革命产生的最重要的技术就是量子计算，这是一项颠覆性技术。量子计算机如果得到普遍应用，人类社会将发生翻天覆地的变化。算力会提高到新的层次，量子算力会以指数级增长超越现有的经典算法，超越现在的超级计算机。"中国科学院院士、中国科学技术大学教授郭光灿这样评价量子计算。

量子计算的最大优势在于其并行运算能力。不同于电子计算机每次只能处理一个数据，量子计算能够在一次操作中同时处理所有叠加态中的数据，实现真正的并行计算。量子算法，特别是利用量子纠缠等量子特性的算法，更是将量子计算机的并行运算能力发挥到了极致。量子纠缠作为量子世界独有的现象，允许两个或多个量子比特之间产生超越经典物理的强关联，这种关联使得量子计算机在处理特定问题时能够展现出指数级的加速效果，远远超越经典计算机。

这种指数级计算能力的增长，从根本上改变了我们对计算潜力的认知，尤其是那些在传统计算机上需要耗费巨大资源甚至无法解决的问题，在量子计算机面前可能变得迎刃而解。2019年9月，谷歌公司研制了一个包含53个量子比特的超导量子芯片，执行一个特定的计算任务用了3分20秒，而对于同样的任务，采用当时最强的超级计算机并且经过理论优化后，完成这项任务也需要2.5天。[一]

从技术成熟度来看，当前量子计算处在早期探索阶段，主流方案包含超导、离子阱、光量子、超冷原子、硅基量子点和拓扑等，基本沿着量子计算优越性—量子计算模拟—量子优势—容错量子计算的路线图发展。

根据前沿科技咨询机构ICV（International Cutting-edge-tech Vision）发布的《2024全球量子计算产业发展展望》报告，从全球主要量子计算整机企

［一］　资料来源：《2019中国硬科技发展白皮书》，中国科学院西安光学精密机械研究所等。

业分布看，中美两国占据主导地位，美国 20 家、中国 18 家，分别占 28%、25%。从技术路线分布看，超导和光量子路径最受关注。2023 年全球 71 家主要量子计算整机企业中，19 家为超导量子计算路径，占比为 27%，其中美国 8 家、中国 5 家；其次为光量子计算路径，共计 13 家，占比为 18%，其中中国企业最多，达到 4 家（见图 4-4）。

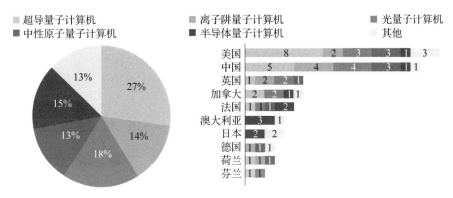

图 4-4　2023 年全球主要量子计算整机企业各技术路线分布情况

（资料来源：ICV《2024 全球量子计算产业发展展望》）

根据 ICV 的报告，2023 年全球量子产业规模达到 47 亿美元，2023—2028 年的年平均增长率（CAGR）预计将达到 44.8%，受益于通用量子计算机的技术进步和专用量子计算机在特定领域的广泛应用，到 2035 年量子计算产业总市场规模有望达到 8117 亿美元（见图 4-5）。

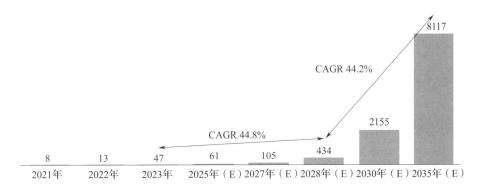

图 4-5　2021—2035 年全球量子计算产业规模（单位：亿美元）

（资料来源：ICV《2024 全球量子计算产业发展展望》）

作为一种新兴的计算技术，量子计算在金融、医药、化工等多个领域都显示出突破性的应用潜力。其中，金融行业是量子计算潜在的重要应用领域，主要由于量子计算技术在资产组合优化、风险分析、市场预测等方面显现出巨大潜能，使得金融领域对量子计算的需求快速上升。在医药研发和化学材料科学方面，量子计算机能够模拟复杂的化学反应和材料特性，这对于发现新药物、新材料以及优化化学反应过程具有重要意义。

（三）从颠覆性技术萌芽到形成新质生产力的三大环节

成立于 2017 年 9 月的本源量子计算科技（合肥）股份有限公司（以下简称本源量子），是国内首家将量子计算正式推向商用领域的量子计算企业，由两位中国量子计算行业的领军人物——中国科学院院士郭光灿和中国科学技术大学教授郭国平，带领中国科学院量子信息重点实验室博士团队创立。这家公司从实验室起步，迅速迈入量子计算的第一梯队，多项技术研究成果位居国内第一，并在国际竞争中为中国赢得话语权。

量子计算机的研制是一项复杂的系统工程，涉及物理、微电子、机械、软件等多个学科的深度融合。自 2004 年起，本源量子的创始团队就建立了国内首个半导体量子芯片研究组，并部署半导体量子芯片研究平台。2009 年，该团队在国内实验复现了经典的量子霍尔效应，从而掌握了半导体纳米器件极低温、极弱信号测量技术，为量子芯片和量子计算的后续研制打下重要的技术基础。

在实验室的长期研究与国际上涌现的量子计算产业起步趋势让本源量子的创始团队意识到，量子计算已从纯粹的科学研究发展到科学研究、工程技术与产业推广并重的阶段，如果只依赖高校研究团队，工程技术发育不足，则无法追赶量子计算技术的前沿发展趋势，无法造出真正的量子计算机。

于是在 2017 年，作为中国第一家量子计算公司，本源量子正式成立，取自"追本溯源"之意，公司的目标是研发出可供用户使用的工程化量子计算机，进而使得中国拥有自主可控的量子计算能力。自成立之初，本源量子就定位于全栈式量子计算研发，目前已成功完成多台工程化量子计算机的研制，并发力量子芯片设计与生产制造，开发出具有国产自主知识产权的量子芯片工业设计（Q-EDA）软件、激光退火仪、无损探针仪等量子芯片专用的工业母机。

2021 年，本源量子交付了第一台量子计算机，标志着我国成为世界上第三个具备量子计算机整机交付能力的国家。目前，本源量子已经创下多个"第一"：首款国产量子计算机测控系统、国内首批自主可控的工程化超导量子计算机、国内首个搭载真实量子计算机的超导量子计算云平台、国内首款量子操作系统"本源司南"、国内首个量子芯片设计工业软件"本源坤元"等，并建设我国第一条量子芯片小试线。

本源量子于 2024 年正式上线中国第三代自主超导量子计算机"本源悟空"，搭载 72 位计算比特与 126 位耦合比特的超导量子芯片"悟空芯"，是中国最先进的可编程、可交付超导量子计算机。

本源量子的成长轨迹也是量子行业从无到有的发展缩影。2021 年，"量子信息"首次出现在"十四五"规划及《政府工作报告》中。从这一年起，教育部正式把量子信息学科列入本科生教育，以加快量子领域人才梯队培养。在量子计算机的工程之路上，"先行者"本源量子不仅催生出一大批原创性成果，还牵头组建了国内第一家量子计算产业联盟（OQIA）。本源量子的创始人郭国平认为，量子计算与传统计算机的应用过程一样，只有越来越多不同行业的企业加入研发，才能让量子计算有更多应用场景，加速推动量子计算机的迭代速度。基于这一初衷，本源量子牵头构建了量子计算产业联盟，致力于建立和拓展量子计算产业生态圈，推动量子计算产业化发展。成员企业单位包括金融科技、海洋超算、轮船制造、传感应用、人工智能、低温制冷、生物科技、大数据等领域。在此基础上，本源量子牵头发起建立我国首批量子计算行业应用联盟，量子金融行业应用生态联盟和量子计算生物化学行业应用生态联盟。这些应用联盟的建立也将助推量子计算在金融、生物医药等行业的应用落地。

新质生产力是对传统生产力根本性的超越，这种超越不仅需要依靠延续性的增量科技创新，更重要的是在于关键性、颠覆性技术的重大突破和飞跃，能够真正改变生产力的性质与效率。因此，发展新质生产力更需要颠覆性技术的突破和未来产业的发展。

从颠覆性技术萌芽到形成新质生产力是一个极为漫长且充满不确定性的过程，需要科学家、工程师、投资人以及产业组织者的深度参与和互动。以本源量子从实验室到产业化的发展路径为参考，尤其是郭光灿院士和郭国平教授在一些采访中讲述了自己在最开始的二十年中，将量子计算"冷板凳坐热"的故事，政策制定时更需要转变线性的产业培育认知模式，优化产业生态和创新生态，助力颠覆性技术"从无到0"寻起点，"从0到1"做验证，"从1到N"拓场景。

一是基于前沿科学发现，培育新质生产力。颠覆性技术的诞生与发展一般都源自前沿科技领域的突破，能在指标性能、成本效益、环境友好等方面大幅超越甚至替代现有技术，从而催生全新的产业生态与价值体系，推动生产力向更高层次跃迁。在颠覆性技术的萌芽期，以支持原创性基础研究为抓手，鼓励自由探索，强调自主可控，降低竞争性资助比例，延长稳定资助周期，减少行政干预和考核频率，优化分类评价机制。

二是推动跨领域合作，催生新质生产力。在数字经济时代，以云计算、人工智能等为代表的新一代信息技术，应用领域越来越广、作用过程越来越复杂、迭代速度越来越快，正在重塑众多传统行业。特别是物质、能量、信息等基础领域的科学和技术突破，凭借其强大的基础性和高度的通用性，与各行业技术深度融合，产生颠覆性的效果，催生新质生产力。在此背景下，应通过建立稳定的预期与释放积极的政策信号，为新技术提供丰富的应用场景和试点试验机会，同时鼓励产学研深度融合，构建开放创新的网络体系，加速颠覆性技术的迭代升级，推动其更快转化为现实生产力。

三是助力挖掘场景需求，创生新质生产力。每一项新技术、新产品的诞生，都面临着如何被市场接受与应用的挑战。这就需要深入挖掘现实需求并发挥合理想象，创造出新的应用场景，把技术、资本、人才等生产力要素高度统一于一个场景中，不仅推动了新产品、新产业、新模式的诞生，更引领了新质生产力的发展方向。

第五章

因地制宜发展新质生产力

2024 年全国两会期间，习近平总书记在参加江苏代表团审议时提出，"要牢牢把握高质量发展这个首要任务，因地制宜发展新质生产力"。因地制宜发展新质生产力，就是要避免搞单一模式建设，突出强调各地区要结合实际情况，不断提高劳动效率、资本效率、土地效率、资源效率、环境效率，不断提升科技进步贡献率，不断提高全要素生产率，加强科技创新和产业创新深度融合，走出适合本地区实际的高质量发展之路。

本章选取深圳、宁波、武汉光谷、东莞松山湖等地区的案例，分析解读这些区域如何结合各自资源禀赋与产业基础进行科学规划，在发展低空经济、新材料产业、光电子产业以及机器人产业等方面创造出典型经验。

一、无人机之都——深圳以低空经济引领未来的天空之城

近年来，低空经济成为全国乃至全球关注的热点，引发了广泛的社会讨论和产业布局。在国家战略层面，低空经济被赋予了发展新质生产力的重要使命。2024 年《政府工作报告》明确提出，大力推进现代化产业体系建设，加快发展新质生产力，并将低空经济视为新增长引擎之一，强调了其战略意义。

作为战略性新兴产业的重要组成部分，中国低空经济产业正处于快速发展阶段，具备广阔的市场前景和巨大的发展潜力。尽管当前低空基础设施和飞行保障的发展潜力尚未充分显现，但随着政策支持和技术进步，低空经济将逐步实现高端化、智能化和绿色化的发展模式，未来将全面融入人民生产生活的各个领域。

（一）低空经济是新质生产力的新"蓝海"

低空经济是指以航空载运与作业装备技术为主要工具、以低空空域为主要活动场域、以低空飞行活动为最终产出形式的系列经济活动构成的经济领域。

低空经济的核心资源在于低空空域，这一广阔而未被充分开发的自然资源蕴含着巨大的经济潜力。在我国，低空高度范围一般指军事限制区、空中禁区、大城市上空等以外的距正下方地平面垂直距离在 1000 米以内的空域，根据不同地区特点和实际需要，经批准后可延伸至 3000 米甚至更高（见图 5-1）。

低空经济的经济活动范畴广泛，涵盖了从低空飞行到低空制造、低空保障，再到综合服务的全方位产业链。其中，低空飞行作为核心与主体，不仅

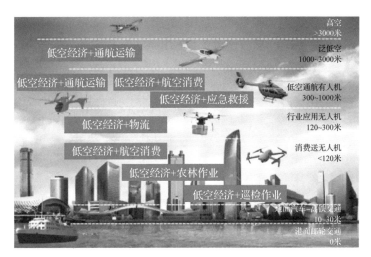

图 5-1　低空经济应用范畴示意图

资料来源：雷童尧.我国低空经济发展现状、制约因素及对策建议 [J]. 新西部，2024（5）：87-90.）

涉及无人机、eVTOL（电动垂直起降飞行器）等先进飞行器的应用，还直接提供了最终的产品形态或服务模式，强有力地牵引并促进了其他三个板块——低空制造（聚焦于飞行器及其关键部件的研发与生产）、低空保障（包括基础设施建设、维护运营及管控系统），以及综合服务（涵盖飞行服务、租赁、教育培训等多元化服务）的协同发展。

近年来，低空经济被纳入国家战略，多地政府竞相布局，政策红利与市场潜力持续释放（见图 5-2）。低空空域的开放与法规体系的完善为产业发展

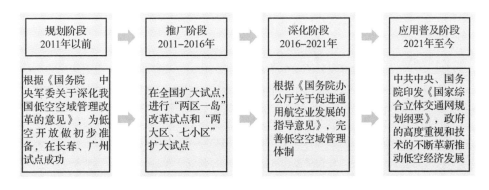

图 5-2　低空经济发展阶段

奠定了坚实的基础。至 2024 年，我国初步建立了"上级法律法规统筹管理、下级法律文件具体实施"的民用无人机法律规范体系，见表 5-1。

表 5-1　2010 年以来我国国家层面的低空经济发展规划和政策

序号	年份	相关政策、规划或管理办法
1	2010	国务院、中央军委发布《关于深化我国低空空域管理改革的意见》
2	2014	国家空管委发布《低空空域使用管理规定（试行）（征求意见稿）》
3	2016	国务院办公厅发布《国务院办公厅关于促进通用航空业发展的指导意见》
4	2018	中国民航局发布《低空飞行服务保障体系建设总体方案》
5	2019	中国民用航空局空管行业管理办公室发布《关于促进民用无人驾驶航空发展的指导意见（征求意见稿）》
6	2021	中共中央、国务院发布《国家综合立体交通网规划纲要》
7	2022	国务院发布《"十四五"现代综合交通运输体系发展规划》
8		中国民航局、国家发展改革委、交通运输部发布《"十四五"民用航空发展规划》
9		国务院发布《"十四五"旅游业发展规划》
10		中国民航局发布《"十四五"通用航空发展专项规划》
11	2023	中国民航局发布《民用无人驾驶航空器系统适航审定管理程序》
12		国务院、中央军委发布《无人驾驶航空器飞行管理暂行条例》（2024 年 1 月 1 日正式实施）
13		市场监管总局（标准委）发布《民用无人驾驶航空器系统安全要求》强制性国家标准（2024 年 6 月 1 日正式实施）
14		中国民航局发布《民用无人驾驶航空器系统物流运行通用要求 第 1 部分：海岛场景》
15		国家空管委发布《中华人民共和国空域管理条例（征求意见稿）》
16		工业和信息化部印发《民用无人驾驶航空器生产管理若干规定》
17		中央经济工作会议将低空经济纳入战略性新兴产业
18		中国民航局发布《国家空域基础分类方法》
19	2024	交通运输部发布《民用无人驾驶航空器运行安全管理规则》
20		中央财经委员会第四次会议鼓励发展与平台经济、低空经济和无人驾驶等相结合的新物流模式

（续）

序号	年份	相关政策、规划或管理办法
21	2024	第十四届全国人民代表大会第二次会议审议的《政府工作报告》指出，积极打造生物制造、商业航天、低空经济等新增长引擎
22		工业和信息化部、科技部、财政部、中国民航局发布《通用航空装备创新应用实施方案（2024—2030年）》

国际视角下，经过初期的探索与规范化发展，全球低空经济已稳健迈入普及与快速增长的黄金时代。各国政府与企业纷纷意识到这一新兴领域的战略价值，竞相出台扶持政策与行业标准，以期在未来的低空经济"蓝海"中占据有利位置。美国、日本、巴西等通用航空业发达的国家主要注重低空经济的交通属性，推动城市空中交通（Urban Air Mobility，UAM）或先进空中交通（Advanced Air Mobility，AAM）的发展；波音、空客、Joby和Lilium等传统巨头和部分初创型企业积极布局eVTOL的研发制造。各国普遍认为，2025年是eVTOL、UAM商业化应用的关键节点。

美国联邦航空管理局（FAA）以其前瞻性的视野构建了以市场参与为核心、辅以宏观管理的城市空中交通管理体系，为低空经济的健康发展奠定了坚实基础。一系列如《先进空中交通协调及领导法案》《先进空中交通基础设施现代化法案》等政策文件的出台，不仅彰显了美国政府对低空经济的高度重视，还为行业的规范发展提供了法律保障。美国企业则在市场导向的激励下，不断推动无人机及eVTOL技术的创新与应用，从农业植保到物流配送，从电力巡检到军工领域，无人机技术的广泛应用正深刻改变着传统行业的运作模式。同时，面对日益激烈的市场竞争，FAA通过加强监管措施，确保了低空经济的安全与可持续发展。

欧洲各国在机场运营、空中交通服务、管理及基础设施等多个领域进行了全面部署，旨在构建一个高效、安全的低空交通网络。欧盟通过发布《2022年管理计划：机动性与运输战略》《无人机战略2.0》等战略指南，为低空经济的发展提供了明确的政策导向。多国城市积极响应，纷纷布局AAM

项目，推动低空技术创新与区域合作，共同探索低空经济的无限可能。德国和英国作为欧洲低空经济发展的代表，各自在技术研发与产业应用上展现出独特优势。德国政府与企业携手并进，通过加大投资与简化流程，努力提升低空经济的市场活力；英国凭借其开明的政府态度与对新技术的积极拥抱，为低空经济的多元化应用提供了有力支持。

根据摩根等国际咨询机构预测，到 2030 年，飞行汽车全球市场规模将达到 3000 亿美元，2040 年将突破万亿美元大关。到 2050 年，全球主要城市的天空中将有 9.8 万辆的飞行汽车穿梭其间。$^{\ominus}$罗兰贝格研究预测，低空经济市场规模则将超过 60 万亿元。

低空经济的诞生与发展深刻体现了技术突破、生产要素创新配置及产业深度转型升级的协同效应，是空天时代竞争中的关键一环，也是新质生产力的重要探索领域。这一经济形态通过转化低空空域这一宝贵自然资源，广泛渗透于农业、工业、服务业等多个领域，不仅促进了经济增长，还强化了社会保障能力，并在服务国防等方面展现出不可估量的价值，推动经济社会多领域协同发展。新质生产力强调创新的主导作用，追求高科技、高效能、高质量的发展路径，与低空经济的内在特征高度契合。

（二）天时赋能、地利独厚、人和共筑深圳低空经济的"蓝海"

作为世界"无人机之都"、全球低空产业链集聚度最高的城市，深圳先后获批成为国家通用航空产业综合示范区、全国通用航空分类管理改革试点城市和民航局无人驾驶航空试验区。深圳发展低空经济具有"天时、地利、人和"的优势。

深圳紧跟国家战略步伐，积极发展低空经济，其历程彰显了对时代机遇的敏锐洞察与深度布局。自 2010 年国家启动低空空域管理改革以来，深圳便敏锐地捕捉到了这一时代机遇，迅速响应，将无人机产业作为突破口，奠定

　　$\ominus$　资料来源：《低空经济框架报告》。

了低空经济的坚实基础。从"十三五"规划明确提出无人机及航空电子为重点发展领域，到近年来一系列专项政策的出台，深圳不仅实现了关键技术的突破，更在规范化管理上迈出了坚实步伐。特别是随着 2022 年《国家发展改革委　商务部关于深圳建设中国特色社会主义先行示范区放宽市场准入若干特别措施的意见》的发布，以及全国民用无人驾驶航空试验区的获批，深圳在低空经济领域的创新探索获得了前所未有的政策支持和市场空间。这一系列举措不仅彰显了深圳对国家战略的积极响应，更体现了其在新兴产业领域的前瞻布局和深度耕耘。

在无人机领域，深圳凭借其在消费级和工业级市场的绝对优势，构建了一个涵盖研发、生产、销售、服务全链条的完整产业生态。从碳纤维等关键材料技术的突破到大疆创新等龙头企业的引领（见图 5-3），深圳无人机产业不断突破创新，引领全球潮流。同时，深圳还依托其在 5G、大数据、人工智能等数字经济领域的领先优势，为低空经济提供了强大的技术支持和丰富的应用场景。经济基础与产业基础的深厚积累，为深圳低空经济的持续健康发展奠定了坚实基础。

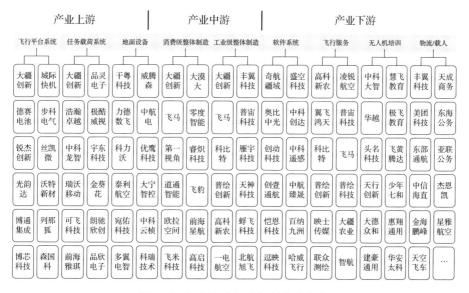

图 5-3　深圳低空经济相关企业代表

（资料来源：深圳市委财经处）

深圳低空经济的蓬勃发展，其深厚底蕴与不竭动力源自城市所具备的高层次人才聚集优势及强劲的科技创新实力。深圳坚定不移地实施人才强市战略，构建了一套具有全球吸引力的人才政策体系，吸引了大量国内外科技创新人才。这些人才在计算机、信息与通信工程等关键学科领域展现出卓越的创新能力和学术产出，为深圳低空经济的创新发展提供了源源不断的智力支持。同时，深圳还通过深化人才评价改革、促进军地合作创新等措施，形成了多元化、开放式的创新体系和网络，进一步激发了城市的创新活力。

（三）精准施策，打造全球低空经济创新高地

近年来，深圳凭借其在无人机产业的深厚积累、创新生态的蓬勃活力、丰富的应用场景以及空域改革的先行先试优势，全力推进低空经济的发展，旨在打造全球低空经济创新高地，为城市经济发展注入新动能。具体措施包括以下几方面。

一是，政策支持与前瞻性战略规划。深圳通过一系列高瞻远瞩的政策规划与立法举措，为低空经济铺设了坚实的政策基石。从《深圳市低空经济产业创新发展实施方案（2022—2025年）》到《深圳市支持低空经济高质量发展的若干措施》，再到《深圳经济特区低空经济产业促进条例》，明确了低空经济的发展路径，强化了空域协同、政策法规及产业服务能力建设。深圳成功获批国家低空经济产业综合示范区，与中国民航局等建立紧密合作，争取到更多政策与空域资源支持。深圳市低空经济发展工作领导小组的成立，更是汇聚了多方力量，形成高效协同的工作机制。各区配套政策的出台，进一步细化了支持措施，特别是在资金扶持、企业引培、技术创新等方面，激发了市场活力。深圳正加速推进军民协同运行试点、低空空域划设方案优化等，旨在提升低空运行效率，构建完善的低空飞行服务体系。

二是，基础设施建设作为先行关键。深圳将基础设施建设视为低空经济发展的关键一环，通过《深圳市推进新型信息基础设施建设行动计划（2022—2025）》等规划，明确了低空经济发展的技术路径。深圳紧抓无人驾

驶航空试验区建设机遇，推动 5G、物联网、大数据、人工智能等技术与无人机深度融合，构建"五张网"低空服务网络体系。无人机联网系统、城市低空物流运营中心及调度监管平台的建立，显著提升了低空物流效率与安全。深圳市交通运输局数据显示，2023 年深圳新增无人机航线 77 条，累计航线总数达到 156 条，载货无人机飞行量更是突破 60 万架次，标志着基础设施建设取得显著成效，为低空经济快速发展奠定了坚实基础。

三是，标准规范制定与跟进。深圳在标准规范制定方面走在前列，从早期的《民用无人机通用技术要求》到近期的《商业无人机通用数据链与存储技术规范》，深圳不断完善低空经济标准体系，填补了国内空白，提升了国际影响力。深圳市人大常委会将《深圳经济特区低空经济产业促进条例》列为重点立法项目，为产业发展提供法律保障。深圳市低空经济专业标准化技术委员会的成立，加速了首批深圳标准的编制工作，标志着深圳在构建低空经济规则标准体系上迈出重要步伐。

四是，科技创新赋能低空发展。深圳依托其强大的科技创新实力，深化产学研用融合，推动低空经济技术创新与应用。在材料领域，高效整合碳纤维材料、特种塑料等材料技术实现突破；在无人机领域，飞控、云台、图传等核心技术领域攻关取得了显著成就。从全国首个"1+1"模式数字化塔台到智能融合低空系统（SILAS），深圳在低空信息基础设施、通信导航监视技术等方面取得突破。华为、腾讯等科技巨头与深圳气象创新研究院等科研机构在低空气象监测、5G 网络优化等领域的探索，为低空经济构建了坚实的信息通信网络基础。龙岗低空智能融合测试基地的升级改造，为低空经济测试验证提供了优越条件。

五是，产业集群化构建低空产业高地。深圳将低空经济深度融入"20+8"战略性新兴产业集群布局，通过关联产业集群协同发展，促进低空经济产业链的延伸与壮大。深圳已构建起完整的无人机产业链，实现从研发、制造到应用、服务的本地化闭环。以大疆创新、道通智能等企业为代表，深圳无人机企业在核心技术领域取得显著成就，巩固了全球市场领先地位。超过 1700

家低空经济产业链企业的汇聚，形成了生态丰富、辐射广泛的低空产业生态圈。深圳市低空经济产业协会的成立，进一步促进了产学研的协同与产业交流，推动了低空经济产业的高质量发展。

六是，积极开放应用场景。深圳积极开放低空应用场景，推动了一系列创新实践与突破性成果。美团、顺丰等头部企业在无人机末端配送领域的成功试验，不仅加速了低空物流服务的商业化进程，还助力深圳获批"民用无人驾驶航空试验区"。医疗无人机配送网络的建设，提升了医疗物资运输效率。防碰撞无人机在地下空间检测等领域的应用，展现了低空经济在提升效率、保障安全方面的巨大潜力。传统通航企业也在载人飞行服务上发力，推出多种新型空中交通服务，提升了城市立体交通体系的便捷性。深圳北站"低空＋轨道"联运项目的成功，更是完善了粤港澳大湾区的立体交通网络，提高了区域间的通行效率。

在当今复杂多变的全球经济格局中，区域政府如何有效进行产业培育，成为推动地方经济转型升级与高质量发展的核心命题。深圳在发展低空经济方面的典型做法为其他区域产业培育提供了经验借鉴。

（四）从大疆看科技创新企业如何引领并加速产业发展

在探讨深圳低空经济产业的发展历程与培育机制时，深圳市大疆创新科技有限公司（以下简称大疆）无疑是一个不可忽视的璀璨明珠。这家成立于2006年的企业，已从最初的无人机系统研发起步，逐步拓展成为涵盖无人机、手持影像系统、机器人教育及智能驾驶等多个领域的全球领先品牌，其技术实力与市场份额均位居行业前列。

大疆的故事始于汪滔对飞行梦想的执着追求。自在深圳创立公司以来，大疆便致力于无人机技术的自主研发与创新，于2012年推出了世界首款航拍一体机"精灵"Phantom系列无人机，刷新了各群体对无人机行业的固有认知，具有革命性意义。此后，大疆持续推出"禅思""经纬""灵眸"等一系列创新产品，构建了从消费级到专业级、行业级无人机的完整产品线，并凭借其卓越的技术实力和品牌影响力，在全球无人机市场占据了领先地位。到2020年，大疆在全球无人机市场的占有率超过80%，在国内无人机市场占有率超过70%，销量在全球民用无人机企业中排名第一。[⊖]

大疆在创业之初选择深圳作为其总部所在地，并非偶然。深圳作为我国改革开放的前沿阵地，拥有得天独厚的创新资源和产业环境，为大疆的发展提供了有力支撑。首先，深圳构建了以企业为核心的技术创新体系，其独特之处在于将所有创新资源紧密围绕企业创新活动进行配置。深圳市场机制的灵活性与高效性使得需求信号能够迅速从市场终端反馈至产业链上游，驱动企业不断根据市场动态与潜在需求加大研发投入，从而持续提升自主创新能力。这种"一切以产业和企业为中心"的创新策略，不仅缩短了科技成果从研发到产业化的周期，还极大地提升了创新成果的商业化成功率，为包括大疆在内的众多高新技术企业提供了肥沃的创新土壤。其次，深圳拥有完善的产业链配套。作为中国的"硅谷"，深圳汇聚了从芯片设计、软件开发到生产制造的全产业链体系。在2006年无人机相关政策环境尚不成熟、公众认知缺乏时，深圳市政府对创业者的支持政策吸引了全球无人机产业链上下游企业入驻，可以获取研制无人机所需的元器件、技术支持和人才资源，为产品的研发和生产提供了有力保障。大疆正是在这样的背景下，选择了深圳作为创业基地，并依托深圳完善的产业链、高效的创新服务和政府的鼎力支持，迅速成长为全球无人机行业的领军企业。正如汪滔所言："近十年来，深圳拥有了世界上最好的智能硬件创业环境，这让我们有底气赶超西方。在大疆的成长过程中，企业只是一门心思做出产品，政府在创业扶持、保护和人才政策等方面对我们的帮助是实实在在的。"

大疆的发展历程深刻诠释了技术创新如何驱动一个产业的颠覆性变革。在大疆之前，民用无人机市场几乎是空白的。大疆独辟蹊径，致力于打造标准化、易操作的消费级无人机。初创时期，技术人才短缺是公司面临的一大

⊖ 资料来源：《2019年中国无人机市场前景研究报告》。

挑战。香港科技大学、哈尔滨工业大学、深圳虚拟大学园等知名科技院校、机构的资源支持，都为大疆提供了众多高级技术人才，不仅解决了大疆的技术难题，更为其带来了先进的管理理念和市场洞察力。其推出的"大疆精灵Phantom 1"成为消费级无人机的里程碑之作，彻底颠覆了人们对无人机的认知，具有划时代意义。"珠峰号"无人直升机的研制成功并在珠穆朗玛峰地区完成测试飞行，实现有史以来人类第一次在高海拔地区的无人机放飞。从自主研发飞控系统、四旋翼机体到推出集成图像传输技术、GPS定位系统的航拍一体机，大疆的每一次产品迭代都代表着行业的进步和飞跃。大疆的成功离不开其对技术创新的执着追求。在2015年，大疆的4000名员工中有1/4都是研发人员。大疆每年将利润的15%投入技术研发中，这种对创新的极致投入使得大疆在核心技术上拥有了难以撼动的优势。截至2022年，大疆已累计申请专利超过8660项，稳居全球无人机领域专利数第一。这不仅是大疆技术实力的体现，更是其持续引领行业发展的坚实基石。

大疆由单一领域飞行拍摄精准地跨越至农业、影视、工业等多个维度，精心构建的无人机产业创新生态体系，展现出前所未有的广泛影响力和深度产业赋能能力。

低空经济产业的繁荣不仅依赖于政府政策的引导、基础设施的完善以及配套服务的支撑，更核心的是构成其产业链关键环节的各类企业主体的紧密协作与共同创新。通用航空飞机制造、低空飞行运营及市场应用三大核心模块的企业，通过精准对接市场需求，实现产品价值的最大化，共同构筑低空经济产业生态系统的坚固基石。大疆的发展历程也深刻诠释了企业发展与产业进步之间不可分割的紧密联系。大疆在不同的发展阶段，以其独特的优势和作用，不断推动着低空经济产业的创新与发展。

企业作为产业生态系统中的核心细胞，其发展历程与产业整体的进步轨迹紧密交织，可以形成一种相互促进、共同演进的动态关系。在初创阶段，科技创业企业往往是技术创新的先锋队，它们怀揣着对技术领先的执着追求，致力于技术攻关与突破，力求在产业中构建起坚实的技术壁垒。这一过程不仅推动了企业自身核心竞争力的形成，更为整个产业的技术进步提供了源源不断的动力，促进了产业整体技术水平的提升。随着企业进入高度发展期，其关注点不仅有技术创新，还有对市场需求的精准把握。在这一阶段，企业更加注重产品的迭代与更新，以及技术在实际场景中的应用。它们通过深入分析市场趋势，洞察用户需求，不断优化产品性能，提升用户体验。同时，这些企业还积极将先进技术应用于传统产业，赋能其转型升级，推动产业结构的优化与升级。这一过程不仅促进了企业自身业务的快速增长，更为整个产业的转型升级提供了有力支撑。最终，当企业成长为行业领军企业时，其角色与责任更加重大。作为产业链、创新链的核心和"塔尖"，这些企业拥有强大的资源整合能力和创新驱动力。它们不仅持续推动技术突破和产业迭代升级，还积极构建产业生态体系，为产业链上的中小企业提供全方位的支持与服务。通过搭建开放合作的平台，领军企业促进了产业链上下游企业的协同发展，形成了优势互补、互利共赢的良好局面。这种产业生态的打造，不仅提升了整个产业的竞争力，更为产业的高质量发展奠定了坚实基础。

二、建设我国新材料科创高地——宁波的探索与实践

材料是人类文明进步的基石，是推动经济和社会发展的强大引擎。当前，物联网的智能芯片、新能源设备的底层硬件、生物技术的基材等无一不依赖新材料的发现与发展。可见，新材料仍然是全球范围内新一轮科技革命和产业变革的物质基础和先决条件，"材料先行"已经成为现代化产业体系高质量发展的重要基石。

经过多年培育与发展，我国材料技术与产业取得了长足进步，已形成了全球门类最全、品种与产量规模第一的材料产业体系，钢铁、有色金属、化纤等百余种材料产量位居世界第一。改革开放以来，宁波经济持续快速发展，显示出巨大的活力和潜力。作为全国制造业单项冠军第一城，宁波已经基本建成国家制造业高质量发展试验区，并且新材料产业总体规模全国领先、发

展态势良好，是全国 7 个新材料产业基地之一，深入研究宁波培育和发展新材料产业的典型经验和做法，有利于为全国其他地区提供可借鉴的发展路径，推动全国新材料产业的整体升级，提升我国在全球新材料产业竞争中的地位，为我国经济高质量发展注入新的动力。

（一）材料是人类社会进步的物质基础和动力

新材料的发展是产业变革和人类文明进步的物质基础和动力，从高楼大厦到纳米芯片，无一不是由各种材料构建而成的，而一部人类文明史就是一部学习利用材料、制造材料、创新材料的历史。从石器、青铜器发展到钢铁、玻璃、高分子材料和复合材料等，每一次材料的突破都带来了生产工具的更新，进而带动生产力的极大提高。可以说，每一项具有划时代意义的重大技术突破都与某一种新材料的诞生息息相关，而每一种新材料的发明、生产和应用都创造了巨大的物质财富和精神财富，所谓"一代材料、一代装备、一代产业"，深刻影响并变革了人类的生产和生活方式，推动着人类社会的进步和演变。

所谓新材料，是指"使用新概念、新技术和新方法合成或制备的材料，具有高性能、高功能、多功能，对传统材料改性从而使得性能明显提高或产生新功能的材料"。新材料涵盖了高性能结构材料、先进功能材料、生物医用材料、智能制造材料等多个领域，广泛应用于航空航天、电子信息、节能环保、生物医药等行业。新材料产业被公认为 21 世纪最具发展潜力并对未来发展有着巨大影响的产业。2023 年，全球新材料市场规模达 7.2 万亿美元。据中国石油和化学工业联合会统计，2023 年全球化工新材料产量超过 1.1 亿吨，产值约 4700 亿美元，2025 年年底有望达到 4800 亿美元。

当前，新材料产业发展水平已经成为衡量一个国家和地区经济社会发展、科技进步和国防实力的重要标志，成为世界各国竭力抢占的未来战略制高点。当前，全球新材料产业已形成以美国、日本和欧洲国家为第一梯队，韩国、俄罗斯和中国为第二梯队的竞争格局。其中，美国、日本和欧洲国家在基础研究、应用开发、技术产业化和生产制造等各方面都居世界领先地位，拥有全球绝大部分的大型新材料跨国公司，并在大多数高技术含量、高附加值的新材料产品中占据了主导地位，产业垄断加剧，高端材料技术壁垒日趋显现。

近年来，人工智能、机器学习及凝聚态物理等领域的发展推动了许多颠覆性新材料技术的涌现，并且与能源技术、生物技术等加速融合发展，尤其是利用人工智能技术赋能新材料研发，显著加快了材料研发速度。例如，美国劳伦斯伯克利国家实验室利用谷歌 DeepMind 开发的深度学习工具"材料探索图形网络"（GNoME）预测并合成新材料，并利用"材料项目"（Materials Project）的数据库对 GNoME 进行训练，成功生成了 38.1 万种新无机化合物数据；阿贡国家实验室开发出结合了人工智能与机器人技术的"自动驾驶实验室"（SDL）Polybot，可简化实验过程并节省研发时间和成本；橡树岭国家实验室开发出一种基于深度学习的软件包 AtomAI，将深度学习应用于原子级分辨率的显微镜数据，从而提供可量化的物理信息（如样本中每个原子的精确位置和类型），可作为研究人员观察原子和分子结构以理解和设计纳米级材料的重要工具等。⊖

（二）我国新材料产业发展现状：从材料大国到材料强国

新材料产业具有新质生产力特征。概括地说，新质生产力具有高科技、高效能、高质量特征。特点是创新，关键在质优，本质是先进生产力。新材料产业特征与新质生产力的内涵高度统一。

一是二者都高度依赖创新驱动。"科学技术是第一生产力"的创造性论断有力推动了我国社会生产力的发展。新质生产力的提出，为推进中国式现代化指明了生产力发展的方向。同样，新材料产业高度依赖基础研究、原始创新和颠覆性创新，具有知识、技术、资金高度密集等特征，本身就是先进生产力的标志，发展潜能巨大。二是二者都强调开辟新领域、新赛道。新质

⊖ 资料来源：《2023 年世界前沿科技发展态势总结及趋势展望——新材料领域》，国际技术经济研究所。

生产力有别于传统生产力的一大特征就是涉及新领域。新材料"脱胎"于传统材料，随着新材料与新一代信息技术、新能源、生物等高新技术加速融合，将催生一系列新产品、新模式和新业态，推动传统产业转型升级，开辟新领域、新赛道。三是二者都着眼于塑造发展新动能、新优势。新材料产业具有先导性、基础性和带动性特征。新材料产业的创新突破可以带动其他高技术产业的突破和大发展，反过来，下游高技术产业的发展会进一步刺激和扩大对新材料产业的需求，推动新材料产业迭代升级。因此，新材料产业能够对经济发展产生强大的内生驱动力，为经济增长提供新动能，形成新的经济增长点。此外，新材料产业不仅是新兴产业的重要组成部分，同时也是其他新兴产业发展的有力支撑，是新质生产力的基础与保障。

经过 40 多年发展，我国新材料产业逐步从跟踪模仿走向了自主创新，并在多个关键领域取得领先地位，从跟随者成为领跑者。自 2009 年以来，新材料成为我国大力发展的七大战略性新兴产业之一，进入国家层面战略规划范畴，并相继出台多项文件指导和支持新材料产业发展。在"十三五"规划中，将新材料作为"推动战略前沿领域创新突破"的重要方向之一，提出要"加快突破新一代信息通信、新能源、新材料、航空航天、生物医药、智能制造等领域核心技术"；在"十四五"规划中，新材料作为"构筑产业体系新支柱"之一被提出，要求"聚焦新一代信息技术、生物技术、新能源、新材料……等战略性新兴产业，加快关键核心技术创新应用，增强要素保障能力，培育壮大产业发展新动能"；2024 年 1 月发布的《工业和信息化部等七部门关于推动未来产业创新发展的实施意见》提出，推进未来材料产业发展，包括推动有色金属、化工、无机非金属等先进基础材料升级，发展高性能碳纤维、先进半导体等关键战略材料，加快超导材料等前沿新材料创新应用。

当前，我国已形成了新材料研发、制造、应用完整的创新链、产业链。2019—2022 年，我国新材料产业总产值从 4.5 万亿元增长至 6.7 万亿元，年均复合增长率为 14.2%；2023 年总产值为 7.9 万亿元。[○] 在前沿研究方面，发

㊀ 资料来源：《2024 年中国新材料市场规模及行业面临的挑战预测分析》。

明专利和论文数量均位居世界第一，一批重大关键材料取得突破，先进基础材料如超级钢、电解铝、低负荷水泥等已突破关键技术，关键战略材料如稀土永磁材料的产业规模位居世界第一，前沿新材料如石墨烯技术处于国际领先地位，并涌现出高温超导材料、钙钛矿太阳能电池材料等一批前沿技术。在人才培养方面，专业技术人才达 160 万人，位居世界第一。在科研机构方面，截至 2023 年 10 月，我国新材料领域已建立 7 个国家制造业创新中心，布局建设了 35 个新材料重点平台。在生产企业方面，2023 年新材料企业达165.13 万家，规上企业超过 2 万家，专精特新"小巨人"企业 1972 家、制造业单项冠军企业 248 家，同时培育形成了 7 个国家先进制造业集群。

整体来说，我国新材料产业在体系建设、产业规模、技术进步、集群效应等方面取得了较大进步，已成为世界最大的材料生产和消费国，新材料产业整体实力不断提升，实现了从材料小国到材料大国的历史性转变。

（三）打造新材料科技城，宁波独树一帜

宁波，作为我国东南沿海的经济重镇，经济规模和产业基础持续壮大，2023 年 GDP 达到 16452.8 亿元，同比增长 5.5%，⊖ 展现出蓬勃的发展态势。当前宁波正围绕浙江省委忠实践行"八八战略"、奋力打造"重要窗口"的要求，切实扛起唱好"双城记"、当好模范生的使命担当，以推动高质量发展为主题，初步建成新材料、工业互联网、关键核心基础件三大科创高地，成为长三角优势领域科技创新中心，并着力提升产业链现代化水平，成为全国制造业单项冠军第一城，基本形成"246"⊜ 万千亿级产业集群，基本建成国家制造业高质量发展试验区。

作为全国首批七大新材料国家高技术产业基地之一，2023 年，宁波市新

⊖ 宁波市统计局和国家统计局宁波调查队 2023 年最新数据。
⊜ 2 个世界级的万亿级产业集群（绿色石化、汽车），4 个具有国际影响力的 5000 亿级产业集群（高端装备、新材料、电子信息、软件与新兴服务），6 个国内领先的千亿级产业集群（关键基础件／元器件、智能家电、时尚纺织服装、生物医药、文体用品、节能环保）。

材料产业实现工业总产值 4178.7 亿元，[⊖] 产业总体规模全国领先、发展态势良好，并已形成五大具有世界级竞争力的产业集群。在化工新材料、金属新材料、磁性材料、电子信息材料、功能膜材料等领域的比较优势明显。宁波以科技创新推动产业创新，推动新材料产业不断攀"高"逐"绿"，成为一股强劲的发展新动能。

2019 年，宁波市做出了加快建设"246"万千亿级产业集群的部署，将新材料作为"4"个 5000 亿级产业集群来重点建设。2020 年，将新材料列为计划建设的三大科创高地之一。积极谋划更大力度的政策举措，推动政策举措靠前发力，出台《宁波市新材料产业集群发展规划（2021—2025）》《宁波新材料科创高地建设行动方案（2021—2025 年）》《宁波市化工新材料产业集群高质量发展行动计划（2020—2022）》《宁波市新材料产业人才发展三年行动计划（2020—2022 年）》《宁波市加快打造"361"万千亿级产业集群行动方案（2023—2027 年）》等政策，以及化工新材料、磁性材料等标志性产业链培育方案，形成"1 规划 +1 行动方案 +N 细化举措"的新材料发展政策体系，确定了新材料产业发展"路线图"。

此外，与其他区域相比，早在 2013 年宁波市委、市政府就做出决定，以始建于 1999 年的宁波国家高新区为核心依托，全面建设宁波新材料科技城，推动宁波新材料产业进入一个新的发展阶段。

在目标定位上，总体定位是世界一流高科技园区。围绕总体定位，以全球视野和国际先进理念引领未来发展，形成国际化未来技术创新体系、生态化创新创业环境、低碳化经济发展方式、融合化产城发展路径，全面推进国家自主创新示范区建设，将宁波建设成为生态智慧"科技之城"。

在管理体制上，设立新材料科技城管委会，与宁波高新区管委会实行"两块牌子、一套班子"合署办公，负责新材料科技城的开发建设和运营管理，并按照"四统一、一不变、两共享"思路，实施开发建设。"四统一"是

⊖　资料来源：《宁波这个5000亿级大集群，有了专属的产业协会》，宁波市经信局（市数字经济局），2024–07–15。

指"统一领导、统一规划、统一开发、统一管理",即指在市政府统一领导和系统部署下,统一负责核心区的规划编制,统一负责核心区的开发建设,统一负责核心区的运营管理。"一不变"是指"行政区划不变",即指新材料科技城建设不涉及行政区划调整,现有区域的人大代表、政协委员、司法机构仍在属地行使职责。"两共享"是指"共享收益、共享成果",即在一定期限内,科技城范围内新增收益部分由开发建设主体与属地政府按一定比例进行收益分成;各项经济指标既纳入所在地区统计,又纳入新材料科技城统计。

在产业发展上,核心区以引导原创性新兴产业生成和优势主导产业高端化发展为目标,依托宁波产业优势和基础,优先布局高性能金属材料、先进高分子和合成新材料、电子信息材料与器件三大领域的高端要素资源;积极培育发展市场前景广、产业关联度高的高性能纤维及其复合材料、无机纳米材料及技术、特种功能材料等新材料先导产业;通过辐射带动作用,吸引新装备、新能源、新一代信息技术等上下游关联产业高端资源在科技城集聚,最终形成辐射带动、产业联动的发展格局,引领全市战略性新兴产业集群发展。

以新材料科技城为引领,宁波新材料领域已经取得长足发展。其中,化工新材料是宁波新材料领域第一大优势产业,2023 年与中石化签约共建中石化宁波新材料高端创新平台,并且国内首套 3000 吨 / 年高等规聚丁烯 –1 工业示范装置投用,让中国石化镇海炼化公司成为全球第四家、国内第一家溶液法连续稳定生产高性能聚丁烯 –1 产品的企业。金属新材料在全国已形成明显的规模优势,是全国重要的铜带棒和粉末冶金机械零件制造基地,依托龙头企业,产品竞争力不断增强,其中博威合金通过材料基因工程技术,借助数字化工具开发了一款国际先进的 C18080 高端铜合金替代产品,其公司生产的白铜合金材料、黄铜电极丝生产技术与销售市场位居国内前列,引线框架材料、环保铜合金棒材国内销售第一;东睦新材料为国内最大粉末冶金企业,汽车、摩托车等粉末冶金零件销售位居国内前列,"混粉—成形—烧结—精整—机加工"技术首屈一指。稀土磁性材料已经成为国家级先进制造业产业集群。2023年，宁波市稀土磁性材料全国市场占有率达40%以上。中国科学院宁波材料所、磁性材料创新中心分别作为牵头单位承担"稀土新材料""高效低能耗电源用软磁合金集成技术开发"国家重点研发计划项目。功能膜材料产业集群诞生了激智科技、长阳科技等单项冠军企业。2023年，由这两家企业作为龙头企业共同牵头、联合行业骨干企业和产业链上下游企业组建的浙江省功能膜材料（光电）创新中心正式启用，成为国内首家光电功能膜材料领域的省级创新中心。电子信息材料产业不断健全"集成电路材料、装备—集成电路设计—芯片制造—封装测试—行业应用"产业链，江丰电子等单位起草的《集成电路用高纯钛溅射靶材》（T/ZZB 0093—2016）标准荣获中国标准创新贡献奖三等奖，填补国内集成电路制造用钛靶材标准的空白，相关产品列入"大国重器"。

在企业主体梯队方面，宁波市经信局公布的数据显示，截至2024年7月，宁波市新材料领域集聚了25家国家级单项冠军企业、68家国家级专精特新"小巨人"企业、810家高新技术企业，数量居全国前列。在细分领域，龙头企业实力强劲，包括市场占有率居全球第一的钐钴磁性材料企业宁港永磁、新型铈磁体企业复能新材料公司、光学反射膜企业长阳科技、光学扩散膜企业激智科技，全球最大聚氨酯材料生产企业万华化学和石油树脂生产企业恒河材料，居世界前列的铜材企业金田铜业、硬化膜企业惠之星和宁波瑞凌等。宁波瑞凌的辐射降温薄膜是全球独创性产品，金瑞泓、康强电子、江丰电子分别居全国半导体材料十强企业第一、三、六位，韵升集团和科宁达的硬盘驱动器（HDD）、音圈电机（VCM）的全球市场占有率超过70%。

在科创平台与资源方面，宁波拥有甬江实验室、中国科学院宁波材料所、兵科院宁波分院、天津大学浙江研究院、西北工大宁波研究院等20多家新材料相关的高能级产业技术研究院所；建有磁性材料等5家国家级重点实验室（工程实验室、工程研究中心）、1个国家石墨烯创新中心、国家新材料测试评价平台浙江区域中心和2个省级磁性材料制造业创新中心；拥有10家国家企业技术中心、15家省级重点企业研究院、79家省级企业研究开发中心；集聚了 4 位两院院士、237 名高层次人才和 72 个高端创业创新团队；已建成市级及以上产业创新服务综合体 9 家、[⊖] 科技孵化机构 55 家，[⊜] 初步形成了"众创空间—科技企业孵化器—科技企业加速器—产业创新服务综合体"的全链条孵化体系。

（四）没有"材料"的材料之都——宁波新材料产业培育的经验借鉴

翻开我国的矿产资源手册会发现，我国稀土资源分布总体上表现出"北轻南重"的特征。北方以包头的白云鄂博矿为代表，主要生产轻稀土，其储量超过全国的 80%；南方矿点则比较分散，主要分布在江西、广东、福建、湖南、广西等地。也就是说，宁波市乃至整个浙江省是没有任何稀土矿资源的。然而历经 30 多年发展，宁波市已成为全球最重要的稀土磁性材料产业制造和应用基地之一。相关数据显示，宁波稀土磁性材料产量约占全国 40%，拥有 300 家左右的磁性材料制造业企业，集聚了全国约 22% 的稀土永磁材料企业。

2016 年，工业和信息化部等部门联合发布的《新材料产业发展指南》基于基础材料科学将新材料划分为三类：第一类是包含先进有色金属、先进钢铁材料、先进化工材料、先进建筑材料和先进轻纺材料等在内的先进基础材料；第二类是包含高端装备用特种合金、稀土功能材料、高性能纤维复合材料、新型显示材料；生物医用材料等在内的关键战略材料；第三类是包含石墨烯、金属、高分子增材制造材料、液态金属、新型低温超导及低成本高温超导材料等在内的前沿新材料。宁波的磁性材料产业（又称稀土磁性材料产业）属于关键战略材料中的稀土功能材料。

那么，宁波是如何没有依托任何资源禀赋而发展出一个具有国际影响力的产业的？回顾历史，或能发现其中的答案。

宁波稀土磁性材料产业紧跟国家在新材料等战略性新兴产业的谋篇布局。

⊖　资料来源：《关于公布 2024 年度宁波市星创天地创建名单的通知》。
⊜　资料来源：宁波市高新技术与产业化处、宁波市生产力促进中心。

1986 年，国家实施 863 计划，提出围绕新材料技术、信息技术等关键高技术领域，组织设立多项重点项目。宁波早期以山梨酸、山梨酸钾、球形氢氧化镍为主要产品，开启了新材料产品的研发生产历程。1997 年，随着 973 计划和国家火炬项目计划的推进，宁波设立宁波新材料产业化基地和宁波电子信息材料基地，纳入科技部建立的 37 个国家新材料产业基地，开启宁波磁性新材料产业的飞速发展之旅。同时，宁波中科三环、宁波韵升等企业凭借钕铁硼磁材生产专利，引领产业向规模化迈进。

2004 年，中国科学院在宁波建立中国科学院宁波材料技术与工程研究所（简称宁波材料所）；面向磁性材料产业的科技研发需求，宁波材料所成立了磁性材料事业部，宁波磁性材料产业的研发水平进一步提升。2010 年，宁波建立了中国科学院磁性材料与器件重点实验室，以实验室为载体，从海外引进一批高端科技人才，强化磁性材料产业人才技术做支撑，建成"设计—制备—工程化"技术链，打通从基础研究到产业化的通道，成为开启磁性材料产业集群化发展的开端。

近年来，宁波市政府连续出台多项政策规划，如《宁波市稀土磁性材料产业集群高质量发展行动计划（2020—2022）》《宁波市新材料产业集群发展规划（2021—2025）》，明确发展目标，聚焦重大项目、领军企业、创新能力与人才梯队建设，旨在打造国际领先的先进制造业集群。同时，《宁波市加快打造"361"万千亿级产业集群行动方案（2023—2027 年）》也将信息功能材料列为重点培育对象，进一步推动产业升级。

目前，宁波磁性材料产业已形成以慈溪、北仑、鄞州等区域为核心的空间布局，各区域依托自身优势，实现差异化发展。慈溪以复能新材料为代表，成为稀土磁性材料产值高地；北仑拥有科宁达等老牌企业，产值稳步增长；鄞州则凭借宁港永磁在钐钴磁体领域的领先地位，占据重要市场份额。此外，宁波镇海区依托宁波材料所，聚焦技术创新与公共服务；杭州湾新区则侧重高端人才与项目引进，形成新的增长点。其他区县则注重下游应用市场的拓展，为产业整体壮大提供广阔空间。这一系列举措共同推动了宁波稀土磁性材料产业向更高质量、更高水平发展。

　　总结宁波的相关经验，核心是以下游需求为产业发展驱动力，以宁波特有民营企业的全球链接，加快高端资源集聚，使宁波发展成为没有"材料"的材料之都。

　　一是瞄准对接下游需求，驱动产业升级转型。宁波发展新材料的首要策略是紧密围绕下游需求进行产业布局与升级。通过深入分析国内外市场趋势，特别是新兴行业如新能源、智能制造、生物科技等领域对新型材料的需求变化，支持宁波新材料企业迅速研发出符合市场需求的高性能、定制化材料产品。这种以需求为导向的发展模式，不仅提升了产业链上下游的协同效率，还促进了宁波从传统制造业向先进材料制造业的转型升级，为城市经济注入了新的增长动力。

　　二是强化民营企业全球链接，加速高端资源集聚。宁波民营企业的国际化布局是其成功的关键之一。这些企业凭借敏锐的市场洞察力和灵活的经营机制，积极构建全球供应链和价值链体系，不仅将宁波的产品和服务推向世界，更重要的是，通过国际合作，引进了国际先进的技术、人才和管理经验。这种全球化的资源配置能力，使得宁波能够迅速整合全球高端材料研发、生产资源，加速技术创新和产业升级，为打造材料之都奠定了坚实的基础。

　　三是构建创新生态，促进材料科学与产业深度融合。宁波致力于构建一个集科研、教育、产业于一体的创新生态系统，鼓励企业、高校、研究机构之间的深度合作，推动材料科学与工程技术、信息技术、生物技术等领域的交叉融合。早在2004年，宁波就布局建设了浙江首家国家级研究机构——中国科学院宁波材料技术与工程研究所，并成立了磁性材料事业部。此后，宁波又陆续引进了浙江省磁性材料应用技术制造业创新中心、浙江省磁性材料产业创新服务综合体等国内先进研发服务平台，构建起全球体量最大、研究门类最齐全的磁性材料研发创新平台。在满足企业研发、检验检测、中试、技术转化等全链条需求的同时，还能加强与企业间的沟通链接，加速了科技成果的转化应用，为新材料产业的持续升级提供了源源不断的创新动力。

四是建立以需求为导向的科研体系，推动科研成果有效转化。针对政府端创新资源配置不足、不优和企业端研发创新"往哪投、怎么投、不敢投"等堵点问题，宁波应用"研值在线"数字化服务平台，构建"研值"监测、"研值"诊断等五大场景，为企业在研发费用归集、技术需求凝练与提升等方面提供专业化服务，摸清企业的研发状况和创新底数，精准助力企业提升研发管理能力和研发创新能力。截至2023年4月底，已有3000多家企业注册使用，线上管理研发项目3万多项。为进一步提升对接转化效率和智能化、精准化程度，宁波通过开发智慧对接系统、"产学研金"对接大平台等，成立"新材料成果转化服务团"，举办"科创中国"产学融合会议——宁波新材料创新技术应用大会等科技合作对接会，加快打通创新成果转化"最后一千米"。

三、打造世界级光电子信息产业集群——武汉光谷的"追光之旅"

2022年6月28日，习近平总书记在武汉市考察时指出："光电子信息产业是应用广泛的战略高技术产业，也是我国有条件率先实现突破的高技术产业。"湖北武汉东湖新技术开发区（以下简称东湖高新区）光电子信息产业独树一帜，被誉为"中国光谷"（以下简称光谷），在光电子信息产业舞台上始终吸引着全球目光。在国际光学工程学会公布的全球光电子信息产业集群中，东湖高新区是我国唯一上榜的区域。2023年，仅占武汉面积6%的光谷，创造了武汉14%的地区生产总值。[⊖]截至2024年8月，光谷光电子信息产业整体规模超5000亿元，[⊜]在湖北，以武汉光谷为龙头，辐射带动鄂州、黄冈、黄石等地的"光谷科创大走廊"上，武汉光电子信息产业正加速冲刺万亿元级规模。

⊖ 资料来源：东湖高新区2023年工作报告。
⊜ 资料来源：湖北省经济与信息化厅。

一束光，能产生多大的能量？"追光"35年的东湖高新区栉风沐雨、追光逐芯，始终在寻找答案。从中国第一根光纤、第一个光通信国际标准，到首个800G硅光模块、首台10万瓦光纤激光器、首条柔性折叠显示屏生产线……如今，以光谷为前沿，武汉光电子信息产业规模正加速向万亿级规模冲刺，成为我国参与全球光电子产业竞争的主力军。

（一）光电子信息产业：当集成电路遇到了"光"

光电子信息产业，在广义上就是一种既包括光子又包括电子的光电融合的产业。从科学概念看，光具有波粒二象性，它既是电磁波的一个波段，又是一种可直线传播的粒子，称其为光子，能够承载能量和信息。所以光子信息产业，就是以光子为载体的信息产业。光电子信息产业，就是在原有的集成电路产业加入了光的元素，换言之，光电子信息产业是以光电子技术为基础，综合开发利用光、电、声、磁等物理特性，涵盖了光电子器件、激光配置、光纤系统、全息图像、光集成电路、光计算机等技术。

从产业的角度看，该行业融合了光学、电子学和光电子技术的多个领域，如信息光电子、能量光电子、消费光电子、军事光电子以及软件与网络等。光电子产业无疑是非常重要的，不仅赋能通信，还赋能众多产业，是这些产业能够快速发展的重要条件和要素。例如，激光雷达的普遍使用就是无人驾驶的先决条件。在新能源、激光制造、智能建造等领域，都对光电子产业提出了很高的要求。

光电技术的发展历经漫长岁月，众多科学家前赴后继。其源头可追溯至17世纪光的微粒说和波动说之争。19世纪，法拉第提出光的电磁振动说，麦克斯韦统一电磁力并建立电磁波方程，赫兹证实光的电磁理论。20世纪初，普朗克提出光量子假说，爱因斯坦借此解释光电效应，提出光的波粒二象性，为量子物理奠基。玻尔提出新原子结构模型，爱因斯坦又提出受激辐射理论。此后，原子受激辐射和光学泵浦方法得以实现。1958年，肖洛与汤斯发现激光原理，发表《红外和光学激射器》，开启激光时代。1960年，梅曼获得第一束激光，休斯实验室制成第一台激光器，标志着激光技术产业化启程并在全球迅速发展。光电技术以光电子信息产业为依托，对光、电等物理特性综合开发，在众多科学家的努力下，从理论假设逐步走向实用领域，不断推动着科技进步与产业变革，其发展历程见证了人类对光的认知深化和技术突破。

在全球范围内，我国的光电子信息产业具备强劲的竞争优势。

从市场占有情况来看，日本和美国是全球光电元器件收入排名第一和第二的大国，但我国是光电元器件制造的第一大国，我国的光子产业收入在过去十余年间实现了显著的增长，2012—2020 年的复合年增长率接近 23%，[一]是全球增长最快的市场，并且我国的光电元器件制造公司和公司雇员数量全球排名第一。[二] 例如，国内企业已占全球光模块和光通信设备市场的半壁江山，华为、海信宽带等企业在设备市场拥有重要地位，国产光通信设备占据全球市场份额第一的位置，全球光纤光缆 60% 产能在我国，长飞光纤、亨通光电于 2020 年分别占据全球市场份额的 12% 和 9%。[三]

从产业发展情况来看，分为"光"和"电"两大产业。光电子信息产业里"光"的相关产业，国内外都还处于蓬勃发展的阶段，产业生态远没有成熟和成型，我国在光的研究及产业，在国际上基本处于相互竞争、相互追赶的态势，差距并不大，有很大的机会率先实现突破。[四]尤其在一些细分领域，如光纤光缆等，光谷具备保持领先全国、部分领先世界的实力，有基础、有条件代表国家参与全球竞争，抢占并夺取全球竞争的制高点。[五]"光电子信息产业"里的"电"，是以电子为核心的产业，以集成电路产业为主，在当今信息产业中占主导地位，以美国硅谷为发端，从基础研究、设计、生产到制造，

　　[一] 资料来源：《光子时代：光子产业发展白皮书》，2023 年 11 月。
　　[二] 资料来源：《光子发展史及国内光子产业状况（1）》，微信公众号"光子探索"，2023-06-27。
　　[三] 资料来源：《2020 年全球 | 中国光通信最具竞争力企业 10 强》。
　　[四] 资料来源：华中科技大学武汉光电国家研究中心特聘教授谢长生接受《长江日报》采访时发言，2022-08-23。
　　[五] 资料来源：《万千气象看中国 | 追光：从独树一帜迈向国际引领》，中国科学院院士、武汉大学物理学院教授徐红星观点，光明网，2024-07-01。

整条产业链基本由美国所控制。我国现在的很多技术问题，也都卡在"电"。因此，在光电子信息产业的全球竞争中，我国想拔得头筹的关键就在于抢占"光"、突破"电"。

（二）光谷光电子产业发展历程：从"一束光"到"世界光谷"

光谷光电子产业的崛起，是技术创新、政策扶持、大企业示范引领以及科学规划等多重因素协同发力、共同驱动形成的。

随着激光理论与技术应用的诞生，武汉开始加入这场科技变革之中。在全球第一台激光器问世后不久，武汉邮电科学研究院（中国信息通信科技集团有限公司的前身，以下简称武汉邮科院）的科研人员赵梓森偶然在一本英文杂志上看到国外有关光导纤维用于通信的报道，他敏锐地意识到，光纤在通信领域的巨大潜力。经过广泛调研和不断汇报，在他反复游说下，武汉邮科院和邮电部决定集中力量投入光通信研究。1976 年，赵梓森团队拉制出具有我国自主知识产权的第一根实用光纤——长达 17 米的石英光纤。在此基础上，武汉邮科院集中资源，攻克技术难关，研制出符合实用化的光纤、光端机、光中继机以及相应的测试仪器仪表，经过我国光纤通信第一个实用化系统——"八二工程"的量产应用，武汉邮科院的光通信从实验室正式走向商用，我国开始进入数字通信时代，并诞生了长飞光纤等国际领先的光纤光缆企业和国内领先的光传输系统企业。

东湖高新区的创设为光电子信息产业集群的形成提供了契机和条件。20世纪 80 年代，世界新技术革命浪潮汹涌，我国改革开放大潮澎湃。1984 年6 月，国务院办公厅要求全国 13 个城市试办新兴技术新兴产业密集的小经济区，其中就包括东湖技术密集经济小区，这正是东湖高新区的前身。此后，为了扭转分散重复的局面，在"七五"期间不再建新点，集中力量建设京津、上海、武汉 3 个中心。1988 年，武汉东湖新技术开发区正式挂牌成立，身背我国第一根石英光纤诞生地光环，后来发展成为全球最大的光纤光缆研制基地。在这一过程中吸引了光电子信息产业的科研院所、上下游企业、高端人才相继汇聚到这里，为"中国光谷"的形成与崛起奠定了基础。

大企业的成立成为光电子信息产业发展的重要推动力量。烽火通信、华工科技和光电工研院，对光电子信息产业的产业化发展、科技成果转化、创新生态建设起到了极大的带动辐射作用。其发展过程也是光电子信息产业发展的缩影。

烽火通信继承武汉邮科院的技术走上高技术产业化之路，是事业单位改制成功的典范。1999 年由武汉邮科院为主发起人，联合武汉现代通信电器厂、湖南三力通信经贸公司等十家公司共同出资成立烽火通信科技股份有限公司（简称"烽火通信"）。2001 年烽火通信在上海证券交易所成功上市，从一个以技术研究为主的事业单位转变为一个现代化的高科技上市公司，成立十年企业规模从 5 亿元到超越 50 亿元。[○] 烽火通信从成立之初，就继承了武汉邮科院在光纤通信技术领域 20 多年的技术积累，坚定地选择了做"光通信专家"的发展方向，经过多年发展，形成了光网络、光纤光缆、光纤接入三大支柱产品线，业界影响力持续增加。

华工科技是我国高校成果产业化的先行者。华工科技成立于 1999 年，是光谷本土成长起来的光电子信息产业链龙头企业，孕育于华中科技大学，2000 年便在深圳证券交易所上市，是"我国激光第一股"、我国高校成果产业化的先行者。自成立以来，华工科技便聚焦激光技术、电子信息技术、传感器技术的创新和发展。2013 年华工科技通过联合研发，做出了我国首台万瓦级光纤激光器，激光装备核心部件从此不再受制于人。

光电工研院在光电子信息创新生态中起到枢纽作用。武汉光电工业技术研究院（简称光电工研院），成立于 2012 年，是一个集共性技术研发、中试熟化对接、高端产业孵化、企业研发服务等功能于一体的协同创新平台。由武汉东湖新技术开发区和华中科技大学合作共建，并由武汉光电国家研究中心（原武汉光电国家实验室）负责管理运行。光电工研院为初创型企业提供

○ 资料来源：烽火通信 2011 年度报告。

"定制车间"的公共服务，形成了"科研人员创新—科技成果转移转化—成果产业化—实体经济发展—再创新"的闭环发展模式，培育了如华引芯、尚赛光电、沃亿生物等超 200 家企业，累计转化价格达 3.3 亿元。[○] 此外，光电工研院还成功推动了知识产权组以 1000 万元的价格挂牌交易，[◎] 成为部属高校挂牌转化科技成果的首个案例。

光谷通过制定产业规划，加速推动光电子信息产业发展成为世界级产业集群。规划不仅明确了产业发展的定位与目标，勾勒出从技术创新到产业集群构建的发展蓝图。1988 年东湖高新区从建立之初就明确了光电子信息产业的发展方向，将其作为主导优势产业进行重点培育。2001 年，科技部批准依托东湖高新区建设国家火炬计划武汉光电子信息技术产业化基地，并由国家发展计划委员会[◉]批复同意建设国家光电子产业基地，即"武汉·中国光谷"。2001 年 12 月《武汉国家光电子产业基地建设发展规划（2001—2005年）》编制完成，依托东湖高新区在光电子信息产业领域的科技优势，建设一流的光电子信息技术创新体系。2006 年，光谷被科技部列为全国建设世界一流科技园区试点之一。

此后，武汉加速打造"世界光谷"。2014 年，武汉出台《武汉市加快光电子信息产业集聚发展规划纲要（2014—2020 年）》，光电子信息正式成为武汉市重点打造的两大战略性新兴产业之一，获得了更集中的资源投放和全局统筹。2023 年 9 月，湖北省政府发布《加快"世界光谷"建设行动计划》，提出推动"世界光谷"建设全面起势、加力提速，将其打造成为世界创新版图重要一极、全球光电子信息产业地标和世界知名科技新城。

（三）科技创新驱动光电子产业链形成完整生态体系

如今的中国光谷，即武汉东湖新技术开发区，于 1988 年创建成立，是我

○ 资料来源：武汉光电工业技术研究院官网。
◎ 资料来源：《奋进的春天 | 那道光，引领我们前行》，光明网，2023-02-28。
◉ 2003 年 3 月，国家发展计划委员会改组为国家发展改革委。

国首批国家级高新技术产业开发区，从当年的 24 平方千米发展到如今总面积达 518 平方千米，成为全球最大的光纤光缆研制基地、全国最大的光器件研发生产基地、国内最大的激光产业基地。截至 2023 年年底，光谷形成了 150 家专精特新"小巨人"企业、554 家专精特新中小企业、1345 家创新型中小企业的梯度培育格局。[⊖]2023 年东湖高新区认定年度光谷瞪羚企业 518 家，光谷瞪羚企业累计达 1690 家，从中涌现出 23 家上市公司、8 家独角兽企业，已形成较为完整的生态体系。

光谷坚持走科技驱动、区域特色产业发展之路，始终把创新摆在核心位置，深入实施创新驱动发展战略，充分发挥武汉市在光电子信息产业领域的科技、人才、区位等优势，沿着一条主线做大做强，逐步构建了足够宽、足够深的产业"护城河"，形成了具有光谷特色的产业集群赛道。

首先，坚持科技创新驱动，打造良好生态。党的十八大以来，光谷始终把创新作为主导战略，研发投入强度达到 10.5%，[⊜]高新技术企业从 672 家增至 5700 多家，科创供应链平台汇集各类创新需求 1.2 万项，[⊜]相继突破了国内首颗 400G 硅光收发芯片、首台高端晶圆激光切割设备、首个眼科体内基因治疗药物等一批关键核心技术和产品，创新能力稳居全国高新区前四位。[⊜]截至 2024 年 5 月，光谷集聚 1.6 万家光电子信息企业，拥有全球最大的光通信研发生产基地，光纤光缆的生产规模居世界第一，齐聚 5 个国家重大基础设施、5 个国家级创新中心、六大湖北实验室。[⊜]

其次，发展光电子信息特色产业，实现"产业链自主可控"。2024 年 4 月 30 日，工业和信息化部正式公布 45 个国家先进制造业集群的名单。其中，新

⊖ 资料来源：《新城市志 | 增速全省第一，这家国家级高新区做对了什么》，澎湃新闻，2024-05-08。

⊜ 资料来源：《一束光的中国力量》，湖北工信，2024-09-27。

⊜ 资料来源：《"创新谷"展现蓬勃生机》，《经济日报》，2024-08-04。

⊜ 资料来源：《武汉 2024 年首场主题报告会聚焦光谷之"重"》，中国新闻网，2024-06-28。

⊜ 资料来源：《央视聚焦新质生产力，武汉三大产业集群向万亿级迈进》，《长江日报》，2024-03-18。

一代信息技术领域有 13 个，武汉市光电子信息产业集群入选。光电子信息产业是湖北武汉重要支柱产业之一，也是"十四五"期间湖北武汉重点发展的战略性新兴产业。光谷在全国乃至全球光通信领域拥有重要战略地位，是全国最大的光电子信息产业集群。从"产业最完整"到"产业链自主可控"$^{\ominus}$，光谷已发展成全球最大的光纤光缆制造基地、光模块研发生产基地、全球最大的低温多晶硅中小尺寸显示面板基地、全国最大的高端激光设备生产基地，拥有集成电路新型显示、下一代信息网络三大国家级产业集群。

最后，光谷光电子信息产业链完备，产业规模全国领先。光谷光电子信息产业在光通信、激光、新型显示、光电传感、智能终端等行业已形成完备的产业链，每个行业的全球竞争力不断增强，已经成为我国在光电子信息领域参与国际竞争的标志性品牌。

光谷的光通信产业整体实力位居国内前列，拥有光通信生产企业 100 多家，涵盖上游光纤光缆、中游光器件及光模块、下游光系统设备，同时，生产资料、关键器件实现自主可控，从下游到上游，武汉形成了一条自主可控的光通信产业链。

激光技术是国之重器，被称为"最快的刀、最准的尺、最亮的光"，光谷是中国激光产业的发源地。2023 年光谷的激光企业已超 300 余家，全部企业年产值近 300 亿元，覆盖高、中、低功率各类气态、固态和光纤激光企业，在激光器、工业激光加工设备、医疗激光设备等领域，是激光产业领域上市企业最密集的区域，也是全国最大的激光设备制造基地。$^{\ominus}$光谷具备以自主研发为核心竞争力的优势产业，形成了从激光材料（元器件）、激光器、激光设备及系统到解决（服务）方案的完整产业链。

新型显示是光电子信息产业的重要组成部分。自 2008 年全省第一家新型显示企业——武汉天马微电子有限公司落户光谷开始，经过十余年的发展，从 LCD（液晶显示器）到 OLED（有机发光二极管），从硬屏到柔性屏，武汉

　　$\ominus$　资料来源：《武汉光电子信息产业开拓全球市场》，《长江日报》，2020-10-10。
　　$\ominus$　资料来源：《武汉新城激光产业又添"生力军"》，《湖北日报》，2023-12-23。

光谷布局建设了 6 条显示面板生产线，初步形成了从部分原材料、装备、显示面板、模组到终端产品的产业链条，已成为全国最大中小尺寸显示面板研发生产基地。

光电传感技术以光电子学为基础，以光电子器件为主体，研究和发展光电信息的形成、传输、接收、变换、处理和应用。光谷已形成了材料芯片、传感制造器和应用产品的完整产业链。

智能终端是具有智能化功能的电子装置或设备，通常具备信息采集、传输、处理、控制等多种能力，并融合了现代光电子信息技术和智能终端技术。光谷的智能终端产业形成了上游元器件与系统、中游智能终端和下游解决方案的完整产业链。

（四）透视光谷发展：世界级产业集群的培育之道

习近平总书记指出："要牢牢把握高质量发展这个首要任务，因地制宜发展新质生产力。"新质生产力，以全要素生产率大幅提升为核心标志，特点是创新，关键在质优，本质是先进生产力。光谷秉承"创新是引领发展的第一动力"理念，深耕科技创新沃土，重视研究机构与产业的融合，实现科技成果的转化，并积极引进多层次人才，构建起多层次、宽领域的创新平台矩阵，以开放的姿态搭建全球交流沟通的桥梁，创新机制体制，营造良好氛围，使光谷变得更为宜居宜业。

一是，重视科研和产业的融合创新。光谷集合了大量基础研究的高校、科研机构，注重校企合作和科技成果的转化，孵化出了与光电子信息相关的大量产业。武汉邮科院和赵梓森院士领衔拉出国内第一根光纤，才有了长飞光纤等国际领先的光纤光缆企业和国内领先的光传输系统企业；烽火通信也是由武汉邮科院转制而来，在武汉邮科院 20 多年的科研基础之上发展成为高技术企业；华中科技大学率先在全国研制出高功率二氧化碳激光器，才逐渐孵化出武汉的激光产业，并覆盖全国；武汉的大功率光纤激光器、飞秒激光器、遥感技术，形成了全国领先的研究和产业。今天的武汉光电子信息产业，是基于扎实的研究逐步生长和发展起来的产业，是科研和产业融合发展的结果。

二是，坚持多层次人才引育并举。人才是第一资源，光谷对人才的引育为光电子信息产业的发展储备了充沛的力量，引领光电子信息产业迈向更高的发展阶段。东湖高新区规划总面积518平方千米，集聚了武汉大学、华中科技大学等42所高等院校、56个国家及省部级科研院所、30多万名专业技术人员和80多万名在校大学生，是我国三大智力密集区之一[⊖]。东湖高新区加大对有志趣、有天赋、有潜力的青年科学家的培养扶持力度，努力造就一批具有世界影响力的顶尖人才。例如，中国信科集团等企业培育了一批具备国际化视野、技术精专的标准产研融合的人才。武汉地区有两院院士近50名，其中约10名是我国光电子信息技术的学科带头人。除了现有的人才基础，东湖高新区还注重顶尖科学家的引进培养工程，采取全球邀约、一人一策、量身定制科学家实验室等方式，建立健全人才引进的快速决策机制，以全球视野超常规引进顶尖科学家。

三是，构建战略科技力量矩阵。光谷以及武汉市政府搭建起高效组织各类科技力量、统筹各类创新资源的平台。到2023年，中国光谷拥有国家级孵化器28个，以企业为主体的国家级创新平台76家，[⊜]形成了"重大科技基础设施＋国家创新中心＋湖北实验室＋新型研发机构"的战略科技力量矩阵。光电子信息产业集群本身具备先进、多元的创新平台和相关的基础设施，能够为集群企业提供创新和技术方面的支撑，还具有共享资源、协同创新、提高效率、降低成本等优势，能够为集群内外的企业和机构创造产业联动效应。

四是，推行体制机制改革创新。光谷在"光"又在"谷"。"光"是指产业形态，"谷"是指创新环境。创新创业区，也是先行先试区。光谷敢于破除体制机制的藩篱，留住人才、简化流程、畅通机制，激发科技创新活力、促

⊖ 资料来源：东湖新技术开发区管委会。
⊜ 资料来源：《光谷以核心技术突破赢得科技自立自强》，新华社，《瞭望》新闻周刊，2024-01-14。

进企业苗壮成长。光谷尤为重视知识产权保护，2012 年，武汉市发布促进东湖国家自主创新示范区科技成果转化的"黄金十条"，其中规定成果转化收益七成归研发团队。同年成立的光电工研院，作为政学合作典范，在体制机制创新上取得突破，推动了显微光学切片断层成像系统（MOST）知识产权组以 1000 万元价格挂牌交易，率先实现"黄金十条"的最大一笔收益，并推动科技成果"处置权、审批权、收益权"下放到高校科研院所。

在 30 多年的发展历程中，光谷聚焦光电子信息，强化科技力量，力求技术新突破。推动产业升级转型，优化资源配置，打造协同创新的良好环境。以实体经济为基础，以科技创新为动力，确保产业链、供应链自主可控。光谷的发展历程体现了发展新质生产力的应有之义。未来，光谷还将加快建设世界一流的东湖科学城，推进国家实验室、国家科研机构、高水平研究型大学、科技领军企业等战略科技力量建制化布局，加强原创性、引领性技术攻关，鼓励未知领域的原始创新和破壁性探索，推动科教深入融汇、产教深度融合，做强科技创新策源引擎。

四、引凤筑巢——东莞松山湖 XbotPark 机器人基地及其独角兽企业

机器人被誉为"制造业领域的璀璨明珠"，其研发、制造与应用，无疑是衡量国家科技创新实力与高端制造业发展水平的重要标尺，是新质生产力的典型代表。在新一轮科技革命和产业变革的浪潮中，机器人产业作为核心驱动力之一，正以前所未有的速度蓬勃发展，并在多项互补性技术的赋能下，功能日益丰富，性能愈发强大，朝着云化、智能化、协同化的方向稳步迈进。

我国机器人产业现已步入系统性升级与攻坚的关键时期，工业机器人与服务机器人两大领域均实现了产业规模的持续扩张。我国已傲然成为全球最大的工业机器人市场，其应用范围广泛覆盖了国民经济的 60 个大类及 168 个行业中类，销量更是占据全球市场的半壁江山，连续十年稳居榜首。展望未

来，得益于我国独特的要素禀赋、人口结构转型、收入水平的提升以及数字化技术的迅猛发展，我国机器人市场有望迎来更加广阔的发展空间。市场规模将持续扩大，创新能力将稳步提升，进而推动产业的国际地位不断攀升，为全球机器人产业的繁荣与发展贡献我国的智慧与力量。

（一）机器人——制造业领域的璀璨明珠

智能机器人产业是当代科技进步与经济结构转型的重要交汇点，成为各国竞相争夺的战略高地，大力发展机器人产业已成为当前我国制造业转型升级的关键路径。我国业界给出的机器人定义是：机器人是一种自动化的机器，这种机器具备一些与人或生物相似的智能能力，如感知能力、规划能力、动作能力和协同能力，是一种具有高度灵活性的自动化机器，可编程、拟人化、通用性和机电一体化是机器人的特点。

1. 不同种类机器人，解决不同场景问题

从分类上看，机器人技术根据其广泛的应用场景，主要分为工业机器人、服务机器人和特种机器人三大类别，每一类都承载着不同的使命与技术特性。

工业机器人，作为自动化生产线上的得力助手，根据具体的工作任务被进一步细分为多个子类。例如，搬运机器人专注于物料的精准移动与定位；码垛机器人则擅长高效堆叠各类物品，优化仓储空间；焊接机器人能在高温与强光环境中稳定作业，确保焊接质量；喷涂机器人则能均匀喷涂，提升产品的美观度与防护性；装配机器人则以其精细的操作能力，实现零部件的精准组装；激光加工机器人利用高能激光束进行切割、雕刻等高精度作业；真空机器人与洁净机器人则分别适用于无尘室及真空环境下的精密操作，满足半导体、生物医药等行业的高标准需求。

服务机器人是人类生活与工作中不可或缺的智能化伙伴。它们能够在非结构化环境中灵活应对各种挑战，为家庭、医疗、公共服务等多个领域带来便利。家用服务机器人如扫地机器人、智能音响等，大大减轻了人们的家务负担；医疗机器人则以其高精度与无菌操作，辅助医生进行手术、康复治疗等；公共服务机器人则广泛应用于农业监测、金融咨询、物流配送、在线教育等多个方面，以其高效、便捷的服务提升了社会运行效率。

特种机器人是专为高风险、高难度任务而生的高科技产物。它们能够深入人类难以涉足或面临极大危险的领域，执行军事侦察、极限作业、应急救援等关键任务。军事应用中的特种机器人，如侦察无人机、排爆机器人等，为战场提供了宝贵的情报与安全保障；极限作业机器人则能在深海、极地、火山等极端环境下工作，探索未知世界；应急救援机器人则能在地震、火灾等灾害现场，迅速开展搜救与物资输送工作，为生命救援赢得宝贵时间。随着人工智能、大数据等技术的快速发展与深度应用，机器人智能化发展呈现出多维升级的新特点，即从单一感知向全域感知提升，从感知智能向认知智能升级，从单机智能向集群智能演进，从围栏操作向人机协作跃迁。综上所述，机器人技术的分类与发展，不仅体现了科技进步的力量，更彰显了人类对于更高效、更安全、更智能生活方式的追求。

2. 我国机器人产业蓬勃发展，位居全球产业链头部

近年来，我国机器人产业呈现出蓬勃发展的态势，得益于政策的有力支持与日益旺盛的市场需求，该领域取得了显著成就。相关数据显示，我国已经跃居为全球机器人第一大生产国，工业机器人产量实现了跨越式增长。

在企业层面，我国机器人行业同样取得了长足发展。自 2009 年第一家机器人企业成功上市以来，我国已涌现出上万家机器人相关企业，其中专精特新"小巨人"企业超过 400 家，制造业单项冠军企业也有 10 余家。这些企业在技术创新、产品研发、市场拓展等方面取得了显著成绩，为推动我国机器人产业的发展做出了重要贡献。

从市场端来看，我国机器人市场的需求同样旺盛。我国已连续 11 年成为全球最大的工业机器人市场，这一数据不仅反映了我国制造业的强劲需求，还体现了我国机器人产业在全球市场中的领先地位。从传统的工业领域，到如今的农业、医疗、康复、家政、能源、安全应急等多个领域，机器人技术已经全面渗透，为各行各业带来前所未有的变革与便利。在医疗领域，机器

人辅助手术、康复治疗等应用日益广泛；在家政领域，扫地机器人、智能语音助手等智能家居产品走进了千家万户；在农业领域，无人机、智能灌溉等机器人技术正在推动农业生产的智能化与高效化。

3. 多因素推动带来新机会，政策支持助力发展

多种因素正协同推动我国机器人应用市场的规模持续快速扩张，展现出强劲的增长潜力。这些关键因素包括工资水平显著提升引发的要素禀赋变化、产业结构向高端转型的迫切需求、人口老龄化的严峻挑战，以及居民生活水平全面提升的需要。我国机器人产业在政策支持、市场需求、生产规模、企业实力以及应用领域等多个方面都取得了显著成就，展现出强大的发展动力与广阔的市场前景。

首先，随着中国经济的快速发展，工资水平的大幅提升使得"机器换人"成为众多制造业企业的优选策略。为了保持在全球劳动密集型产业和加工制造领域的竞争力，我国许多企业选择引入机器人技术来替代传统的人力劳动。政府对此亦给予大力支持，推动"机器换人"政策的实施。

其次，我国产业高质量发展的需求也为机器人市场带来了新的机遇。为抓住数字经济带来的发展机遇，我国政府正积极推动农业、制造业、服务业等各行业进行数字化转型。机器人作为数字化转型的关键生产设备，将在增强创新能力、提高生产效率、改善产品质量、提升用户服务等方面发挥重要作用。随着产业数字化智能化升级的深入推进，机器人市场的需求将持续增长，为机器人产业的发展提供强大动力。

再次，人口老龄化的趋势也加速了机器人市场的扩张。根据第七次全国人口普查数据，我国 60 岁及以上人口占比已达到 18.7%，其中 65 岁及以上人口占比高达 13.5%。这一趋势使得对老年人陪伴、护理、康复等服务的机器人需求急剧增加。机器人技术凭借其高效、精准的特点，将在解决老龄化社会面临的诸多挑战中发挥重要作用。

最后，居民生活水平的全面提升也为机器人市场带来了新的增长点。随着收入水平的提高，人们对闲暇时间的价值更加重视，对高水平医疗服务的

需求也日益增长。这直接推动了家庭服务、教育娱乐、手术机器人等服务机器人的需求增长。这些机器人不仅能够提供便捷的服务，还能提升人们的生活质量和幸福感。

近年来，我国机器人产业在国家政策层面的强力推动下，实现了高质量发展。工业和信息化部携手相关部门，制定并发布了一系列具有深远影响的政策文件，为机器人产业的蓬勃发展奠定了坚实基础。其中，《"十四五"机器人产业发展规划》《"机器人+"应用行动实施方案》等关键政策文件，不仅明确了机器人产业的发展方向与目标，还提出了一系列具体的实施路径与措施，为机器人产业的持续健康发展提供了有力保障。

为了进一步规范工业机器人行业的管理，营造更加公平、公正、透明的市场环境，2024年工业和信息化部对《工业机器人行业规范条件》进行了全面修订。这一修订工作旨在适应新时代机器人产业发展的新要求，确保政策的有效性与针对性。经过深入调研与广泛征求意见，工业和信息化部形成了《工业机器人行业规范条件（2024版）》（征求意见稿），并向社会公开征求意见。这一举措不仅体现了政府对机器人产业的高度重视，还彰显了政府推动产业高质量发展的坚定决心。

在政策支持、资本推动和技术创新的多重利好下，我国机器人产业正迎来前所未有的发展机遇。随着更多企业加入这一赛道，机器人技术有望在未来几年内取得突破性进展，为经济发展注入新的动力。机器人产业的蓬勃发展，不仅将改变我们的生产方式，还将深刻影响我们的日常生活，开创一个智能化、自动化的新时代。

（二）本土品牌机器人已占据半壁江山，粤港澳大湾区表现亮眼

当前，机器人掀起国产化浪潮，本土品牌机器人已占据半壁江山。其中，又有相当比重集中在广东。为进一步推动智能机器人产业发展，广东省积极实施培育智能机器人战略性新兴产业集群行动计划。2023年年底印发的《广东省培育智能机器人战略性新兴产业集群行动计划（2023—2025年）》提出

了机器人减速器、控制器、伺服系统等工程，加强技术攻关与科技合作。在产业集中化趋势下借机吸纳更多链上企业，推出类似的产业链"修补计划"。

从地域分布来看，广州、深圳、东莞、佛山四地均有相对完善的机器人产业集群，并基于自身优势错位发展。其中，广州、深圳集聚了大量高校与科研院所，分别坐拥省机器人创新中心和省具身智能机器人创新中心，为机器人产业提供了技术支持和人才储备；佛山、东莞则在自身制造业基础上，面向3C电子产品等领域，推动机器人产品的应用推广。整体而言，广东机器人产业闭环已初具格局。

在机器人领域，东莞凭借其深厚的制造业底蕴，为推动工业智能化转型、实现产业结构优化升级奠定了坚实的基石。东莞制造业的转型升级之路，不仅是对传统生产模式的深刻变革，更是对智能装备与机器人产业高速发展的迫切呼唤，为这一新兴领域的发展设定了全新的目标与要求。

为积极响应这一时代需求，东莞精心规划并实施了"一核一环、组团发展"的机器人及智能装备产业空间布局战略。其中，"一核"战略聚焦于松山湖国际机器人产业基地与广东省智能机器人研究院，将其打造成为引领区域科技创新、驱动产业升级的核心引擎。松山湖高新区，作为这一战略的核心区域，正逐步构建起集研发、孵化、生产于一体的机器人智能装备产业生态体系，为整个产业链的创新与发展提供了源源不断的动力。"一环"布局则依托松山湖及周边多个镇街园区的现有产业优势，形成了一条紧密协作、相互支撑的机器人及智能装备产业集聚发展带。这一布局不仅促进了资源的高效整合与优化配置，还极大地增强了产业间的协同效应，为东莞机器人产业的规模化、集群化发展奠定了坚实基础。

"组团发展"模式是基于东莞多元化、特色化的产业结构特点，精准对接电子信息、电气机械、汽车模具制造、纺织服装、制鞋毛织、家具食品等传统优势行业对智能装备的迫切需求，构建起以装备应用企业为牵引、装备制造企业为支撑的供需紧密对接的产业组团。这种发展模式不仅促进了技术与市场的深度融合，还加速了智能装备在各行业中的广泛应用与渗透，为东莞制造业的智能化转型注入了强劲动力。

为支持机器人产业发展，2014 年、2015 年、2016 年东莞连续三年出台高规格文件，大规模开展"机器换人"，强力推进机器人智能装备产业发展。2023 年，东莞市工业和信息化局出台《东莞市关于推动工业企业开展新一轮技术改造的若干措施》，计划在 2023—2025 年发出不少于 30 亿元的"大红包"。

2023 年 12 月，《东莞市发展智能机器人产业行动计划（2023—2025 年）》（以下简称《行动计划》）从加强产业链建设、打造标杆产业园区、加强关键技术攻关、强化示范应用推广、抢抓人形机器人发展机遇、重点发力无人自主技术、强化机器视觉产业优势、培育优势企业发展、加快支撑能力建设、大力营造产业氛围 10 个方面推动智能机器人产业升级。《行动计划》表明，"力争到 2025 年，智能机器人核心产业营业收入突破 80 亿元，带动相关产业营业收入突破 800 亿元，其中，工业机器人年产量超过 2 万套。""到 2025 年，智能机器人创新产品和解决方案有力支撑产业发展实际需求，培育形成 100 个智能机器人深度应用场景。"

2024 年 1 月，《东莞市支持智能机器人产业发展若干措施》指出，力争到 2025 年，智能机器人核心产业营业收入突破 80 亿元，拉动相关产业营业收入突破 800 亿元，工业机器人年产量超过 2 万套。

此外，2024 年东莞市政府发布的《关于加快推进新型工业化　高质量建设国际科创制造强市的实施意见》指出，加快高端装备制造产业发展壮大，力争 2027 年高端装备制造产业产值达到 6000 亿元，制定智能机器人产业链关键企业清单，支持市级首台（套）重点技术装备推广奖励政策向智能机器人产业倾斜。

随着政策红利的释放，以及产业革新逐渐推进，越来越多的机器人产业上下游企业集聚，机器人生态链上的本土生产、集成应用、核心零部件研发等各个环节均在东莞有布局。东莞市工业和信息化局数据显示，目前，东莞的智能机器人拥有一批行业骨干企业，2022 年，全市智能机器人核心产业营业收入合计 50.83 亿元，带动相关产业营业收入超过 600 亿元。智能机器人产量合计 159.39 万套，其中工业机器人有 1.74 万套，服务机器人有 157.65 万套。

回望多年的智能制造之路，东莞抓住了机器人这颗"制造业皇冠顶端的明珠"，走出了一条从起步时的模仿到创新再到局部引领的路径，从低端的"代工厂"成长为高端制造的"梦工厂"，跻身"中国机器人产业区域发展潜力城市榜"第 3 位，托起了智能装备制造产业从崛起到腾飞的梦想。然而在智能机器人产业发展方面，东莞仍存在不足，如产品技术水平依然较低，关键零部件和部分系统集成技术多依赖进口，产业配套能力较弱。智能机器人产业多处于中低端，以系统集成为主，同质化竞争明显。人才供需矛盾凸显，掌握核心技术的高层次人才、行业应用型人才不能满足产业发展需求等。

（三）XbotPark 机器人基地，生态孵化提高创业成功率

东莞松山湖高新技术产业开发区，坐落于大朗、大岭山与寮步三镇交汇处。作为东莞"四位一体"主城区战略规划的关键一环，松山湖肩负着成为科技进步与自主创新的强劲引擎的使命，引领着东莞的科学发展示范与产业升级之路，聚焦于新一代信息技术、机器人与智能装备制造、现代服务业、新材料、数字经济及生物医药等前沿产业。

松山湖地区将机器人行业视为重点发展对象，成效显著。目前，该区域已成功汇聚超过 400 家机器人相关企业，形成了一个多元化且全面的智能装备产业链。这一产业链不仅涵盖高端装备制造、服务业机器人应用，还深入机器人本体制造、研发设计以及系统集成等多个关键领域。由此，松山湖构建了一个以机器人系统集成商为核心，辅以核心零部件供应商和智能装备企业的强大产业集群，在粤港澳大湾区机器人产业版图上占据了举足轻重的地位。尤为值得注意的是，XbotPark 机器人基地及其精心培育的企业群体，在这一集群中脱颖而出，成为引人注目的焦点。

XbotPark 机器人基地，于 2014 年在松山湖畔由李泽湘教授携手高秉强教

授、甘洁教授共同创立。为了满足创业团队与企业的快速成长需求，该基地精心打造了占地 11 万平方米的产业园区，集培育、孵化、研发、生产、生活功能于一体，为硬科技创业者提供了理想的创业生态环境。为了进一步加强孵化与投资的力度，XBOT PARK 基金也应运而生，专注于机器人及智能硬件领域的投资，为项目提供源源不断的动力。历经十年的深耕细作，XbotPark 机器人基地取得了显著成就，成功孕育出 70 余家硬科技公司，团队存活率高达 80%。其中，15% 的企业已成为行业独角兽，头部公司的估值更是突破了 100 亿美元，包括扫地机器人领军企业云鲸智能和船艇动力机器人创新者逸动科技等。截至 2023 年年底，XbotPark 体系内已孵化超过 140 家硬科技企业，影响力持续扩大。

如今，XbotPark 机器人基地所探索出的硬科技创业培育与孵化模式，已跨越地域限制，从松山湖总部辐射至全国。基地不仅致力于培养跨学科、跨专业的复合型创新创业人才，还采用项目与课题导向的教学模式，与东莞理工学院、广东工业大学及香港科技大学携手共建粤港机器人学院，为行业输送源源不断的新鲜血液。其卓越表现赢得了广泛认可，于 2019 年荣获"全国创业孵化示范基地"与"国家级科技企业孵化器"称号，2021 年更是被授予"松山湖 20 年突出贡献企事业单位"的殊荣。

在这一系列成就的背后，李泽湘教授起到了举足轻重的作用。他拥有丰富的学术与行业经验，为 XbotPark 机器人基地的创立与发展奠定了坚实基础。李泽湘教授深受"硅谷之父"斯坦福大学工程学院院长弗雷德里克·特曼的影响，希望回国推动产学研体系下的创业。他自 1992 年回国加入香港科技大学后，便一直致力于从科研到产业化的实践，创办了专注数控研究的 3126 实验室。李泽湘教授被誉为科创界的"扫地僧"，他不仅是一位卓越的工程师，还是一位成功的企业家。自 1999 年创立我国运动控制领域的先锋企业固高科技以来，他不仅在技术创新上屡创佳绩，更以独到的眼光和不懈的努力，引领了一场场科技创业的浪潮。从固高科技的稳健起步，到携手学生共创大疆创新、李群自动化、逸动科技等业界翘楚，再到 XbotPark 孵化平台孕育出云鲸智能、正浩创新等独角兽企业，李泽湘的创业足迹遍布大江南北，深刻影响了我国科技产业的格局。

在这条充满挑战与机遇的创业孵化之路上，李泽湘深刻认识到，复合型人才——那些既精通技术又熟悉产业与市场规律的精英，是推动科技创新与产业升级的关键。他指出，传统工科教育往往难以培养出适应复杂商业环境的创业者，因此，他致力于构建一种全新的教育模式，强调大学研究应紧密对接产业发展需求，将学生的成长与产业的进步紧密相连。

针对学院派创业者面临的产业落地难题，李泽湘敏锐地洞察到东莞松山湖高新区作为硬件创业理想之地的潜力。这里完善的供应链体系、丰富的工业门类以及强大的制造业基础，为初创型企业提供了得天独厚的条件。于是，他携手东莞市政府共同打造了 XbotPark 这一创新孵化平台，旨在为全球范围内的青年才俊提供从创意到产品、从初创到壮大的全方位支持（见图 5-4）。

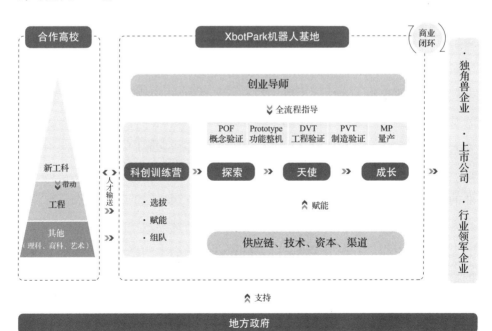

图 5-4　区域科创生态体系建设

李泽湘教授将 XbotPark 硬科技创业培育和孵化模式总结为"1 地 1 校 1 平台 1 园区"的产业创新模式，即 1 个地方计划发展新经济，至少需要有 1 所学校构建新工科教育试点方案，培养创新型人才，继而接入 1 个以 XbotPark 为模板的平台，整合创新要素，为创业者提供全方位的支持与引导，最后把成果导入 1 个专属产业园区，形成集群效应，帮助初创型企业加速发展。在这过程中，李泽湘教授始终不遗余力地投入对年轻一代科技人才的培养和激励中，为他们提供宝贵的机会和平台，让他们能够将想法转化为产品和服务。他所推动的科技成果转化，为行业发展注入了强大动力。他倡导新工科教育理念，鼓励学生形成以产品及市场需求为导向的问题意识，并且拥有跨学科、跨专业学习的能力，同时尽力帮助创业者搭建供应链和产业界人脉资源，将框架搭建好进行快速试错。这些对创业者来说，几乎和资金同等重要。

东莞松山湖机器人产业基地在政策层面获得了全面而深入的支持与保障，这些政策举措为产业基地的迅猛发展和产业集聚构筑了坚实的后盾。李泽湘教授所采取的从零开始孵化的策略，实际上遵循着机器人产业发展的内在逻辑。机器人产业作为一个高度跨学科融合的领域，涵盖了软件、硬件、设计等多个方面，因此需要吸引并汇聚具备多方面能力的专业人才。只有实现各个环节人才的聚集，才能产生显著的人才集聚效应，从而更有利于产业的繁荣发展。在这一进程中，李泽湘教授无疑扮演着松山湖机器人产业崛起"灵魂人物"的角色。与此同时，东莞的产业配套环境和政府的有力支持构成了这一产业崛起的"坚实躯干"。综上所述，李泽湘教授所推动的不仅是单个企业的成长与壮大，更是整个产业生态的繁荣与发展。他的创新模式与教育理念为新时代的科技创业提供了宝贵的经验借鉴与深刻启示。展望未来，我们有充分的理由相信，在更多像李泽湘教授这样的杰出领路人的引领下，我国的科技产业必将迎来更加灿烂辉煌的明天。

（四）点燃机器人发展的"加速器"，塑造区域发展新优势

机器人产业作为先进制造业的重要组成部分，近年来在全球范围内得到

了快速发展。随着人工智能、大数据、云计算等技术的不断进步，机器人技术日益成熟，应用领域不断拓展。从传统的工业制造到医疗、服务、教育等多个领域，机器人都展现出了巨大的潜力和价值。

机器人产业的发展不仅带动了相关产业链的发展，还促进了就业结构的优化和人才素质的提升。同时，机器人技术的应用还推动了新兴产业的崛起和传统产业的改造升级，为经济高质量发展提供了有力支撑。通过引入机器人技术，企业可以实现生产过程的自动化、智能化和精细化，提高生产效率和产品质量，降低生产成本和人力成本。机器人产业的快速发展促进了传统产业的升级与转型。这种产业升级过程正是新质生产力的重要表现。

近年来，本土机器人企业的迅猛崛起，主要得益于两大核心驱动力。首先是我国庞大且多样化的国内市场需求，其市场规模雄踞全球之首，并持续保持着高速增长的强劲势头，这无疑为国内机器人企业提供了广阔的发展舞台。尤为关键的是，我国机器人市场的需求格局展现出与传统市场的鲜明差异，为本土企业的创新与发展开辟了新路径。

一方面，工业领域的新需求如雨后春笋般涌现。2011—2020 年，工业机器人的应用行业结构发生了显著变化，电子电器行业异军突起，超越汽车产业成为工业机器人应用的最大领域，其市场份额提升了 14 个百分点。这一转变得益于我国作为全球信息与通信技术（ICT）制造业中心和出口大国的地位，特别是在手机、笔记本等 3C 电子产品的生产上占据全球的半壁江山。此外，新能源汽车、动力电池、光伏等战略性新兴产业的蓬勃发展，进一步加剧了对工业机器人的需求，特别是在这些新兴领域，国际机器人巨头并未形成显著优势，为国内企业提供了宝贵的市场机遇。

另一方面，工业市场需求的多样性也是推动本土机器人企业快速成长的重要因素。我国工业体系的完备性、产业链的完整性以及企业间发展水平的多层次性，共同构成了丰富多样的机器人应用场景，进而催生了对产品和解决方案的差异化需求。如今，工业机器人的应用领域已广泛覆盖焊接、喷涂、抛光打磨、涂胶、上下料、去毛刺、搬运、码垛、装配、分拣、包装、检测等多个环节，充分展示了其在工业制造中的广泛适用性和重要性。

同时，服务机器人市场也迎来了快速发展期。随着家庭服务、物流配送、老年看护、医疗服务等领域对机器人需求的急剧增加，这些尚处于竞争不充分阶段的"蓝海"市场，为本土及后发企业提供了宝贵的切入点和广阔的发展空间。值得注意的是，在这些领域，发达国家机器人企业尚未建立起绝对的领先地位，这无疑为国内企业的追赶与超越提供了宝贵的机会。

党的二十大报告深刻阐述了"坚持创新在我国现代化建设全局中的核心地位"的战略意义，强调了创新作为引领发展的第一动力。在这一宏伟蓝图中，机器人技术作为先进制造业的璀璨明珠，不仅是推动产业升级、提升国际竞争力的关键技术，更是满足人民群众对高品质生活向往的重要支撑力量，因此，它自然成为我国科技创新版图中不可或缺且至关重要的方向。

近年来，我国政府对机器人产业的重视程度与日俱增，通过一系列政策措施，持续加大对基础研究和产业共性技术的支持力度，为机器人技术的原始创新和成果转化提供了坚实的后盾。这些努力不仅促进了机器人核心零部件、控制系统等关键技术的自主研发与突破，还加速了机器人技术在智能制造、医疗健康、教育娱乐、家庭服务等多个领域的广泛应用，极大地丰富了应用场景，拓宽了市场边界。2024年，工业和信息化部提出将坚持创新驱动、应用牵引、基础提升、融合发展，大力推动机器人产业高质量发展，为建设现代化体系提供强力支撑。

尽管我国机器人产业在国内市场、创新能力、产业规模和国际地位等方面不断提升，但技术水平和产品质量，特别是关键基础零部件的稳定性与可靠性，以及高速、高精、重载等高端整机产品方面，与发达国家尚存差距。我国机器人产业应发挥国内市场规模大、数字经济发达等优势，抓住机器人产业发展机遇，加强科技创新能力，在补齐产业基础短板的同时在新兴领域锻长板，推动机器人产业链现代化水平提升和国际竞争力的提高。

第一，大力增强产业创新能力。依托大学、研究院所、新型研发机构、骨干企业等加强对机器人系统开发、操作系统、轻量化设计、多机器人协作等共性技术的研发，提高减速器、伺服电机、驱动器和控制器等关键零部件的技术水平、质量和稳定性，增强产业基础能力。鼓励关键核心零部件企业、机器人本体及整机企业、一体化解决方案企业针对新市场需求开发新产品、创新商业模式。支持数字科技、新材料、脑科学等机器人互补技术的研发创新，推动机器人领域的伦理道德规范建设，为新一代机器人产品的发展打好基础。

第二，推动产业跨界融合发展。支持机器人研发机构、生产制造企业与数字化技术研发机构、数字科技企业开展合作，推进机器人与5G、物联网、人工智能、扩展现实等数字化技术深度融合，开发云化和智能化的机器人新产品，提高机器人的感知、认知和协同工作能力。在孵化器/加速器建设、融资服务等方面提供支持，鼓励支持机器人领域的科技创新创业，促进具有跨界融合基因、融合数字化技术与机器人的科技初创型企业发展。积极推动农业、采掘业、制造业等实体经济部门建设产业互联网平台、进行数字化智能化转型，为智能机器人的使用提供市场支撑。

第三，积极拓展新市场、新场景。在劳动密集型产业实施"机器换人"行动，支持企业积极应用机器人进行生产设施、设备的技术改造升级。开展工业机器人应用的试点示范，支持工业机器人企业围绕新兴细分行业和新兴场景开发新产品、新模式。鼓励机器人企业围绕家庭、医疗、公共服务等领域快速增长的需求，融合数字化技术开发娱乐休闲机器人、养老陪护机器人、手术机器人、人形机器人等新产品。支持"产学研用"合作，开发深海探测、深空探索、极地科考、国防军工等领域的特种机器人产品，并推动先进技术在工业机器人、服务机器人产业的应用。

第四，加强国际技术和产业合作。推进贸易和投资自由化、便利化，积极吸引全球领先机器人企业在我国设立生产基地、研发中心。推动我国机器人研发机构、制造企业和服务企业加强与国外机构在技术研发、标准制定、科技交流等方面的国际合作。支持机器人龙头企业加强在机器人领先国家开展投资，设立海外研发中心。鼓励机器人企业加大境外市场开拓力度，推动工业机器人、服务机器人进入国际市场。随着我国机器人产业的快速发展，越来越多的国产机器人加速"出海"，受到其他国家地区企业和民众的欢迎。我国海关数据显示，2023 年我国工业机器人出口增速达 86.4%。

与此同时，企业作为创新的主体，也积极响应国家号召，不断加大研发投入，强化技术创新和产品开发能力。众多机器人企业通过引入高端人才、建立研发机构、加强产学研合作等方式，不断提升自身的核心竞争力，推动产品迭代升级，满足市场多元化、个性化的需求。此外，随着数字化科技、人工智能、物联网等新兴技术的快速发展，这些技术与机器人技术的深度融合，为机器人产业注入了新的活力，推动了机器人向更加智能化、自主化、服务化方向发展。

展望未来，我国机器人产业将在国家政策的持续引导和企业自身的不懈努力下，继续保持强劲的发展势头。随着创新能力的不断提升，我国机器人产业将逐步缩小与传统机器人强国的差距，甚至在某些细分领域如服务机器人、专用机器人等实现弯道超车，成为全球机器人产业的引领者。这不仅将为我国经济的高质量发展提供有力支撑，也将为世界机器人技术的进步和普及贡献我国的智慧和力量。

第六章

培育新质生产力，
增强发展新动能

我国发展新质生产力具备多方面优势与机遇，完整的工业制造体系提供产业支撑，新一轮科技和产业技术革命带来发展契机，超大规模国内市场需求为其提供应用空间，人才资源红利也为发展提供智力支持。然而，发展过程中也面临挑战，包括生产关系如何应制度框架的新要求、受多因素制约的科技创新如何持续发展、如何改善高质量人才供给和成长环境、如何高效利用新质要素，以及如何正确认识传统产业与新质生产力关系等问题。

为此，应采取相应战略选择与实践原则，以有效市场与有为政府相结合深化体制机制改革，推动高水平对外开放，强化基础研究与应用研究融通发展，遵循产业发展规律，推动"三大产业"协同发展，践行绿色发展理念，从而培育和发展新质生产力，增强经济发展新动能，实现经济高质量发展。

一、当前我国发展新质生产力的主要优势和机遇

我国发展新质生产力不仅是应对全球激烈竞争外在压力的紧迫需求，更是基于我国建设现代化产业体系的内在逻辑，是实现经济高质量发展的必由之路。这一进程不仅承载着外在的竞争压力，更深刻地体现了我国内在的发展诉求与潜力。

在全球竞争的新格局中，一个国家或地区能否在全球领先地位占据一席之地，关键在于其战略性新兴产业的规模与质量、未来产业的培育情况，以及这些新兴产业能否成功转化为新质生产力。这些因素直接决定了一个国家或地区的综合经济实力和国际地位。因此，我国必须加快发展新质生产力，充分利用我国在制造业、科技创新、市场潜力等方面的优势，推动产业转型升级，培育壮大战略性新兴产业，加快未来产业布局，以更高的效率、更优的结构、更强的动力推动经济实现高质量发展。这不仅是对外在竞争压力的积极应对，更是我国实现民族复兴、提升国际地位的内在要求。

（一）完整的工业制造体系是培育和发展新质生产力的沃土

制造业，作为实体经济的核心支柱与现代产业体系的中坚力量，在新质生产力的孕育与发展中扮演着至关重要的角色。构建现代产业体系是一项复杂而系统的工程，它要求体系内的各个子系统——作为国民经济基石的组成部分——必须实现协同共进，以确保整个经济体系能够高效、有序地运转。

在当前全球科技进步与产业发展的洪流中，互联网、数字经济、人工智能、云计算、能源技术以及生命医学等领域正以前所未有的速度迭代，迈向

更高水平的发展阶段。在信息产业与数字经济的双重驱动下，我国先进制造业展现出了巨大的发展潜力与独特优势。

凭借全球范围内最为完整且规模宏大的工业体系，我国在生产制造领域展现出了无与伦比的强大实力。我们不仅在生产能力和产业配套方面稳居世界前列，更实现了从昔日普通商品全球生产基地的单一角色，向高端机械装备制造、电子信息产业等现代制造业强国的华丽转身。这一转型不仅彰显了我国制造业在技术创新、产业升级方面的显著成就，更标志着我国在全球产业链和价值链中的地位得到了显著提升。

如今，我国在高端装备制造、电子信息、航空航天等前沿领域拥有一批具有国际竞争力的领军企业，这些企业不仅在国内市场占据主导地位，更在全球舞台上展现出了中国制造的强大实力与无限潜力。习近平总书记在党的二十大报告中明确指出："建设现代化产业体系，坚持把发展经济的着力点放在实体经济上，推进新型工业化，加快建设制造强国、质量强国、航天强国、交通强国、网络强国、数字中国。"

（二）新一轮全球科技和产业技术革命带来新质生产力发展的机遇

历史的长河清晰昭示，掌握先进技术，尤其是那些具有颠覆性意义的重大技术，是一个国家孕育战略性新兴产业和未来产业，进而在全球竞争中占据领先地位的关键。那些在技术革新上取得突破的国家，往往能够引领世界经济的走向，重塑国际产业分工的格局。

产业创新不仅是技术进步的体现，更是国际产业转移和分工格局重塑的重要驱动力。在当今产业革命的汹涌浪潮中，以新能源、新材料为代表的战略性新兴产业，以及量子技术、生物技术等前沿领域所孕育的未来产业，正逐步成为推动世界经济发展、调整国际产业分工格局的主要力量。随着战略性新兴产业在全球价值链高端环节的突破，传统国际分工格局正面临前所未有的挑战与变革。这对于我国等后发国家而言，既是挑战，更是前所未有的重大机遇。通过积极参与全球产业竞争与合作，我们有望在全球价值链中实现跃升，提升国家的整体竞争力。

未来产业以其战略引领性和超强颠覆性，成为重大科技创新产业化的重要成果，它们比战略性新兴产业更能代表未来科技和产业发展的新趋势。其中，量子技术、机器人技术、生命科技、大数据等关键领域，正以前所未有的速度推动着全球经济社会的深刻变迁。这些产业的快速发展，不仅为经济增长注入了新的活力，更为我们构筑现代化产业经济体系提供了前所未有的机遇。

这些产业的蓬勃发展，不仅预示着经济结构的深刻变革，更标志着全球科技革命和产业变革的新方向。因此，发展战略性新兴产业和未来产业，不仅是我国应对全球竞争、实现经济高质量发展的必然选择，更是我们构筑现代化产业经济体系、提升国家整体竞争力的重要途径。我们必须紧抓这一历史机遇，加强科技创新和产业升级，推动我国经济实现更高质量、更可持续的发展。

（三）超大规模国内市场的需求优势是新质生产力发展的量变基础

市场是最稀缺的资源，可以释放巨大而持久的动能。市场资源是我国发展新质生产力的良好优势，是形成构建新发展格局的雄厚支撑。

我国拥有 14 亿多人口、超过 4 亿的中等收入群体，以及超过 1.8 亿户的经营主体。回顾过去十年，我国经济的飞速增长令人瞩目。国内生产总值从约 50 万亿元跃升至约 120 万亿元，占世界经济总量的比重提升了约 7.2 个百分点，稳居全球第二大经济体。人均国内生产总值同样实现了显著增长，从约 3.9 万元增加至约 8.1 万元。居民人均可支配收入也大幅提升，从约 1.6 万元增加到超过 3.5 万元。同时，我国的城镇化率提高了超过 11.6 个百分点，达到了约 66.2% 的水平。此外，我国已成为 140 多个国家和地区的主要贸易伙伴，货物贸易总额位居世界第一，吸引外资和对外投资均居世界前列，形成了更加广泛、深入和多元的对外开放格局。这一超大规模且结构多元的国内外市场，为新质生产力的发展提供了广阔的应用场景和无限的发展空间，也是支撑我国经济持续高质量发展的关键所在。

随着社会经济水平的提升和人民财富的积累，规模效应和集聚效应将进一步增强，市场的巨大潜力将加速释放。这种多层次、宽领域的市场结构，为各类科技创新提供了宝贵的试验田和不断完善的机会，促进了产品的迭代升级，为创新链从低端向高端的攀升提供了有力支撑。同时，这一市场优势对新质生产力的发展具有强大的拉动作用，将推动我国经济实现更高质量的发展。

（四）人才资源红利进入加速释放期，为发展新质生产力提供了智力支持

在生产力发展的广阔画卷中，人类作为其中最活跃且最具决定性的因素，其素质与能力的提升直接关联着生产力的跃升。随着新质生产力的不断涌现，对人才层次的需求也随之升级，要求劳动者不仅掌握先进的科学技术与知识，还需要秉持前沿理念，形成一支由新型劳动者构成的主力军。

我国在此方面展现出了显著优势。高等教育体系的持续扩张，使我们拥有了全球最大规模的理工科毕业生群体，超过 2.4 亿的受过高等教育的人才构成了国家发展的坚实基石。新增劳动力的平均受教育年限达到 14 年，全社会的教育水平实现了显著提升。尤为值得一提的是，研发人员队伍的增长尤为迅猛，从 2012 年的 325 万人年激增至 2022 年的 635 万人年，稳居世界首位。青年科技人才正逐步成为科研领域的中坚力量，他们在国家自然科学基金项目中占据了 80% 的席位，并在"北斗"组网、"嫦娥"探月、"中国天眼"等重大科技工程中发挥了关键作用，许多团队的平均年龄甚至不到 30 岁。

我国发展新质生产力的人才基础是坚实且不断优化的。未来，随着人才政策的不断完善、人才培养体系的持续创新，以及国际合作与交流的进一步加强，我国将拥有更加雄厚的人才基础来支撑新质生产力的发展。

二、我国发展新质生产力面临的挑战与问题

尽管我国在发展新质生产力的道路上已经取得了诸多令人瞩目的成就，标志着我国在科技创新、产业升级以及经济转型等方面迈出了坚实的步伐，但我们必须清醒地认识到，这一进程中仍然存在着不容忽视的挑战与亟待解决的问题。

（一）发展新质生产力对生产关系和制度框架提出更高要求

伴随着新质生产力的发展，我国在生产关系与制度层面正面临着一系列前所未有的挑战，而营商环境正是这些生产关系的综合体现。近年来，我国在营商环境优化方面取得了显著进步，但与发达国家相比，仍存在一些短板。当前，诸多具体的生产关系和制度框架，如劳资关系、产权制度、金融体系、财税政策以及企业治理结构等，仍然主要根植于适应传统产业、产品、技术和管理模式的发展阶段。这些制度在过去的历史长河中确实发挥了举足轻重的作用，为我国的经济发展奠定了坚实的基础。然而，随着新时代的到来，这些制度的局限性开始逐渐显现，甚至成为制约我国经济发展的瓶颈。

以劳资关系为例，传统的劳资关系模式往往强调企业的主导地位，而忽视了劳动者的权益和利益诉求。这种模式下，劳动者的积极性和创造力难以得到充分发挥，导致生产效率低下。在数字化、智能化时代，随着智能制造和自动化技术的广泛应用，劳动者的技能和素质要求大大提高，传统的劳资关系模式已经无法满足这种需求。

同样，产权制度也面临着类似的挑战。现如今，知识产权的重要性日益凸显，但我国传统的产权制度在保护知识产权方面还存在诸多不足。一些企业因为知识产权被侵犯而遭受重大损失，这不仅影响了企业的创新积极性，还制约了我国经济的发展。

金融体系方面，传统的金融体系往往以银行为主导，而银行在风险评估和贷款审批方面往往更加注重企业的规模和财务状况。在科技创新浪潮之中，

许多新兴企业往往规模较小，但具有较高的成长潜力和创新能力。这些企业往往难以从银行获得贷款支持，导致融资困难。

财税政策方面，传统的财税政策往往更加注重企业的税收贡献和经济增长速度，而忽视了企业的创新能力和可持续发展能力。这导致一些具有创新潜力的企业因为税负过重而难以发展。

科技创新固然重要，但它建立在管理和制度创新的基础之上。没有先进的管理理念和制度保障，科技创新将难以持续，更难以转化为实际的生产力。因此，我们必须进一步深化改革，推动管理和制度创新，为新质生产力的发展提供更加有力的支撑和保障。

（二）科技创新仍受到多维度因素的制约

我国在科技创新领域面临的问题，可以从多个维度进行深入剖析，这些问题不仅关乎科技创新的源头供给能力，还涉及创新成果的转化应用以及国际竞争态势，这些问题相互交织、相互影响，共同制约了我国科技创新的持续发展。

首先，从源头创新的角度来看，我国与发达国家相比存在显著差距，具体表现为原始创新能力不足，高精尖产业竞争力不强，基础研究领域和前沿科技领域存在短板和弱项。这种创新能力的缺失，根源在于缺乏尖端科学技术和创新能力的杰出人才，以及科技自主创新能力的整体不足。这限制了我国在形成新质生产力过程中的源头技术供给能力，影响了科技创新的深度和广度。

其次，科技创新的供需失衡是我国面临的另一大挑战。长期以来的科技投资政策导向、市场机制不完善以及产权保护不足等问题，导致我国在芯片、特殊材料等关键领域存在明显的短板和制约瓶颈。这种供需失衡不仅影响了科技创新的持续推进，还制约了我国产业升级和经济发展的步伐。

再次，许多企业资本和技术的积累历史短，研发投入和创新能力普遍相对较弱，也是我国科技创新领域的一大问题。还有部分企业过于追求短期利益，忽视了科技创新的长期价值，导致科研投入不足，创新管理能力薄弱，这也阻碍了我国科技创新的持续发展。

最后，在国际竞争方面，我国也面临着严峻的挑战。在欧美国家实施科技"脱钩"的背景下，我国高科技产品、高精尖产业科技人才引进面临现实的困难。这不仅限制了我国科技创新的国际合作与交流，还影响了我国在全球科技竞争中的地位和影响力。

（三）高质量人才供给与成长环境仍有待改善

在发展新质生产力的过程中，我国仍存在人才供给不足、人才培养体系滞后、评价机制不完善、发展环境不佳等多重问题。

首先，从人才供给的角度看，我国在高端创新型人才的供给上存在明显不足，尤其是在人工智能、信息通信技术等代表新质生产力发展方向的战略性新兴产业和未来产业领域。这种供给不足不仅反映了教育体制和人才体制对生产力发展的束缚，更凸显了人才流动和科技创新体制等方面的障碍。人才供需比的失衡，直接影响了新质生产力的快速发展。

其次，人才培养体系相对滞后，难以适应新时代对科创人才的需求。传统的人才培养模式注重理论知识的传授，却忽视了实践能力的培养，导致培养出的人才难以满足新时代对创新精神、创业能力和实践经验的复合型人才的需求。学科交叉融合不足、实践教学环节薄弱、创新创业教育滞后等问题，进一步加剧了人才培养与市场需求之间的脱节。当前人才评价机制的不完善也制约了人才的成长，人才评价机制过于注重论文发表和科研成果数量，忽视了人才的实际贡献和社会价值，导致评价结果难以有效激励人才成长。评价指标的单一化、评价体系的僵化以及评价结果应用不足等问题，使得人才评价无法充分发挥其引导和激励作用。

再次，人才发展环境的不佳也是制约人才支撑新质生产力发展的重要因素。政策扶持力度不足、资金投入不足、高水平科研平台和创新创业基地建设滞后等问题，一定程度上束缚了科创人才的活力。同时，缺乏鼓励创新、宽容失败的文化氛围，也进一步抑制了人才的创新创业热情。

最后，在国际人才竞争日益激烈的背景下，我国在高端科创人才引进和培养方面面临着巨大挑战。发达国家对高端人才的吸引力不断增强，而我国的人才引进机制尚不完善，难以有效吸引和留住海外高端人才。同时，在一些关键核心技术领域，本土高端人才的培养数量和质量也有待提高。

（四）新质要素利用能力整体仍处于较低水平

我国生产要素利用不足的表现和问题涉及多个方面，在要素资源供给、平衡发展和潜力释放等方面均需要重点关注，才能推动生产要素的高效利用和经济的持续发展。

当前，我国在某些领域的制度供给仍显不足，导致生产要素无法充分释放其潜力。例如，产权制度不清晰、市场经济运行过程中缺乏明确的规则等问题都制约了生产要素的有效利用。资源错配是导致生产要素利用不足的重要原因之一。由于信息不对称、市场不完善等因素，生产要素往往无法被配置到最有效率的生产领域。这既浪费了资源，又降低了生产效率。我国区域间的发展不平衡也导致生产要素利用不足，一些地区受地理位置、经济基础等因素的限制，无法充分吸引和利用生产要素，导致经济发展滞后。

从要素内容来看，劳动力、技术、资源和能源、资本等要素均存在结构性的配置问题。劳动力流动障碍的存在，会导致劳动力资源无法充分配置到最需要的地方。同时，劳动力市场供需不匹配，部分行业劳动力过剩，而部分行业则面临劳动力短缺。在技术要素上，尽管我国在技术研发和创新方面取得了显著进展，但技术要素的利用效率仍有待提高。一些先进技术未能得到充分推广和应用，导致生产过程中的技术瓶颈难以突破。在生产过程中，资源和能源利用效率较低，这既增加了生产成本，又对环境造成了不良影响。资本市场发展不完善，导致资本要素无法充分流动和优化配置。一些行业和企业因缺乏资金支持而发展受限，另一些行业则可能存在过度投资的问题。

（五）对传统产业与新质生产力的关系存在一定的认识误区

我国经济目前已迈入转型升级的高质量发展阶段，产业结构的演变呈现出鲜明的特征。总体而言，第一产业（即农业）的增长相对放缓，而第二产业，特别是制造业，持续展现出强劲的增长势头。同时，第三产业，以金融、研发咨询等知识密集型行业为代表，也迎来了快速发展期。某些地区和企业在发展新质生产力的道路上，未能正确认识和平衡产业与技术发展的融合与迭代问题，在转型升级的过程中片面追求新兴产业和未来产业的发展，而忽视了传统产业的价值与潜力。他们可能认为传统产业是"旧质生产力"的代表，已经过时，因此不值得投入资源和精力进行改造升级。然而，传统产业在国民经济中占有重要地位，是我国现代化产业体系的基底。同时，传统产业也具备转型升级的潜力和空间，通过引入新技术、新工艺和新管理模式，可以实现高端化、智能化、绿色化的转变，成为新质生产力的重要组成。

实际上，传统产业并非与新兴产业和未来产业对立，而是相互依存、相互促进的关系。一方面，传统产业拥有庞大的市场基础、产业规模和企业数量，在稳定经济、保障就业等方面发挥着举足轻重的作用。它们是我国现代化产业体系的基石，为国家的经济社会发展提供了坚实的基础。另一方面，传统产业同样具备转型升级、提升产品质量、降低生产成本、增强市场竞争力的潜力和空间。这种转型升级不仅有助于传统产业焕发新的生机与活力，还能为战略性新兴产业和未来产业的发展提供有力支撑。同时，战略性新兴产业和未来产业作为引领产业升级和未来发展的新支柱、新赛道，具有创新活跃、技术密集、价值高端、发展前景广阔等特点。它们是培育、发展和壮大新质生产力的重要载体和主要抓手，对于改造和赋能传统产业、推动产业结构优化升级、塑造产业发展新动能和新优势具有重要意义。

除此之外，某些地区也存在忽视实体经济，过度追求虚拟经济，热衷搞金融、虚拟经济、房地产等，导致资金过度流入投机性非生产领域，忽视了实体经济的重要性，可能导致实体经济空心化，增加金融风险，影响经济的稳定性和可持续性。

三、培育发展新质生产力的战略选择与实践原则

（一）有效市场与有为政府相结合，以构建新型生产关系为目标，深化体制机制改革，因地制宜探索建设"新质生产力试验区"

在新时代的伟大征程中，各个区域以形成和发展与新质生产力相适应的新型生产关系为最终目标，全面探索和深化体制机制改革，理顺政府、市场、社会三者相互关系，推动形成政府引导支持、市场有效驱动、社会高效协同的发展格局：充分发挥有为政府的引导作用，健全新型举国体制；充分发挥有效市场在资源配置中的决定性作用，构建高水平社会主义市场经济体制；充分发挥"社会有机体"的高效协同作用，完善多元主体协同共治的体制机制。

同时，各个区域必须立足本地的比较优势和产业基础，采取差异化发展模式，需要避免盲目追逐一些所谓的"风口产业""高大上"的项目，导致重复建设、恶性竞争、投资浪费。应坚持从实际出发、先立后破、因地制宜、分类指导，根据各地的资源禀赋、产业基础、科研条件等，有选择地推动新产业、新模式、新动能发展，探索建设"新质生产力试验区"。通过试验区的建设，先行先试，积累经验，促进经济发展新旧动能的接续平稳转换，扎实有效推进新质生产力发展。

（二）进一步推动高水平对外开放，积极融入全国统一大市场建设，努力构建更加优质高效的营商环境和开放包容的创新氛围

在加快建设以国内大循环为主体、国内国际双循环相互促进的新发展格局的要求下，建设更高水平开放型经济新体制，畅通经济循环，实施更大范围、更宽领域、更深层次的全面开放，才能实现建设全国统一大市场的目标。高水平对外开放与全国统一大市场作为构建新发展格局的一体两面，也是构建新发展格局的基础支撑和重要依托。

因此，一方面需要推动建设更高水平开放型经济新体制。推动开展人

才、数据、技术等创新要素跨境自由有序流动的体制机制改革试点，健全创新要素跨境自由有序流动制度；采取发布外资准入负面清单、放宽科技创新领域外商投资准入试点等举措，以资本为纽带集聚全球先进优质生产要素；统筹推进高水平"走出去"，支持本地企业更好地配置全球先进优质生产要素；加强与国际高标准经贸规则对接，打造开放、公平、公正、非歧视的科技发展环境，共同营造创新生态。另一方面，需要积极主动融入全国统一大市场建设。各个区域需要在推进市场设施高标准联通、打造统一的要素和资源市场、推进商品和服务市场高水平统一、推进市场监管公平统一、规范不当市场竞争和市场干预行为等方面发挥主动性，并建立及时整改自查的长效机制。

推进高水平对外开放和融入全国统一大市场建设，能够让各个区域加速构建市场化、法治化、国际化的一流营商环境并形成开放包容、宽容失败的创新氛围，通过营造包容创新的政策环境、建设公平公正的法治环境、维护公平竞争的市场环境、塑造高效流通的要素环境和构建系统集成的数字环境，充分挖掘新兴产业潜力、保护创新创业动力、激发市场主体活力、促进生产关系革新并形成产业发展合力，为实现各类先进优质生产要素的顺畅流动提供基础保障。

（三）强化基础研究与应用研究融通发展，打通"产学研用"全链条，壮大高素质人才队伍并注重培育企业家精神

科技创新能够催生新产业、新模式、新动能，是发展新质生产力的核心要素。提升科技创新水平的关键一环是基础研究和应用研究的融通发展，以及创新链和产业链深度融合。基础研究可以为应用研究提供知识储备和学理支撑，应用研究可以为基础研究提供实践路径和检验标准。通过打通基础研究与应用研究的通道，实现创新由"点"向"链"的延伸，有助于及时将科技创新成果应用到具体产业和产业链上，并通过构建上下游紧密合作的创新联合体，促进产学研融通创新，加快科技成果向现实生产力转化，提升发展

新质生产力的速度和效率。

各个区域需要结合当地的创新资源禀赋，系统地梳理未来产业发展的主攻方向，围绕重点方向构建高等院校、科研院所广泛参与，以企业为主体的开放式科研平台，为企业搭建各类基础研究空间提供便利；支持进一步开放高校、科研院所的基础研究平台，协调平台运行机制，促进科技资源共享和互补，提升"产学研"各类主体双向对接的流畅度，以基础研究和应用研究合作实现产业核心技术突破；要深化科技治理改革，不断创新有利于激发科技人员创造力的科研管理机制和模式；要深化科技项目立项和组织管理方式改革，大力推行创新攻关"揭榜挂帅""赛马"等机制；深化科技创新人才评价制度改革，营造有利于创新人才潜心研究的良好氛围。

人才是科技创新活动中最活跃、最积极的因素，是发展新质生产力的重要资源。要着重加强创新人才自主培育，根据科技发展趋势优化高等学校学科设置和人才培养模式，努力造就一批又一批本土化高层次创新人才。完善海外创新人才引进工作，以更加开放的人才政策加大海外高层次创新人才引进力度。同时，改革开放以来的发展历程告诉我们，弘扬优秀企业家精神，发挥企业家作用，经济社会发展就有了源源不竭的动力。各个区域还应注重培育企业家精神，鼓励企业家敢于创新、勇于担当，不仅要营造企业家健康的成长环境，还需要通过加强企业家培训、搭建企业家交流平台等措施，鼓励和引导企业家努力成为发展新质生产力中的"关键少数"。

（四）遵循产业发展客观规律，科学统筹推进"三大产业"高质量发展，推动创新应用场景全域全时开放

传统产业、新兴产业和未来产业的发展各有其客观的发展规律，面向新发展阶段，各个区域发展新质生产力不能只注重发展新产业，而忽视、抛弃传统产业，甚至把传统产业视为"低端产业""落后产业"简单退出，需要研究并尊重不同产业和不同赛道的发展规律，结合本地资源禀赋、产业基础和区位优势，科学规划产业布局和发展方向，坚持传统产业转型升级和培育壮

大新兴产业、未来产业齐头并进。

传统产业、新兴产业、未来产业互为补充、互相促进，都是发展新质生产力的主阵地。新兴产业对经济社会全局和长远发展具有重大引领带动作用，是当前各个区域争相布局的领域；未来产业代表着科技和产业的发展方向，是抢占未来竞争制高点的关键，也是各个区域积极发力的新赛道，但是未来产业更前沿，发展成熟度相对较低，产业成长的不确定性更大，培育周期更长，不能急功近利；新兴产业和未来产业关乎国民经济社会发展和产业结构优化升级全局，今天的未来产业可能就是明天的新兴产业。传统产业是现代化产业体系的基底，为新兴产业和未来产业提供巨大的市场需求，新兴产业和未来产业发展也依赖传统产业提供的原材料、零部件等支撑。同时，不少传统制造业经过高端化、智能化、绿色化改造转变成了新兴产业，如新材料、新能源汽车正展现出前所未有的发展前景。

与此同时，场景创新作为具有中国特色、引领未来科技创新和新兴产业发展的一种新范式，已备受政府和产业界的高度关注。根据全国各地的实践，创新应用场景一般有两个来源：一是政府推动应用场景创新开放，让更多新技术、新产品在市场中率先应用推广，加速迭代升级；二是央国企及行业龙头企业结合发展需要提出场景诉求，由科创企业为其量身定制场景解决方案，并进行先行先试，在"试错"中寻找"试对"。

各个区域需要有组织体系化地推动场景创新。首先，加强统筹推进和政策引导，通过设立综合性和领域类"场景创新促进中心"等专业机构，搭建起场景供需双方、投资人等主体交流合作平台，构建形成全链条场景创新的生态体系。其次，加强场景资源开放和应用场景开发，聚焦未来产业新赛道，进一步开放城市治理、公共服务等领域应用场景，通过政策调整、放宽市场准入等方式，推进场景资源的开发开放。最后，场景创新也要注重特色发展和模式探索，结合各地产业基础和未来产业重点方向，谋划打造未来产业应用场景创新示范区，建设一批具有产业集成性、示范带动性的标志性"超级场景"，打造一批场景创新最佳实践案例，加快形成场景创新特色品牌和发展模式。

（五）践行绿色发展理念，加快发展方式绿色转型，推动经济与生态协调共生，赋能新质生产力跃升发展

党的二十届三中全会强调要"聚焦美丽中国建设，加快经济社会发展全面绿色转型"。习近平总书记指出，"绿色发展是高质量发展的底色，新质生产力本身就是绿色生产力"。我国已经进入高质量发展阶段，必须以绿色发展为底色，全面推进新型工业化，重视传统产业绿色转型升级，加强绿色战略性新兴产业和未来产业布局发展，培育绿色生产力。

一方面，需要各个区域推进绿色低碳科技创新。首先，在顶层设计上，构建市场导向的绿色技术创新体系，把节能环保、新能源、新材料、新污染物治理等作为基础研究和科技创新的重点领域，推动建设生态环境领域大科学装置和重点实验室、工程技术中心、科学观测研究站等创新平台，助力绿色低碳科技自立自强。其次，发挥政府的引导作用，提高绿色科技创新成果转化应用能力，以企业为主体，推进"政产学研"深度融合，支持绿色低碳科技领军企业常态化、前置性参与重大科技项目、重大科技基础设施建设和创新决策咨询。

另一方面，需要各个区域加大推动绿色产业的发展。一是要重视传统产业绿色转型升级，推动其实现智能化、绿色化、高端化发展。传统产业不等同于落后产业，通过对传统产业进行绿色化改造和设备更新，加快能源结构和工艺过程的绿色化转型，持续提升传统产业能效水平达到世界先进水平，强化传统优势产业的绿色竞争力，锻造产业链长板，激发绿色生产力。二是需要加强绿色战略性新兴产业和未来产业布局发展。通过加快战略性、前沿性、颠覆性绿色科技创新和先进绿色技术推广应用，做强绿色制造业、绿色服务业和绿色能源产业。打造绿色低碳产业集群，有利于培育推动中国式现代化发展的绿色生产力，不断提升社会经济发展的"含绿量"。

此外，还需要各个区域积极倡导绿色文化和绿色消费。在全社会树立绿

色发展是高质量发展的底色的生产生活观念，激发人民主动践行降碳减污等环保行为的意识和决心，积极参与生态保护与生态环境治理；完善有利于促进绿色消费的制度政策体系和体制机制，加快培育新能源汽车、分布式光伏、分散式风电、新型储能、综合能源服务等绿色消费场景，形成绿色低碳的生活方式和消费模式。

参考文献

[1] 毛世平，张琛.以发展农业新质生产力推进农业强国建设[J].农业经济问题，2024（4）：36-46.

[2] 郭恒琳，勾晓婉.作物倍性育种研究进展[J].现代农业科技，2024（2）：20-26.

[3] 刘欣星，宫俊波，肖旭东.高效四端钙钛矿/铜铟镓硒叠层太阳能电池[J].科学通报，2023，68（24）：3120-3122.

[4] 宗媛，高彩霞.碱基编辑系统研究进展[J].遗传，2019，41（9）：777-800.

[5] 覃睿.再论低空经济：概念定义与构成解析[J].中国民航大学学报，2023，41（6）：59-64.

[6] 袁宏刚，杨博维，黄琪.广东低空经济新质生产力高质量发展面临的问题与对策刍论[J].广东经济，2024（9）：37-40.

[7] 雷童尧.我国低空经济发展现状、制约因素及对策建议[J].新西部，2024（5）：87-90.

[8] 闻坤.强化企业主体地位　提高成果转化水平[N].深圳特区报，2024-01-15（A02）.

[9] 戴晓蓉，易东.深圳低空经济加速飞向新高度[N].深圳特区报，2024-08-02（A01）.

[10] 吴清."无人机之王"大疆的另类崛起[N].中国经营报，2024-08-05（D04）.

[11] 周常宝，冯志红，林润辉，等.从产品导向到生态导向：高科技企业创新生态系统的构建——基于大疆的纵向案例[J].管理评论，2023，35（3）：337-352.

[12] 新材料产业"十二五"发展规划涉及的六大领域[J].化学工业与工程技术，2012，33（1）：46.

[13] 闫启.政策、市场双轮驱动：新材料行业投资活跃度不断上升[N].21世纪经济报道，2024-09-09（10）.

[14] 佘惠敏.科技创新为发展注入澎湃动能[N].经济日报，2023-12-06（1）.

[15] 岑志波，黄脁力，施江焕，等.勇于创新　不断突破　宁波计量全力助推磁性材料制造业高质量发展[J].中国计量，2023（9）：33-36.

[16] 吕锐，王自豪，李怀宇，等.宁波市新材料领域科技创新发展对策研究 [J].高科技与产业化，2023，29（6）：44-55.

[17] 洪恒飞，江耘.科技铁军走进科研一线：浙江科技系统开展"学习年、行动年、服务年"活动 [J].今日科技，2023（4）：10-11.

[18] 吴航."武汉·中国光谷"高新技术企业创新投入与创新绩效关系研究 [D].武汉：中国地质大学，2010.